WESTERN
ETHICS
CLASSICS
OF
THE 20TH
CENTURY

20世纪西方伦理学经典

伦理学主题

价值与人生

[上]

万俊人　主　编

唐文明　副主编

北京师范大学出版集团

BEIJING NORMAL UNIVERSITY PUBLISHING GROUP

北京师范大学出版社

新版序言

《20世纪西方伦理学经典》是我20多年前还在北京大学从教时就想做的一件学术工作，但因为各种缘故，断断续续花了近十年时间，直到我辗转清华约五年后，才在唐文明教授等门人的协助下完成此事。感谢彼时担任中国人民大学出版社社长的贺耀敏先生和李艳辉编审，是他们的鼎力支持才使这部近250万字的文献集得以在很短的时间内成功出版，并数次重印！大约前年秋，转任北京师范大学出版社总编辑的李艳辉女士同我商议，能否将此书转至她新任总编的北师大出版社再版。艳辉总编先后负责出版过我的多部著作和译著，是我在出版界最信任的朋友之一，她的提议无疑是我必须认真对待的，更何况北师大出版社在她的经略下日新月异，已然成为当今最负学术盛名的大学出版社之一，于是，便有了此书的北京师范大学出版社新版。

我深知，翻译编辑这类专业学科类文献的系统选编已不多见。或许是受业师周公辅成先生的影响，抑或为我自己对从教为学的既定"成见"所致，至今我仍相信这样的工作依然是有意义的。业师辅成先生学出老清华国学院，而老清华国学院的"授业"范式是：不单每一类学科而且是每一门课程都需先立范例并确定文献范围，尔后方可开坛论学教学。辅成师早年在北大开招并授业西方伦理学专业的研究生时，便是先编专业文献，然后再编讲义，最后开讲教学的。只可惜，他老人家花费巨大心力和精力编辑的《西方伦理学名著选辑》因"文革"之故，只在"文革"前夕出版了上卷，下卷延迟到上世纪80年代后期才得以杀青。同样的情形也发生在辅成师开设的"西方人道主义史"并编译《西方哲学家、政治学家关于人性论人道主义的言论选辑》一事上。杏坛未已，天意苍茫。学界一如日用世界，许多的人和事确乎都是难以琢磨的，更遑论合理预期和从容信托了。

但无论世事如何变换，总有某种连绵不断的踪迹可寻，相对于社会文明，文化或者普遍意义上的知识往往显示出更顽强也更清晰的"传统"特性和"文脉""谱系"，亦即某种知识、意义和精神信念的连续性。当代的学人喜欢谈论诸如"知识边界"或"学科界限"一类的问题，而且说法甚多，说词亦繁，这大概源自当代学科交叉或所谓"跨学科"趋势日益增强的缘故。果真如是，我以为对于"知识边界"或"学科界限"至关重要的大概有两个因素：其一便是已有的专业知识谱系，其二是专业知识内部的"问题域"，即某专业知识的基本主题及其衍生问题。就此而言，编辑梳理学科经典（文献）的工作不仅不可或缺，而且具有首要地位。这当然只是我个人的"私见"，未必能够得到公认。可执着如此，我自然会我行我素，不改初心了。

职是之故，我便带着学界友人和门下诸弟子一如既往，持续数年，终于完成了这部20世纪西方伦理学的经典选编和翻译，依主题分类集结为四大卷。发行十多年后，出版社和我都意识到一些问题，诸如：开本过大，不便于学生携带；分卷太厚，不便于随时阅读，尤其是精读选读；如此等等。于是，趁此次再版的机会，出版社决定将之分解为较小开本的多卷本重新编排出版，我和唐文明教授非常感谢出版社的这种悉心考量和出版改进。

关于本书的选编、翻译及其背景和寄意等事宜，我在原版的长序中均有交待，这里就不再赘言了。我想再次强调的一点是，这部专业文献选编寄托着我和参编诸君对于某种师门学术传统的尊重和维护，主要目的是为现代西方伦理学专业教学和研究提供一种简要的知识路线图，她直接承接着业师周公辅成先生所主编的《西方伦理学名著选辑》（上、下卷），因此她更近似于一部较为系统的教学参考文献，若还能为非专业的伦理学、甚或人文社会科学爱好者提供某些有益的资源，甚或多少能够满足他们的阅读兴趣和求知愿望，那自然是再好不过的善举了。

是所望焉！

万俊人
急就于 2021 年"五一国际劳动节"，京郊悠斋。

编者序言： 20 世纪西方伦理学知识镜像

一、西方伦理学知识的中国成像

40 年前，业师周辅成先生主持编译了两卷本《西方伦理学名著选辑》，交付商务印书馆刊印。但由于种种原因，1964 年上卷出版后，下卷却迟迟未能杀青，直到 1987 年，两卷才得以完整刊出。先生无疑是新中国成立后西方伦理学研究的开拓者，其主编的这两卷文本对于我国西方伦理学的研究和教学所发挥的作用自不待后学如我者言，大凡涉猎伦理学的国内学人，甚至是许多人文社会科学圈内的学人都会有所体会和评价。业师从学之时，西学东渐之势强劲如潮，然，西方伦理学却迟迟难越雷池。这或许与中国之为"道德文明古国"的文化传统身份或特殊地位多有关系。中华文明对西方现代文明的接受过程是经由"器物"到"政制"再到"文化"而渐次展开的，按陈独秀的说法，中国传统道德文化的现代开放乃是这一展开过程的最后阶段，是国人之最难"觉悟者"。不难理解，道德文化或社会"精神气质"(ethos)的改变肯定难于器物功能的改变，更何况是在一个拥有几千年道德文明传统且素来以此为荣的古老国度里实施道德文化的开放与变革。因此，西方伦理学进入现代中国当然也只能是西学东渐的最后一波，其传入的迟缓也就自然而然了。事实上，虽然国人对西方现代的道德价值观念呼求既久且烈，但对西方伦理学的知识援引却只是到了 20 世纪四五十年代才真正开始，而业师的两卷编译则是这一知识援引事业的标志性成果，至少可以说，绝大部分中国伦理学人都是通过这部两卷本的《西方伦理学名著选辑》，获取西方伦理学的原始知识地图的。

先生早年以中学为业。我曾经问过先生，是什么原因使他从中国哲学转向西方伦理学并最终决定以此为终生学术事业的。先生的回答极为简单却又耐人寻味："因为大家都不做而我又觉得必须去做，所以便做了。"先生当初的学术选择似乎是基于其主观直觉而做出的，可如今想来，这为人所不为的从学之道该要有多大的学术勇气和何等坚定的学术志向！近半个世纪的风雨春秋，先生大半生的荣辱坎坷不都系于他对西方伦理学教研事业的执著么？记得在研究生毕业前夕与我的一次促膝交谈中，先生仰头望着有些灰暗的天花板，几乎是一字一语地对我说："他们要我退休，我不能带你继续读书了，但西方伦理学总还是值得做的，你尽力去做吧！"也几乎就是从那一刻开始，我就再也没有考虑过自己的学术选择。几年后，我写成两卷本的《现代西方伦理学史》，当我把刚刚出版的样书送到先生台前的时候，先生平静地说："哦，好！只是稍急了些。若先把现代西方伦理学的文本资料编好，然后再写此书就更好了。"师言如光，师道如命，觉悟间更有几分沉重与决意。在随后的日子里，我仔细阅读了先生主编的两卷本选辑，并开始计划编译一部《现代西方伦理学名著选辑》以续师业。先生的编译始于古希腊而止于 19 世纪末，留下待续的恰好是整个 20 世纪。于是我便决意编译一部较为详尽的《20世纪西方伦理学经典》，按照理论类型和时间演变分为四卷，以期配合先生的奠基性工作，完整地呈现西方伦理学自古至今的知识图像。

西方伦理学的知识传统源远流长，用文本选集的方式所呈现的西方伦理学知识图像，显然只能是一幅粗略的知识草图，但文本选集的方式曾经是，且在我看来依然是我们了解域外文化和知识的一种简明可为的有效方式。比如说，20 世纪五六十年代由我的母系北京大学哲学系外国哲学教研室的先生们所编译的数册《西方哲学原著选读》，就一直是国内大学西方哲学教学的基本教材或文本资料。近年来，有关西方哲学的原典移译总体上已经转向对学者或学派之代表性文本的系统翻译。但即便如此，一种"面"的文本了解仍然具有"点"的文本了解所不能替代的作用。譬如，前者更有助于呈现学科知识谱系的连贯性和完整性；更有助于专业知识的非专业化普及——须知：这也是现代知识传播最有效最具市场化力量的方式；更便于有关学科教育课程的普遍开展，如此等等。

业师的两卷本《西方伦理学名著选辑》呈现了西方古典伦理学的知识图像，而我则希望，这部四卷本的《20世纪西方伦理学经典》能够延伸前书已经呈现的西方伦理学知识谱系，从而使整个西方伦理学知识图像的呈现更为完整连贯，尽管这一知识图像本身已然发生了即使在西方学者看来也是令人眩晕的变化。话说到此，难免牵扯出一个问题：既然20世纪西方伦理学知识图像本身如此变化多端，又为何以"经典"名之？学术或理论文本的经典性首先应当体现在文本自身持续长远的思想影响力和理论典范性上，而这又需要一定的时间检验。从这个意义上说，将刚刚过去的20世纪的西方伦理学文本冠以经典之名确乎有些冒昧。但我之所以明知故犯，是基于这样两点考虑：其一，我们所选编的大部分文本已然经过了相当长的时间检验，并被公认为20世纪西方伦理学的权威性文本。在选编这些文本时，我们参照了多种已在欧美学界获得广泛认可，或者已经成为权威性的大学或研究生基本教材的伦理学选编本，如 Sellars & Hospers 合编的《伦理学理论阅读》（*Reading in Ethical Theory*[1970]），Steven M. Cahn & Joram G. Haber 合编的《20世纪伦理学理论》（*20ᵗʰ Century Ethical Theory*[1995]），Peter Singer 主编的《伦理学指南》（*A Companion to Ethics*[1991]），等等。其二，文本的经典性总是相对的，伦理学文本的经典性更是如此。我这样说当然不是想用后现代主义的解释方式，来消解现代理论经典及其学术权威性，而仅仅是想表达这样一种或许还有待批评的见解，即任何理论文本的经典性首先应当是由它所表达的思想之时代特征和理论创造性价值所赋予的，其次也应该是由它对于某一学科的知识创新贡献所赋予的，而即使是同时代的学人也应该，而且可能在这两个方面对同时代的知识文本作出合理的评价和选择，尽管毫无疑问，这些同时代的学术评价和选择标准将会因未来学人的再评价或重新选择而发生改变。

对于读者来说，文本总是具有"他者"的文化特性，西方的文本对于中国的读者来说自然就是更遥远、更陌生的"文化他者"，而由于作为文化的道德伦理的知识有着比其他知识更为敏感的"文化意识形态"特征和价值征服性（权力）话语功能，所以，西方伦理学的知识文本对于中国的读者来说，就更可能产生某种精神隔膜，甚至是某种文化恐惧了。事实上，西方伦理学知识图像的中国呈现一直都是不太完整的，有时甚至是模糊不清、扭曲变形的。其所以如此，不仅仅是由于人们显而易见的社会政治原因，或者因为"政治意识形态"之故，而且也由于我们不易察觉和承认的文化传统影响，或者叫做"文化意识形态"的原因。就前者言，由于我们在相当长的时间内把道德伦理问题仅仅看做社会意识形态和国家上层建筑内的问题，忽略了道德伦理作为社会文化精神之价值内核的普遍意义（相对于意识形态或上层建筑的纯政治理解），因而不可避免地把西方伦理学知识化约成了西方资本主义政治原则本身，始终对其保持着高度的政治警惕和文化抵触。就后者论，由于各文化传统之间有着天然的文化异质性，道德伦理价值层面的"不可公度性"（incommensurability）始终是阅读和理解异域伦理学知识文本的一个难以逾越的文化—心理障碍，而具体到现代中国知识界，这种道德知识层面上的文化心理隔膜往往更容易成为文化守成主义的一个有力的借口。

上述两种因素无疑对西方伦理学知识的中国成像产生了很大的影响。十多年前，我曾向伦理学界呼吁，我们需要持守的学术姿态应当首先是"本色的了解"，然后才是理性的批判和选择。但时至今日，这种"本色的了解"仍然是我们所欠缺的，或可说，西方伦理学知识的中国成像至今仍然是不够清晰的。弥补这一基础性的知识欠缺，正是我们编译本书的初衷之一。好在时至今日，不仅是当代中国的知识学人，而且是当代中国的普通民众，都逐渐意识到了这样一个道理：社会的开放不可能限制在某些"器物"技术性的层面或学术局部，更不可能回避来自各个方面或层面的参与和竞争。问题的关键不在于我们必须面对什么，而在于我们如何面对！如果我们把西方伦理学知识不仅仅当作一种异质的社会意识形态，而且也看做一种有差异的文化竞争者和知识资源，那么，我们就会以一种学习和竞争的姿态，面对这一来自异域的"地方性知识"，并从中寻求和吸收一切有益于丰富我们自己的道德文化知识的资源，将中西伦理学的会面与交流看做中国地方性道德知识扩展为普遍意义上道德知识的机遇。就此而论，首先获取一幅较为完整的西方伦理学知识图像就不仅是必要的，而且也是有益的。这一确信几乎又可以说是我们编译本书的基本动力和目标。

二、20 世纪西方伦理学知识镜像

麦金太尔教授在其《追寻美德》一书的开篇即大胆断言："后启蒙时代"的西方伦理学由于传统的中断已然只剩下一些道德知识的"碎片"而显得缺乏充分的理论可信度和实践解释力。这一西方式的自我批评可能有些言过其实，但就 20 世纪西方伦理学发展的整体而论，又很难说麦氏的此一论断全然是空穴来风。

道德知识首先是一种地方性知识，而且总是以传统的方式生长和传承着。这是为什么在此一传统中被视为正当或者善的行为在彼一传统中却可能被看做不当或者恶的行为的根本缘由。比如说，云南傣族的"阿注婚姻"（一妻多夫婚姻制的变形？！）在道德伦理上就难以为汉族所接受。所以我们可以说，任何道德知识首先必定是一种"地方性知识"，然后才可能成为一种普适性知识，因而必须首先在特定的道德文化传统语境中才可能被正确地了解和理解。麦金太尔对西方"后启蒙时代"道德知识的状况的指摘正是基于其脱出传统、一味追求普遍理性主义道德知识的主流趋势有感而发的。事实上，20 世纪的西方伦理学首先就是从这种伦理知识的科学化寻求起步的。1900 年，英国伦理学家摩尔《伦理学原理》一书的出版被看做一个具有划时代意义的伦理学知识事件。它第一次系统地批判了各种已有的伦理学所触犯的一个共同"谬误"——即所谓"自然主义谬误"：人们一直试图用某种自然的或人为的东西来定义"非自然的"道德的"善"概念，实际是用某种事实性的东西来定义价值（善）概念，而真正的道德价值（善）却是不可定义的，一如"红色"不可定义一样。摩尔的批判复活了 18 世纪"休谟命题"的非认知主义力量：我们不能合乎逻辑地从"是然"（事实命题）中推导出"应然"（价值命题），因此关于道德的学问能否成为一门科学或知识仍然是一个疑问。伦理学的知识合法性再一次以——与休谟的质疑相比——更彻底的方式突显出来，成为 20 世纪上半叶西方伦理学争论不休的中心课题，由是，所谓"元伦理学"（meta-ethics）或"批判的分析伦理学"（critical analytical ethics）也就成为 20 世纪西方伦理学的主流之一。

　　"元伦理学"的突显无疑是现代科学主义压迫的文化后果之一，然而，道德的人文本性决定了道德知识无法满足科学技术化知识标准的"非科学"命运。一种学院式或学究式的道德知识永远只能是灰色的理论，无法真正反映丰富多彩的人类道德生活世界。如果说人类的道德知识只能寄居于特定的道德文化传统并以文化的而非科学知识的方式生长的话，那么，麦金太尔关于"后启蒙时代"之道德知识碎片化的理论论断，就不啻对现代西方道德知识状况的文化诊断，而这一诊断的依据正来源于尼采的"道德谱系"理论。站在"世纪的转折点上"（周国平语），尼采以超人的智识洞见到，当康德、黑格尔式的理性主义伦理学在 19 世纪后期登峰造极之时，人类自身的道德知行潜能便已然枯竭见底。道德首先是一种实践智慧和意志能力，一旦它被迫蜕化为某种形式的知识技术，人类社会便不再存有任何道德崇高的渴望和英雄主义的道德激情。普遍形式化的知识所要求的是强求一律和恒定不变，而道德智慧却要求实践崇高和价值超越。尼采用一种极端的提问方式将他在 19 世纪末叶所发现的道德疑问交给了 20 世纪：在我们这个道德（文化）谱系多元化而且充满族群意志力的人类生活世界里，一种普遍的道德知识如何可能？

　　尼采的声音春雷般地随着 20 世纪西方世界的思想年轮一起滚动，不绝于世，以至于我们无法因为时间的分界而将生活在 19 世纪的尼采排除在 20 世纪西方伦理学的发展过程之外。最先发出响应的是胡塞尔及其所发动的现象学—存在主义哲学思想运动，它不可避免地带来了西方 20 世纪伦理学的革命性骚动：拨开理性主义的哲学天幕，反省现代科学主义及其所导致的价值观念危机，重返生活世界本身，成为 20 世纪前中期西方伦理嬗变的又一主题。由是，存在主义本真伦理学、生命伦理学和形形色色的人本主义伦理学相继登台。你方唱罢我登台，各领风骚数十年。20 世纪前中期的西方伦理学既有学究式的逻辑游戏，又有迪斯科式的思想宣泄。

　　思想的宣泄源于过度积压的思想爆发。20 世纪的确是一个太多思想刺激的世纪：仅仅在前半个世纪的 40 年间便爆发两次世界大战，这本身也许是人类文明史上绝无仅有的劫数！经济大萧条、饥荒、"冷战"、核威胁、种族屠杀与地区冲突、传染病与生态危机、恐怖与征服……几乎所有灾难和悲剧都在这个世纪迸发，人们不能不日有所思，夜有所梦，陷入难以摆脱的心灵焦虑。然而，生活的磨难常常成为思想的温床，甚至成为人文知识的增长动力，这仿佛又是人类文明行进的悲剧性逻辑！在欧洲大陆，这一逻辑显示为伦理思想的深度进展和广度扩张，似乎可以肯定地说，没有哪一个世纪能够像 20 世纪的欧洲大陆这样产生如此众多的道德"主义"和伦理"学说"，形成如此富有张力的伦理思想和道德理论。存在与虚无、自我与他者、生命与天道、心理与身体或者灵与肉、形上与反形上、人与自然，以及现代与后现代或后后现代，几乎人类所有的道德经验、道德情感、道德观念和伦理问题都挤压在这个世纪，一起迸发出来。与之对照，在美国，这一逻辑却更多地表现为知识的生长与积累。一方面，由威廉·詹姆斯在 19 世纪末叶创造的"美国哲学"即实用主义，迅速成为 20 世纪的显学，这种被称为"美国精神"之灵魂和核心的哲学，不仅缔造了"美国哲学的谱系"（C. West 语），成为美国开始摆脱其对于欧洲文化母体的精神依赖的基本标志，而且还凭借着 20 世纪迅速强大起来的美国国力，向世界各地迅速扩张，本土化的地方性哲学知识一跃成为普遍意义上的哲学知识。当美国人自豪地宣称詹姆斯使美国从一个哲学进口国一跃成为哲学出口国并把詹姆斯奉为"哲学的爱国者"（康马杰：《美国精神》）和美国的精神英雄时，他们实际上也在告诉世人：美国不仅要成为 20 世纪的经济强国、政治强国和军事强国，而且也将要成为精神文化的强国。另一方面，正是这一强烈而深远的动机，促使美国利用两次世界大战的机会，在大力扩张自己的物质势力的同时，也大量引进或接受了来自欧洲大陆一批又一批科学家、哲学家和人文社会科学家，获取了前所未有的技术资源和智力资源。也就是说，20 世纪中后期的知识学人的地域迁徙，使美国实际上已经成为全球的科技创造中心、思想创造中心和知识创造中心。

　　虽然美国实用主义哲学根本上只不过是美国现代典型经验的观念反映，一种地道的工具主义目的论道德哲学。然而，它却再典型不过地揭示了西方"现代性"道德危机的秘密：实用理性至上，让包括道德在内的一切人类和人类社会事务都暴露于市，使其接受竞争和交易规则的检验！西方"现代性"的道德危机给西方宗教的复兴提供了机遇，一如中世纪晚期的宗教危机给近代人道主义的启蒙运动提供了历史机遇一样。在整个 20 世纪，西方宗教尤其是宗教伦理主要是作为一种社会文化批判的精神力量而复活和发展起来的。在市场经济和商业社会的环境下，现代世俗伦理不断降低价值目标和道德标准，正当合理性的规范化诉求逐步掩盖甚至替代了人类对卓越与崇高的美德追求。缺乏终极价值关怀成了现代人普遍的道德缺失，因之也成了现代社会最稀有的道德精神资源。人类需求最大的往往是其最缺乏的。现代宗教伦理正是从这一缺口切入现代社会的。20世纪的西方宗教伦理构成了整个 20 世纪西方伦理知识体系中最重要也最连贯的一脉，从 20 世纪之初的人格主义，到马里坦的"神学人道主义"；从神正道义，到当今方兴未艾的宗教生态伦理学；西方各种形式或教派的宗教都在充分利用自身的价值精神资源和现代社会文明的缺陷，用道德批判的方式参与并干预现代社会生活，神学道德或宗教伦理学成为 20 世纪西方伦理学知识图像中主要构成之一。

　　然而，对"现代性"道德的批评与辩护始终是 20 世纪西方伦理学演进的主线。进至 20 世纪后期，这一主线演化为两个相互交错层面上的理论争论：一个是现代主义与后现代主义之间的争论，其中的道德争论更多地行进在关于"文化政治"(the politics of culture)和"文化哲学"(the philosophy of culture)的语境之中，而且所谓"后现代（主义）伦理学"至今仍然处在朦胧不清的生长初期，除了李约塔尔、鲍曼等少数后现代思想家开始讨论后现代伦理问题之外（见李氏的《后现代道德》和鲍氏的《后现代伦理学》），真正谈论后现代伦理学的学者并不多见。事实上，充满解构力量的后现代话语究竟如何谈论甚至是否能够谈论天性持守规范秩序的道德伦理话题，仍然还是一个问题，期待用后现代叙事方式去建构某种后现代伦理学，就更是一个疑问了。

　　另一个层面是"现代性"思想内部的理论争执，其中以新自由主义、共同体主义（社群主义）和文化守成主义（一说"文化保守主义"）三家最为突出。自由主义原本是西方现代社会的意识形态——即一种具有宰制性思想力量的社会观念形态，如何辩护和完善这一观念形态及其社会价值权威，始终是西方思想界的头等大事。20 世纪 70年代伊始，美国哈佛大学伦理学和政治哲学教授罗尔斯发表《正义论》(1971)，标志着 20 世纪西方伦理学的重大转折，即伦理学从学理式的纯伦理学知识论探究转向道德实践规范的重新建构。康德社会契约论的普遍主义规范伦理学传统得以复兴。与此同时，一种基于亚里士多德美德伦理或黑格尔历史主义传统的共同体主义（一译"社群主义"）伦理学也开始抬头，并与新自由主义伦理学形成鲜明对照，而与共同体主义有着内在亲缘关系的文化守成主义也悄然兴起，并逐渐成为一种全球性的当代伦理思潮。然而，当代西方伦理学的三足鼎立并不具有内在分裂的知识异质性或理论异质性，毋宁说，它们之间的理论竞争更像是一场话语权力的争夺，一如江湖门派之争终究无外乎武林势力的较量一样。不过，任何有关"现代性"的道德话语都无法脱开当代世界的社会语境，因而，当代西方伦理学所讨论的课题，诸如，自由与平等、正义与秩序、规范与美德、权利与制度、个体与群体等，实际也是全球伦理的当代主题。从这个意义上说，由罗尔斯引发的当代西方伦理学讨论不仅不会随着 20 世纪的结束而结束，而且也不会只限于西方伦理学的语境，关于上述课题的讨论将会而且实际上已经开始进入 21 世纪全球伦理的公共论坛，成为新世纪人类社会的共同话题。有鉴于此，我想特别强调，在我们这个时代和社会里，阅读 20 世纪西方伦理学的文本已经不再只是在阅读"文化他者"，它实际上也是一种本土文明或文化的道德自我阅读，包括对我们自身道德文化传统的重新解读，以及更重要的是对我们现实生活情景与意义的道德解读！

三、道德谱系与知识镜像

毫无疑问，20 世纪西方伦理学的发展展现出一种异常复杂多变的知识状态，无论人们是用"破碎凌乱"还是用"丰富多彩"来描绘这一知识状态，实际上都无关紧要，对于我们来说，重要的是通过解读那些显露抑或遮蔽这种知识状态的典型文本，了解这一知识状态背后的道德实在、道德实在与伦理知识之间的互动关联，以及有可能和有必要了解的西方伦理学知识镜像之于当代中国伦理学知识生长的复杂意义。

尼采的说法是对的。任何道德都以谱系的方式存在和发展着，没有一种无谱系生成的一般道德。不同民族、不同群体、不同阶层，其所形成并信奉的道德伦理都从属于他们各自不同的生活方式、生活环境和生活目标（理想）。因此在道德实在论的意义上说，任何一种道德知识或者道德观念首先都必定是地方性的、本土的，甚或是部落式的。人们对道德观念或道德知识的接受习得方式也是谱系式的。儿童首先是从其父母身上和家庭生活中习得原初的道德知识，而不是从书本中获取其道德知识的。必须明白，道德知识乃是一种特殊的人文学知识，而所谓人文学知识（the knowledge of humanities）不是现代知识意义上的"科学技术知识"，或者用时下的技术语言来说"可编码化的知识"，而是一种最切近人类自身生活经验的学问或生活智慧。当然，今天的儿童也可以从诸如电视和网络上习得某些普遍标准化的道德知识，如一些商业广告或社会宣传所传达的道德信息。但无论如何，这些公共的道德信息都远不及父母的言传身教对儿童的影响来得直接和根本，后者的体认式知识传授方式恐怕是永远不可替代的。

这样说来，伦理学的知识生成和传播就面临着一个难以消解的矛盾：如果伦理学是一门真正的科学，其知识就必须是超道德谱系的，或者用康德式的术语来说，必须是可普遍化的，否则，就不能叫做知识，而只能叫做常识或经验。反过来，如果脱开具体的道德文化传统或道德谱系，伦理学的知识最多也只能是一种纯形式的知识，不具有任何实质性的内容，因而很难对人们的道德实践发生普遍的实质性价值影响。如果有人对那些食不果腹、衣不蔽体的非洲部落居民宣讲自由和平等的人权原则，他或者她除了漠然、疑惑和失望之外，肯定不会得到任何实质性的价值满足。

不过，这并不是反驳基于普遍理性或普遍道德推理之上的伦理知识论的充分理由，人们同样可以反驳说，如果普遍的伦理学知识绝无可能，人类又是如何达成相互间的道德理解和道德共识的？毕竟人类社会实际上在诸如正义、和平、良知和爱等一些基本的道德伦理价值理念上有着相当程度的分享和共识。麦金太尔曾经承认并且希望，各个道德谱系或道德文化传统在达成对本谱系或本传统及其它们自身的连贯性发展的具体确认之后，有可能而且应该通过它们相互间的解读、对话和"翻译"（不仅是文本的，而且还有道德观点或文化价值观念的），寻求某些道德共识。然则，麦金太尔似乎仍然拒绝了诸如康德和罗尔斯等人主张的普遍主义伦理学知识的实际可能。相比之下，我个人可能要比麦金太尔先生更乐观一些，但也不及罗尔斯先生那般大胆，主张比如说他晚年在《万民法》（1999）一书中所倡导的那种或可称之为万民自由主义的价值立场。我相信，道德知识首先是一种寄居于各特殊道德谱系之中的地方性或本土化知识，不同的地方性道德知识之间的确存在着某些不可通约或公度的知识元素。然而我也相信，某种基于相互沟通和相互理解的道德共识并非是完全不可能的，关键取决于各地方性道德知识是否有相互了解、相互学习的愿望，是否能够保持一种相互宽容、相互增进或共生共荣的文化姿态。况且，道德知识的普遍化实际上也是每一种地方性道德知识的生长愿望，在一个开放和竞争的时代，没有哪一个道德文化传统或哪一种地方性道德知识会轻易放弃这种普遍生长的愿望，问题是，每一种地方性道德知识或道德文化传统都必须明白，这一愿望的实现首先是以"文化平等"（参见 Brain Barry, *Culture and Equality*, 2003）和相互学习、相互理解为基本前提和条件的。就此而论，一种平等的文化心态和学习理解的学术姿态，也应当是我们阅读 20 世纪西方伦理学的经典文本的基本态度。

最后我想特别说明一下，作为一名普通的伦理学知识传授者，我自身的知识局限同时也决定了这部四卷本的《20 世纪西方伦理学经典》的知识局限性。这不是参与本书编译工作的其他学人的过错，而是作为本书主编的我难以短期改善的问题。然而无论如何，我不想因为自身的局限而限制甚至挫伤本书读者的知识了解愿望，克服这种局限的唯一办法只能是，请那些想了解 20 世纪西方伦理学知识本相的读者，在翻阅本书之后，进一步研读这一时期各西方伦理学家更详细的著述文本，获取更完整更详尽的 20 世纪西方伦理学的知识图像。就此而言，本书所能起到的最大作用只不过是提供一种知识索引或知识草图而已。

万俊人

2003 年 12 月中旬成稿于广州中山大学紫荆园

12 月下旬定稿于北京西北郊蓝旗营小区悠斋

目　录

［德］尼采(Friederick Wilhelm Nietzche，1844—1900)

《论道德的谱系》(1887) (节选)

《超善恶》(1886) (节选)

《论道德的谱系》（1887）（节选）

一、"善与恶""好与坏"

（一）

　　我们应当归功于这些英国心理学家的还有初探道德发生史的尝试，可惜他们并没有就此提出任何疑点。我承认，他们本身就是个疑点，他们甚至在写书之前就把一些基本观点提出来了——他们本身就很有意思！这些英国心理学家们到底想要做什么？人们发现他们总是在有意或无意地做着同一件事：就是把我们内心世界中的龌龊部分暴露出来，从中寻找积极的、先进的、于人类发展有决定作用的因素，而这是些人类智慧的尊严最不愿意看到的部位，他们就是在这些习惯势力中，在健忘中，在盲目和偶然的思想网络和思想机制中，在任何一种纯粹被动的、机械的、反射性的、微不足道的和本质上是愚蠢的部位找寻积极的因素。到底是什么东西使得这些心理学家总是朝着这一个方向努力？是否是一种隐秘的、恶毒的、低级的、连他们自己都不愿意承认的贬低人类的本能？是否是一种悲观主义的猜忌，一种对失意的、干瘪的、逐渐变得刻毒而幼稚的理想主义的怀疑？是否是对于基督教（和柏拉图）的一种渺小的、隐秘的、从未跨过意识门槛的愤懑和积怨？抑或是对于稀奇的事物、对于令人头疼的反论、对于存在本身的可疑点和荒唐处的一种贪婪的嗜好？当然，也可能是一种混合，其中含有少许卑劣、少许忧郁、少许反基督教、少许快感、少许对调味品的需求？……可是有人告诉我说，这不过是些冷血的、乏味的老青蛙，它们在人的周围爬行跳跃，好像是在它们自己的天地中：在一个泥塘中一样。我很不愿意听到这些，而且我不相信这些。假如允许人在不知情的情况下表达一个愿望的话，那么我真心地希望这些人能够是另外一副样子，希望这些灵魂的研究者们和显微观察者们能够是基本上勇敢的、高尚的、自豪的动物，能够知道如何控制他们的情感，并且训练他们自己为真理牺牲所有的欲望——为任何一种真理，哪怕是朴素的、辛辣的、丑陋的、令人不快的、非基督教的、非道德的真理，因为这种真理确实存在着。

（二）

那么就向那些想支配这些道德史学家的好人们致敬吧！可惜的是，**历史精神**本身肯定会背弃这些道德史学家，恰恰是历史上的全体好人自己弃他们于艰难境地！他们全体都遵循已经陈旧的哲学家习俗，**基本上**不用历史的方法思维，这点是没有疑问的。他们撰的道德谱系从一开始着手调查"好"的观念和判断的起源时就立刻暴露了其拙劣。他们宣称，"最初，不自私的行为受到这些行为的对象们，也就是这些行为的**得益**者们的赞许，并且被称之为好；后来这种赞许的起源被**遗忘**了，不自私的行为由于总是习惯地被当作好的来称赞，因此也就干脆被当作好的来感受——似乎它们自身就是什么好的一样。"我们立刻发现，在这第一段引言中已经包含了英国心理学家的特异性的全部典型特征。我们已经看到了"有益"、"遗忘'、"习惯"，最后还有错误，所有这些都被当成了受人尊敬的依据，迄今为止比较高贵的人们甚至引以为自豪。就像引一种人类的艺术特权为自豪一样。这种自豪应当受到羞辱，这种尊敬应当被贬值：目的达到了吗？……我现在才看清了，这种理论是在错误的地方寻找和确定"好"的概念的起源："好"的判断**不是**来源于那些得益于"善行"的人！其实它是起源于那些"好人"自己，也就是说那些高贵的、有力的、上层的、高尚的人们判定他们自己和他们的行为是好的，意即他们感觉并且确定他们自己和他们的行为是上等的，用以对立于所有低下的、卑贱的、平庸的和粗俗的。从这种**保持距离的狂热**中他们才取得了创造价值、并且给价值命名的权利：这和功利有什么关系！功利的观点对于维持最高等级秩序的热情、突出等级的价值判断的热情表达恰恰是如此陌生和极不适宜：此刻方才出现了那种卑微的热情的对立感觉，这种热情以每一种工于心计的精明，以每一种功利的算计为前提，——而且不止一次地，不是特殊情况，而是永久的。高尚和维持距离的狂热，就是我们说过的上等的、统治艺术的那种持久的、主导的整体和基本感觉，与一种低下的艺术、一个"下人"的关系——这就是"好"和"坏"对立的起源。（主人有赐名的权利，这意味着人们可以把语言的来源理解为统治者权威的表达：他们说，"这是什么，那是什么"；他们用声音给每一物、每一事打下烙印，并且通过这种方法将其立即据为己有。）从这个起源出发——"好"这个词从一开始就根本**没有**必要和"不自私"的行为相关联：那是道德谱系学家们的偏见。事实上，只是在贵族的价值判断**衰落**的时候，"自私"和"不自私"的这种全面对立才越来越被强加于人的良知，——用我的话说，**群体本能**终于用言辞（而且用多数的言辞）得到了表述。此后还要经过很长的一段时间这种本能才会在群众中变成主人，使对道德价值的评定形成、并且陷入上述那种对立（这就是目前欧洲的状况：如今占据着统治地位的是成见，成见正在被看作和"道德""不自私""公平"相等同的概念，而且已经具有了一种"固定观念"和脑病特有的威力）。

（三）

可是第二：那种关于"好"的价值判断的起源的假说除了在历史上是完全站不住脚的以外，在心理分析方面也是荒诞不经的。不自私的行为的功利被说成是该行为受到称赞的根源，而这个根源却被遗忘了——怎么可能遗忘呢？也许这种行为的功利曾在某时失效？情况恰恰相反，事实上这种功利在所有的时代都司空见惯，而且不断地得到重新强调；因此，功利不是从意识中消失了，不是被遗忘了，而是必然地越来越清晰地显现在意识中。这样一来，那种反对派理论倒是更为清晰合理了（那理论并不因此而更正确——）。例如赫伯特·斯宾塞就表述了这派理论：他认为"好"的概念就其本质来说与"有益""实用"相通，因此在"好"和"坏"的判断中人类总结并确认的正是他们关于有益——实用和有害——不实用的那些未被遗忘和遗忘不掉的经验。根据这种理论，"好"即是那种迄今一直被证明是有益的：因此，好被看成"最高等级的有价值的"效用，被看成"自身有价值的"效用。正像我所说的，这种解释方法也是错误的，但是它本身至少是清晰合理的，而且从心理的角度上看也是站得住脚的。

（四）

有个问题为我指出了通向正确道路的方向，这个问题的提出本来是因为在词源学中出现了各种不同的表述"好"的语词文字：在这里我发现所有这些名称都把我们引回到**同一个概念转化**——基本概念的等级含义往往是"高尚""高贵"，由此又必然转化出含有"精神高尚""高贵"意思的"好"，含有"精神崇高""精神特权"意思的"好"；这一转化又总是伴随以另外那种转化，"普通的""粗俗的""低贱的"终于被转化成"坏"的概念，这后一种转化的最有力的例证就是德文字"坏"本身；"坏"字（Schlecht）和"简朴"（Schlicht）通用——请比较"直截了当"（Schlechtweg，直译：坏的方式），"简直不堪"（Schlechterdings，直译：坏的事物）——因此"坏"这个字起初就是这样不屑一顾地径直把简朴的、普通的人置于高尚的对立面。大约到了三十年战争时期，也就是说到了很晚的时候，上述内容才转变为现在通用的意思。——这就为我的道德谱系的研究展示了**一条重要的**线索，它之所以这么晚才被找到是因为在现代世界上，民主的偏见对所有追根溯源的工作施加了障碍性的影响，甚至连那个看来是最客观的自然科学和生理学领域也不例外，当然我在此只能是点出问题而已。那么这种偏见，一旦它燃起仇恨的烈焰，能给道德和历史造成什么样的特殊危害？这已由臭名昭著的布克尔事件表明了。起源于英国的现代精神的平民主义在它的故乡的土地上再次爆发，激烈得有如一座喷发的火山，伴随着迄今为止所有的火山都发出的那种令人扫兴的、噪音过大的、粗野的、不容争辩的声音。——

（五）

说到**我们的**问题，我们完全有理由称其为一种**安静**的问题，它只是有选择地针对少数几个听众。同样有趣的是我们发现，那些标志着"好"的词汇和词根至今仍然含有某种不同一般的东西，使高尚者据此感到他们才是上等人。他们固然经常根据他们对权力的考虑称呼自己（称为"强有力的人""主人""领主"），或者根据这种考虑的最明显的标志称呼自己，例如称为"有钱人""占有者"（这个意思取自阿瑞阿语，在伊朗语和斯拉夫语中也有类似的表达），不过这些高尚者也根据一种**典型的特性**称呼他们自己：这就是我们所要探讨的问题。例如他们称自己是"真实的"：最先这样做的是希腊贵族，其代言人是麦加诗人蒂奥哥尼斯。用来表达这个意思的词：esthlos 的词根意味着一个人只要是存在的、现实的、真切的，他就是真正的人；而后，经过一个主观的转变，真正就变成了真实：在概念转化的这个阶段，真实成了贵族的口头禅，而且彻底地包含在"贵族的"词义里，以示和被蒂奥哥尼斯认之为并描述为**不诚实的**下等人相区别——一直到贵族没落以后，该词才最终被保留下来用于标志精神贵族，与此同时该词也变熟、变甜了。在 kakos 和 deilos 这两个词中（agathos 的反义词：庶民）都强调了懦弱：这也许是一个提示，循此方向我们必须去寻找意思清楚得多的 agathos 的词源。拉丁文中的坏（malus）字可以用来指深肤色，特别是黑头皮的人为粗俗的人，即在雅利安人以前居住在意大利土地上的居民，他们和成为统治者的黄头发雅利安征服者种族最明显的区别就是颜色；至少克尔特语为我提供了正好类似的情况——fin（例如 Fin-Qal 这个名词），就是用来标志贵族的，最后被用来标志好、高贵、纯洁，本意是黄头发，以此和肤色暗、头发黑的土著居民相对照。顺便说一下，凯尔特人纯粹是黄头发人种。有人（譬如维尔科夫）错把德国人种分布图上的那些暗色头发人种聚居地段同什么凯尔特人的后裔和血缘联系在一起。其实，在这些地段居住着的是**雅利安以前**的德国居民（在整个欧洲情况几乎相同，从根本上说，被征服的种族最终再一次占了上风，在肤色上，在缺乏头脑上，甚至在智识本能和社会本能上，有谁赞成我们如下的观点，难道不是时髦的民主，难道不是更为时髦的无政府主义，尤其是现在所有的欧洲社会主义者对于"公社"这种最原始的社会形式的共同偏爱，难道它们的主旨不像是一种惊人的**尾声**，象征着**征服者和主人种族**的雅利安人甚至在生理上都处于劣势了吗？……）拉丁文字 bonus 我斗胆译为斗士；假如我可以将 bonus 引溯到一个更为古老的词 duonus（请比较 bellum 和 duellum，以及 duen-lum，在我看来，这中间好像保存了那个 duonus），那么 bonus 就可以译成与人纷争的人、挑起争端的人（duo），斗士：我们看到，在古罗马是什么使一个人形成他的"善良"。我们德国人的"好"本身难道不是标志"神圣者""神圣种族"的人吗？而且这难道不是和哥特人的人民（起初是贵族）的名称相一致吗？在此不宜阐述这些猜测的原因——

（六）

政治优越观念总是引起一种精神优越观念，这一规则暂时尚未有例外（虽然有产生例外的机会），当最高等级是**教士**等级的时候，这一规则表现为教士们喜欢采用一种向人们提醒教士职能的称呼来作为他们的共同标志。譬如在这里我们第一次碰上了像"纯洁"和"不纯洁"这样的对立的等级观念，同样也是在这里后来产生了不再具有等级意义的"好"和"坏"的观念。但是人们应该当心，不要立刻把"纯洁"与"不纯洁"这种观念看得过重、太广，甚至看成象征性的：古人类的所有观念都应当从一开始就被理解为一堆我们几乎不能想象地粗糙的、笨拙的、浅薄的、狭窄的、直截了当的，特别是不具有代表性的东西，"纯洁的人"的最初的意思不过是洗澡的人，拒绝吃某种感染肤疾的食品的人，不和肮脏的下层妇女睡觉的人，厌恶流血的人——只此而已，岂有它哉！此外，当然，从以教士为主的贵族的全部行为可以看清楚，为什么恰恰是在这种早期阶段，价值的对立能够以一种危险的方式内向化、尖锐化。事实上，由于这种价值的对立在人与人之间最终扯开了一道鸿沟，就连精神自由的阿基利斯也难于毫不畏惧地逾越这道鸿沟。早在一开始就有某种有害的因素蕴含在这种贵族气派中，蕴含在这统治者的、疏远商贸的、部分是深思熟虑、部分是感情爆发的习惯中，其结果是各个时期的教士们都很快地、不可避免地感染上那种肠道疾病和神经衰弱，可是他们为自己找到了什么方法来医治他们这些疾病？——难道人们不能说这种医疗方法的最终结果已经显示比它要治愈的疾病本身还要危险百倍吗？人类自身仍然在受着那些教士们的医疗方式的后果的煎熬！让我们试想某种饮食方式(禁忌肉类)，试想斋戒、节制性欲、"向沙漠"逃遁(维尔·米切尔式的孤立，当然不包括由此产生的强饲法和营养过度，那里包含了医治禁欲主义理想的所有歇斯底里发作的最有效的方法)；再试想，教士们的全部敌视感官的和懒惰而诡诈的形而上学，他们依据苦行僧的和使用玻璃扣而且观念固执的婆罗门的方式实行的自我催眠术，以及对其根治术——虚无的、最后的、非常可以理解的普遍厌倦(或者对上帝的厌倦——渴望和上帝结成一种神秘联盟是佛教徒所渴望的虚无，涅槃——仅此而已!)在教士们那儿**一切**都变得格外危险，不仅仅是医疗方式和治疗技术，而且还包括傲慢、报复、敏锐、放荡、爱情、权力追求、贞操、疾病——平心而论，无论如何还应当加上一句：只有在这块土地上，在这块对人类和教士的生存来说**基本上是危险**的土地上，人才能够发展成为一种**有趣的动物**，只有在这里，人的精神才更高深，同时也变得凶恶了——正是这两个原因使得人迄今为止优越于其他的动物。

(七)

读者已经可以猜测出，教士的价值方式可以多么轻易地脱离骑士—贵族的价值方式而向其反面发展了。在每一次这种脱离发生时都有一个契机，都是发生在教士阶层和斗士阶层相互嫉妒、无法和解的时候。骑士—贵族的价值判断的前提是一个强有力的体魄，是一种焕发的、丰富的、奔放的健康，以及维持这种体魄和健康的条件：战斗、冒险、狩猎、跳舞、比赛等所有强壮的、自由的、愉快的行动。贵族化教士的价值方式，正像我们所看到的，具有其他的前提：战斗对他们来说是糟糕透了！正如我们所知，教士是**最凶恶的敌人**——为什么这么说？因为他们最无能。从无能中生长出来的仇恨既暴烈又可怕，既最富有才智又最为阴毒。世界历史上最大的仇恨者总是教士，最富有才智的仇恨者也总是教士——在教士的报复智慧面前，其他所有的智慧都黯然失色。没有这种无能者提供的才智，人类历史将会过于乏味——让我们举个最重大的事例。在地球上，所有反对"高贵者""有力者""主人""权力拥有者"的行动都不能和犹太人在这方面的所为同日而语：犹太人，那个教士化的人民，深知只需彻底地重新评定他们的敌人和压迫者的价值，也就是说，以一种最富有才智的行动而使自己得到补偿。这正适合于教士化的人民，这个有着最深沉的教士化报复心理的人民。正是犹太人敢于坚持不懈地扭转贵族的价值观念（好＝高贵＝有力＝美丽＝幸福＝上帝宠儿），而且咬紧了充满深不可测的仇恨（无能的仇恨）的牙关声称"只有苦难者才是好人，只有贫穷者、无能者、卑贱者才是好人，只有忍受折磨者、遭受贫困者、病患者、丑陋者才是唯一善良的、唯一虔诚的，只有他们才能享受天国的幸福，——相反，你们这些永久凶恶的人、残酷的人、贪婪的人、不知足的人、不信神的人，你们也将遭受永久的不幸、诅咒，并且被判入地狱！"……我们知道，是谁继承了这种犹太人对价值的重新评价。一想起这可怕的、祸及全体大众的首创，这一由犹太人提出的所有战争挑战中最根本的挑战，我就记起我在另一场合①说过的话——即犹太人开始了道德上的**奴隶起义**：那起义已经有了两千年的历史，我们今天对此模糊不清只是因为那起义取得了完全的成功……

（八）

——可是你们没有听懂？你们没有看到某种东西需要两千年的时间才能取得成功？……这没有什么可以奇怪的：所有**长期性**的发展都很难观察、很难判断。可这是个大事件：从那报复的树干中，从那犹太的仇恨中，从那地球上从未有过的最深刻、最极端的、能创造理想、转变价值的仇恨中生长出某种同样无与伦比的东西，一种新的**爱**，各种爱中最深刻最极端的一种：——从其他哪根树干中能够长出这种爱？……但是也不要误以为这种爱是对那种报复渴望的否定，是作为犹太仇恨的对立面而萌发的！不是的！事实恰好相反！这种爱正是从那树干中长出来的，是它的树冠，是凯旋的、在最纯洁的亮度和阳光下逐渐逐渐地伸展开来的树冠。即使在光线和高度的维度里，这树冠也似乎以同样的渴求寻求着那仇恨的目的、

---

①　《善恶的彼岸》，118页。

胜利、战利品、诱惑，这种渴求使那种仇恨的根在所有的深渊中越扎越深，在所有的罪恶中越变越贪。拿撒勒斯的这位耶稣，爱的人格化福音，这位把祝福和胜利带给贫苦人、病患者、罪人的"救世主"，——他难道不正是最阴险可怕、最难以抗拒的诱惑吗？这诱惑和迂回不正是导向那些**犹太的**价值和理想的再造吗？难道以色列不正是通过这位"救世主"的迂回，这位以色列表面上的仇敌和解救者来达到其精心策划的报复行动的最后目标的吗？这难道不算是报复的一种真正**重大的**策略所使用的秘密非法的艺术吗？这不是一种有远见的、隐蔽的、缓慢的和严密策划的报复吗？以色列本身不正是这样被迫当着整个世界像唾弃死敌一样唾弃其报复的真正工具，并且让它钉在十字架上，从而使"整个世界"，即所有以色列的敌人，都不假思索地吞下这诱饵吗？难道还有人能从精神的所有诡计中再想出一种更加危险的诱饵吗？什么东西的诱惑人、陶醉人、麻痹人、使人堕落的力量能和"神圣的十字架"这个象征、"钉在十字架上的上帝"那恐怖的自相矛盾、上帝**为了人类幸福**而把自己钉在十字架上这种无法想象的最后的残酷行动的神秘色彩相提并论？至少可以肯定，以色列以这种情景，用其对迄今为止所有价值的报复和重新评定，不断地战胜了一切其他的理想，战胜一切更高贵的理想。……

（九）

——"可是您还谈论什么更高贵的理想！让我们顺应现实吧！人民获得了胜利——或者说是'奴隶'获得了胜利，或者说是'暴民'，或者说是'百姓'，随便您怎么去称呼它，反正这胜利是由于犹太人而获得的，而发起的！任何其他的人民都未曾有过这样一种世界历史使命。'主人'被打败了，平民的道德取得了胜利。这种胜利同时又可以被看成是一种败血症（它已经在各个种族中融通蔓延），我不否认，无疑地，人类中毒了。'拯救'人类于'主人'的统治的事业正获全胜。一切都明显地犹太化了，或者基督化了，或者暴民化了。（不管用什么词吧！）这种毒症在人类全身的蔓延看来是不可阻止的了，其蔓延的速度从现在起倒是可能不断地放慢，变得更细致、更微弱、更审慎——人们还有时间……如今教会还能有什么**了不起**的任务，甚至还有什么存在的理由？也许人们可以不需要教会？请回答吧。看上去教会是在阻止和控制而不是促进毒症的蔓延？这正可能是它的有用之处。可以肯定地说，教会简直就是粗鲁村野的东西，是和细腻的智慧，和一种本来很时髦的趣味相对立的，它难道不应当至少自我完善一点儿吗？……它如今得罪的人要比它诱惑的人多了……假如没有教会，我们之中有谁会成为自由思想家？是教会而不是它的毒素在和我们作对……撇开教会，我们还是热爱毒素的……"——这是一位"自由思想家"对我的讲话的反应——他是一个诚实的家伙，反正他明显地表现出他是一个民主主义者，他一直在倾听我讲话，而且不容我沉默，可是我在这个问题上却有充分的理由沉默。

（十）

奴隶在道德上进行反抗伊始，怨恨本身变得富有创造性并且娩出价值：这种怨恨发自一些人，他们不能通过采取行动做出直接的反应，而只能以一种想象中的报复得到补偿。所有高贵的道德都产生于一种凯旋式的自我肯定，而奴隶道德则起始于对"外界"，对"他人"，对"非我"的否定：这种否定就是奴隶道德的创造性行动。这种从反方向寻求确定价值的行动——值得注意的是，这是向外界而不是向自身方向寻求价值——这就是一种怨恨：奴隶道德的形成总是先需要一个对立的外部环境，从物理学的角度讲，它需要外界刺激才能出场，这种行动从本质上说是对外界的反应。高贵的价值评定方式则相反：这些价值是自发地产生和发展的，它只是为了更心安理得、更兴高采烈地肯定自己才去寻找其对立面。它们的消极的概念如"低贱""平庸""坏"都是在与它们的积极的概念相比较后产生的模糊的对照，而它们的积极的概念则是彻底地渗透于生命和热情的基本概念："我们是高贵者，是好人；我们是美的、是幸福的。"如果说贵族的价值方式有过失，强暴现实，那么这种情况就是发生于他们不够了解的领域，他们不是去了解实情，而是矜持地进行自卫：有时他们会错误地判断一个他们所蔑视的领域，比如平民的领域，地位低下的人民的领域。另一方面，人们也要考虑到，不管怎么说，蔑视的情绪、倨傲的情绪、自负的情绪的产生，人们对蔑视情景的**伪造**，这都远远无法和无能者以受压抑的仇恨向他的对手（当然是虚构的)进行报复的那种虚伪相比。事实上，在这种蔑视中有过多的疏忽和轻浮，过多的不顾事实和不耐烦，夹杂着本来就过多的与生俱来的愉快心情，使这种蔑视能够把它的对象转变成真正的丑角和怪物。请注意，希腊贵族为了和地位低下的人民拉开距离，在所有有关的词句中加上了几乎是仁慈的声调，怜悯、关怀、容忍这类的词一直不断地在相互搅拌，并且包裹上糖衣，直至最后几乎所有和平民有关的词句就只省下了诸如"不幸""可怜"这类的表达(参见 deilos, deilaios, poneros, mochtheros, 最后两个词的本意认平民为工作奴隶和负重的牲畜)——而另一方面，"坏""低贱""不幸"这类词又没完没了地用一个单音，用一种"不幸"占优势的音色，轰击着希腊人的耳朵；这是古老的、更高贵的贵族价值方式的传家宝，即使在蔑视时也不会须臾背弃。"出身高贵者"的确**感到**他们自己是"幸福者"，他们不是先和他们的敌人比较，然后才来人为地造就他们的幸福，或者使人相信，或者骗人相信他们的幸福(所有充满仇恨的人们都惯于此道)。他们浑身是力，因此也**必然**充满积极性，同样，他们知道，不能把行动从幸福中分离出去，他们把积极行动看成幸福的必要组成部分。所有这些都和无能者以及受压抑者阶层的"幸福"形成鲜明的对立，他们这些人感染了有毒的和仇恨的情感，这些情感很快就被消极地表现为麻醉、眩晕、安宁、自由、"安息日"、修养性情和伸展四肢等。高贵的人生活中充满自信和坦率("血统高贵"强调"真诚"，或许还有"天真")，而怀恨的人既不真诚也不天真，甚至对自己都不诚实和直率，他的心灵是**斜的**，他的精神喜欢隐蔽的角落、秘密的路径和后门；任何隐晦的事都能引起他的兴趣，成为他的世界、他的保障、他的安慰，他擅长于沉默、记忆、等待，擅长于暂时地卑躬屈膝、低声下气。这种仇恨者的种族最终必然会比任何一个高贵的种族更加聪明，而且它对聪明尊崇的程度也大不相同：它把聪明当做其生存的首要条件，而高贵者只是把聪明当作奢侈和精致的一种高雅的变味品来享受：——即使在这方面，聪明比起**无意识**的调节本能那样一种完美的功能性保障也早已不那么重要了，甚至比起一种特定的不聪明来，比起某种更加勇敢的蛮干，哪怕蛮干会招灾树敌，比起那为所有时代的高尚灵魂都要重新认识的激怒、热爱、敬畏、感激和报复等狂热的情感爆发来，聪明早已不再重要了。当一个高贵的人感受到怨恨的时候，这怨恨会爆发，并且消耗在一种瞬间的反应中，因此也就不会起毒化作用；此外，在许多场合下，高贵者丝毫不感到怨恨，而所有的软弱者和无能者却会毫无例外地感到怨恨。具有坚强完美的天性的人的标志是根本不会长期地把自己的敌人、不幸和**失误**看得很严重，因为他们有丰富的塑造力、修复力、治愈力，还有一种忘却力（现代世界上有个很好的例子，他就是米拉保，他记不住任何别人对他的侮辱和诋毁，他不能原谅别人，只是因为他把一切全忘记了）。这种人猛然一甩就抖落了许多寄生虫，而这些寄生虫却深入其他人的皮下；也只有在这种情况下地球上才可能出现所谓的"爱自己的敌人"。一个高贵者已经向他的敌人表示了多少尊重！而这种尊重本身就是通向爱的桥梁……是的，他以己度自己的敌人，以自己的高标准要求敌人！是的，除了这种丝毫不值得蔑视，而且**非常**值得尊敬的敌人，他不能容忍其他种的敌人！试想，一个充满仇恨的人构想出来的"敌人"将是什么样的——这正是他的行动，他的创造：他构想了"丑恶的敌人"，构想了"**恶人**"，并且把它作为基本概念，然后又从此出发产生了余念，设想了一个对立面，即"好人"——也就是他自己。

（十一）

正好相反，精神高贵者预先自发地创造了"好"的基本概念，也就是说从自身获得了这一概念，而后才由此引申出一种关于"坏"的概念！这种起源于高贵的"坏"和那种产生于不知餍足的仇恨的大锅中的"恶"——这看上去同样是"好"的概念的反义词"坏"和"恶"是多么的不相同啊！前者是副产品，是一种附加成分，一种补充的色调，而后者却是本源，是起点，在奴隶的道德观念中是原始的创造活动。可是在这里同样被称为"好"的概念并不相同：最好还是过问一下，依照仇恨的道德究竟谁是"恶人"。最确切的答案是：这里的所谓"恶人"恰恰是另一种道德中的"好人"、高贵者、强有力者、统治者，他们只不过是被仇恨的有毒眼睛改变了颜色、改变了含义、改变了形态。在这里我们至少要否定一点：谁要是把那种"好人"只认作敌人，那么他除了**邪恶的敌人**就什么也不认识。同样是这种人，他们被如此严格地束缚在习俗、敬仰、礼节、感戴之中，甚至被束缚在相互监视、彼此嫉妒之中，他们在相互态度的另一方面却显示出如此善于思考，善于自我克制，如此温柔、忠诚、自豪、友好；一旦来到外界，接触到各种陌生事物，他们比脱笼的野兽好不了多少，他们摆脱了所有社会的禁锢，享受着自由，他们在野蛮状态中弥补着在和睦的团体生活中形成的长期禁锢和封闭所带来的紧张心理，他们**返回**到了野兽良心的无辜中，变成幸灾乐祸的猛兽，他们在进行了屠杀、纵火、强暴、殴打等一系列可憎的暴行之后也许会大摇大摆、心安理得地离去，仿佛只是完成了一场学生式的恶作剧，他们也许还相信，在很长一段时间内诗人们又有值得歌咏和颂扬的素材了。所有这些高贵种族的内心都是野兽，他们无异于非常漂亮的、伺机追求战利品和胜利的**金发猛兽**；隐蔽者的内心时不时地会爆发出来，野兽必然要重新挣脱，必然要回到野蛮状态中去——罗马的贵族、阿拉伯的贵族、日耳曼的和日本的贵族，荷马史诗中的英雄和斯堪的纳维亚的海盗，他们都同样具有这种需要。高贵的种族不论走到哪里都留下了形成"野蛮人"的概念的痕迹，就连他们的最高等的文化中也显露出他们对于此种行为的一种意识，甚至是一种自豪(例如佩利克勒斯在那篇著名的葬礼演说辞中对他的雅典人民说："我们的果敢打开了进入所有土地和海域的通道，在四处都**不分好坏地**树立起永恒的纪念碑")。高贵种族的这种表现得如此疯狂、荒谬、突兀的"果敢"，这种不可捉摸，这种甚至对他们自己的行动都难以把握(佩利克勒斯特别强调了雅典人的 rathumia)，他们的这种满不在乎，以及对安全、肉体、生命、舒适的蔑视，对所有破坏行为，对所有胜利的淫欲和残酷的淫欲的那种令人恐惧的兴致和发自内心的爱好——所有这一切都为他们的受害者勾画出"野蛮人""邪恶的敌人"的形象，或许是"哥特人"或者"汪达尔人"的形象。日耳曼人在初掌政权时激发的(现在又再次激发的)深刻和冷酷的不信任还总是那种无法消除的恐惧的尾声，许多世纪以来，欧洲怀着这种恐惧目睹了金发的日耳曼猛兽的震怒(虽然所有的古日耳曼人和我们德意志人之间几乎不存在概念上的联系，更不用说血缘上的联系了)。我有一次注意到赫西奥特的困难处境，当时他正在思考文化时代的序列问题，并试图用金、银、铁来标志它们。他善于巧妙地处理光辉的、但也是如此可怖、如此残暴的荷马时代遗留下来的矛盾，使用的方法无非是把一个时代一分为二，然后依序排列——首先是特洛伊和底比斯的那个英雄和半神的时代，这是贵胄们仍旧保留在记忆中的那个时代，在那个时代有他们自己的祖先；接下去是金属的时代，也就是那些被践踏者、被剥夺者、被残害者、被拖走和被贩卖者的后代所看到的那个世界：据说这是矿石的时代，坚硬、冷酷。残忍、没有情感和良心；一切都被捣毁并沾满血污。假定，现在被当作"真理"的东西果如其然，假定一切文化的意义就在于把"人"从野兽驯化成一种温顺的、有教养的动物、一种**家畜**，那么我们就必须毫不犹豫地把所有那些反对的和仇恨的本能，那些借以最终羞辱并打倒了贵胄及其理想的本能看作真正的**文化工具**，当然无论如何还不能说，那些**具有这种本能的人**本身同时也体现了文化。其实，相反的结论的正确性不仅是可能的，不！这在如今已是**有目共睹**的了！这些具有贬低欲和报复欲本能的人，这些所有欧洲的和非欧洲的奴隶的后代，特别是所有前雅利安居民的后代，他们体现的是人类的**退化**！这些"文化工具"是人类的耻辱，其实是一种怀疑，一种对"文化"的反驳！人们完全有理由惧怕并防范所有高贵种族内心的金发猛兽，如果有人能够领悟到，不恐惧则永远无法摆脱失败者、贬低者、萎靡者、中毒者的嫉妒的眼光，难道他还会不千百次地选择恐惧吗？这不正是我们的灾难吗？如今是什么构成了我们对"人"的反感？人使我们受苦，这是没有疑问的了，当然不是因为我们惧怕他，其实他已经没有什么值得惧怕的了。虫"人"已经登台，而且是蜂拥而至。"驯服的人"、不可救药的中庸者、令人不快的人已经知道把自己看成是精英，是历史的意义，是"上等人"。是的，他们的这种感觉并不是完全没有理由的，因为他们感到自己和大批的失败者、病患者、疲惫者、萎靡者之间尚有距离，在这段距离之后，当今的欧洲正在开始发臭，因此他们觉得自己至少还是比较适度的，至少还是有生活能力的，至少还是肯定生活的……

（十二）

此刻，我不拟压抑我的感叹和我最后的期望。什么东西是我完全无法忍受的？是我独自一人无法结束的？是令我窒息、使我忍受煎熬的？是恶劣的空气！恶劣的空气！是某种失败的东西在接近我，是我被迫去嗅一种失败者的内脏……除此之外，人还有什么不能忍受的？苦难、贫困、恶劣天气、久病不愈、艰辛、孤寂？人基本上是能够对付其余这些困难的；人生来就是一种地下的、战斗的存在；人总是会不断地接触到光亮，不断地经历他的胜利的黄金时刻——然后就停留在那儿，好像生来就是这样的坚不可摧，这样急切地准备迎接新的、更艰难、更遥远的战斗，就像一张弓，任何困难都只能使它绷得更紧。不过我时常得到恩赐——假设在善恶的彼岸当真存在着上界的恩赐者——使我能看一眼，而且也只能看一眼某种完美的、圆满的、幸福的、有力的、凯旋的、多少还能引起恐惧的东西！看一眼为人作辩护的人，看一眼人的那残存的、正在消失的机运，以便能够保持对人的信任！……因为事实是欧洲人正在变得渺小和平均，因为看到这种情况就使人厌倦……我们如今已不再能够看到任何会变得更伟大的东西。我们担心的是，人还在继续走下坡路，还在变得更仔细、更温和、更狡黠、更舒适、更平庸、更冷漠、更中国式、更基督化——毫无疑问，人总是在变得"更好"……这正是欧洲的劫难——在我们停止惧怕人的同时，我们也失去了对他的热爱、尊敬、期望，失去了对人的追求，看到人就会感到格外厌倦——这不是虚无主义又是什么？我们对人感到厌倦了……

（十三）

言归正传，关于"好人"观念的另外一个起源，也就是仇恨者想象出来的那种好人，这个问题也需要有一个解。羊羔怨恨猛兽毫不奇怪，只是不能因为猛兽捕食羊羔而责怪猛兽。如果羊羔们私下里议论说"这些猛兽如此之恶，难道和猛兽截然不同，甚至相反的羊羔不能算是好的吗？"那么这样一种理想的建立并没有什么可以指摘的，尽管猛兽会投过讥讽的一瞥，它们也许会自言自语地说："我们并不怨恨这些好羊羔，事实上我们很爱它们，没有什么东西比嫩羊羔的味道更好了。"要求强者不表现为强者，要求他不表现征服欲、战胜欲、统治欲，要求他不树敌，不寻找对抗，不渴望凯旋，这就像要求弱者表现为强者一样荒唐。一定量的力相当于同等量的欲念、意志、作为，更确切些说，力不是别的，正是这种欲念、意志、作为本身，只有在语言的迷惑下（理性语言对事物的表述是僵死的，是彻底的谬误），这种力才会显示为其他，因为语言把所有的作为都理解和错解为受制于一个作为着的"主体"。正像常人把闪电和闪电的光分开，把后者看成一个主体的行动、作为并且称其为闪电一样，常人的道德也把强力和它的表现形式分离开来，似乎在强者的背后还有一个中立的基础，强力的表现与否和这个中立的基础**毫无关系**。可事实上并没有这样的基础；在作为、行动、过程背后并没有一个"存在"；"行动者"只是被想象附加给行动的——行动就是一切。常人让闪电发光，那实际上等于给行动加倍，使之变成行动——行动：也就是把同样一件事一会儿称为原因，一会儿又称为结果。自然科学家也不强似常人，他们说："力在运动中，力是始因。"我们的全部科学，虽然是极为冷静的，排除了情绪干扰的，但是却仍然受着语言的迷惑，而且始终没能摆脱那些强加上去的替换外壳，即所谓"主体"。例如，原子就是这样一个替换外壳，同样，康德的"物自体"也是这样一个替换外壳：毫不奇怪，那些被压抑的、在暗中闪耀的报复和仇恨的情感利用了这样一种信念，甚至是空前热烈地信奉这样的信念：即强者可以自由地选择成为弱者，猛兽可以自由地选择变成羔羊。这样一来，他们就为自己赢得了把成为猛兽的**归类为猛兽**的权利……与此同时，那些被压迫者、被践踏者、被战胜者，他们出于无能者渴求复仇的狡猾在窃窃私语："我们要和那些恶人有所区别，让我们做好人！所有不去侵占、不伤害任何人，不进攻，不求报的人，所有把报复权上交给上帝的人，所有像我们这样隐蔽自己、避开一切罪恶，甚至很少有求于生活的人，像我们这样忍耐、谦恭、正义的人都是好人。"如果冷静而不带偏见地倾听，这段话的真实含义其实不过是："我们这些弱者的确弱；但是只要我们不去做我们**不能胜任**的事，这就是好。"但是这种就连昆虫都具有的最低等的智力（昆虫在危险时刻也会佯死，以免行动"过多"），这个冷酷的现实却由于无能的伪造和自欺而被包裹在退缩、平静、等待的道德外衣中，就好像弱者的弱原是他的本质，他的作为，他的全部的、唯一的、必然的、不可替代的真实存在，是一种自发的举动，是某种自愿的选择，是一种行动，一种**功绩**。这类人相信，一个中立的、随意选择的"主体"必然产生于一种自我保护、自我肯定的本能，这种本能惯于把所有的谎言都神圣化。上述主体，或者说得通俗一点，就是灵魂，或许是迄今为止地球上最好的信仰了，因为它使绝大多数会死亡的人，使各种各样的弱者和受压抑者能够进行高超的自我欺骗，使他们能够把软弱解释为自由，把软弱的这种或那种表现解释为**功绩**。

（十四）

有谁想上下求索一番，看看理想是怎么制造出来的？谁有这份胆量？……好，让我们开始吧！这儿有一条缝，可以经常窥见这些阴暗的作坊。请稍候片刻，我的冒失大胆先生，您的眼睛必须先习惯于这变幻无常的光线，……好了，现在请告诉我，那里发生了些什么事？说出来您都看到了些什么，您这个最危险的好奇家伙——现在我是倾听者——

——"我什么也没看见，但是我听到的却更多。在那儿从每个角落里都发出一种审慎、狡猾、轻微的耳语。我觉得他们在说谎，每个声响都像沾了蜜糖般的柔软，他们说无疑软弱应当被当作**功绩**来称赞——您说对了，他们正是这样。"

——还有什么？

——"不报复的无能应被称为'善良'，卑贱的怯懦应改为'谦卑'，向仇恨的对象屈服应改为'顺从'（根据他们对一个人顺从，这个人吩咐他们屈服，他们称这个人为上帝）。弱者的无害，他特有的怯懦，他倚门而立的态度，他无可奈何的等待，在这儿都被冠上好的名称，被称为'忍耐'，甚至还意味着美德；无能报复被称为不愿报复，甚至还可能称为宽恕（'因为他们不知道他们干的是什么，只有我们才知道他们干的是什么！'）。他们还在议论'爱自己的敌人'——而且边说边淌汗。"

——接着说！

——"我敢断定他们非常悲惨，所有这些耳语者和躲在角落里的伪造者，虽然他们挤作一团取暖。可是他们告诉我说，他们的悲惨是被上帝选中的标志，就像人们鞭打自己最宠爱的狗一样；或许这种悲惨还是一种准备、一种考验、一种训练；或许它竟是以黄金作为巨额利息最终获得补偿的东西，不，不是用黄金，而是用幸福补偿。他们把这种幸福称之为'极乐'。"

——说下去！

——"现在他们向我解释说，尽管他们必须去舔强者和主人的唾沫（不是出于恐惧，绝对不是！而是因为上帝吩咐他们尊敬所有的上级），但是他们不仅比这个地球上的那些强者、主人更好，而且他们的'境况也会更好'，以至有朝一日会更好。可是，够了！够了！空气污浊！空气污浊！我觉得这些**制造理想**的作坊散发着一股弥天大谎的气味。"

——"不，请稍等一下！您还没讲到这些黑色艺术家的绝招呢！他们能把任何一种黑色的物体造成白色的、牛奶般的、纯洁的东西。您难道没有注意到他们魔术的高超？难道没有注意到他们那最大胆、最细致、最聪明、最有欺骗性的手腕？请注意一下！这些满怀报复和仇恨心理的寄生虫，他们从报复和仇恨中究竟造出了些什么？您到底有没有听到那些词名？如果只听他们的言谈，您是否会知道，这些人纯属嫉恨者？"

——"我懂了，我再把耳朵竖起来（对！对！对！把呼吸也屏住）。现在我才听到他们已经一再重复过的话：'我们这些好人——**我们是正义者。**'他们把他们所追求的东西不叫做报复，而称之为'**正义的凯旋**'；他们仇恨的并不是他们的敌人，不是！他们仇恨'非正义'，仇恨'无视上帝'；他们信仰和期望的不是复仇，不是陶醉于甜蜜的复仇（荷马曾经说过，这种陶醉比蜜糖还甜），而是'上帝的胜利'，是正义的上帝战胜不信上帝的人；这个地球上还值得他们爱的不是那些满怀仇恨的弟兄们，而是他们称之为'充满爱心的弟兄们'，也就是他们所说的地球上所有的好人和正义的人。"

——他们把那种在悲惨生活中给了他们安慰的、关于所谓的未来极乐世界的幻觉叫做什么？

——"什么？我听得准确吗？他们把它叫做'终审日'，**他们的**王国，即'上帝的王国'到来之日——**在这一天到来之前**，他们暂且生活在'信仰''爱'和'期望'之中。"

——够了！够了！

（十五）

信仰什么？爱什么？期望什么？无疑，这些软弱者也希望有朝

一日他们能成为强者，有朝一日他们的"王国"也能来临，他们就把
这个王国称为"上帝的王国"——他们事事处处都如此谦卑！可是为
了获得在这个王国生活的经历，人必须活很长的时间。必须越过死
亡，是的，必须获得永生才能够永久地在"上帝的王国"里使自己那
"在信仰、爱、期望中"渡过的尘世生活得到补偿。可是补偿什么？
用什么来补偿？……我觉得但丁在这里犯了一个大错误，他凭着一
种能唤起恐惧感的机灵在通往他的地狱的大门上写下了"我也是被永
恒的爱创造的"，——不管怎么说，在通往基督教的天堂和"永恒的
极乐"的大门上应当更有理由写上"我也是被永恒的仇恨创造的"，让
真理站在通往谎言的大门上！那个天堂的极乐又是什么呢？……我
们大概可以猜出答案来了，但是最好还是请一位在这类事情上享誉
很高的权威：托马斯·阿奎那，伟大的教师和圣人，来为我们证实
一下吧，他用羊羔般温柔的口吻说道："享福总比受罚能给人以更大
的快乐。同样，在天国里，人们会因为亲眼看见恶人受罚而感到快
乐。"如果读者愿意听，这儿有一位成功的神父用更强烈的语气表述
了同样的思想，他试图劝阻他的基督徒们不要公开地为所欲为——
为什么？他非常激烈地写道："上帝的拯救将给我们以一种完全不同
的欢乐，我们拥有的不是身强力壮的人而是殉道者，如果我们想要
血，我们就有基督的血……但是想想看，在他凯旋归来之日等待我
们的是什么吧！"接下去他继续描绘那迷人的幻景："是的，还有奇迹
会发生——在那最后的永恒的终审日。异教徒从来就不相信会有那
一天到来，他们讥讽地说，这整个旧世界连同它的历代居民就将毁
于一场大火的那一天绝不会到来。可是那一日的奇迹将会是多么宏
大，多么广阔！那种景象将会使我惊讶，我将会怎样地大笑，欢乐，
狂喜啊！我将会看到那些国王们，那些据称是伟大的国王们，和丘
比特一道，和那些在黑暗的深渊中呻吟着的、接到升天通知的人们
一道在天堂受到欢迎！我还将看到那些亵渎了耶稣的名字的地方行
政官们在火焰中熔化，那火焰比他们出于对基督徒的仇恨而点燃的
火焰还要炽热。我还将看到那些先知、那些哲学家们，他们曾教导
他们的学生说上帝对任何事都不关心，人并没有灵魂，如果有，那
些灵魂也绝不会回到他们原来的躯体中。面对着聚在一起的学生们，
那些哲学家将会羞愧脸红！此外我还将看到诗人们在审判员席前颤

抖，这不是拉达曼陀斯的坐席，不是米诺斯的坐席，而是基督的坐席，是他们从未抬眼看过的基督！而后我还将听到悲剧演员的声音，在他们自己的悲剧中他们的声音更加动人；还有表演家，他们的肢体在火中格外地轻柔。我还会看到四轮马车夫被火轮烧得通红！接下去可以看见体育运动员，他们不是在他们的运动场上，而是被推进火堆——除非我到那时也不想看这一场景，可是依着我的愿望我却要看个够，因为他们曾经把愤怒和怨恨出在上帝的身上；我会说：这就是他干的，那个木匠或者妓女的儿子(特图里安在这里模仿犹太人的谩骂，我们马上就可以看到，他在犹太法典中用的称呼是耶稣的母亲)，那个不遵守安息日的人，那个有魔鬼帮助的撒马利亚人。他就是犹大出卖给你们的那个人，挨了一顿芦秆和拳头，吐了一身唾沫，被迫喝了胆汁和醋的那个人。他就是那个被信徒们秘密偷走的人，所以人们说他已经升天了，除非是园丁把他挪走了，以免来访的人群践踏他的菜地！这是何等样的景象！何等样的狂喜！哪个罗马执政官、会计官、教士能给予你这样的赠礼？可是所有这一切却属于我们，对于精神想象力的信仰勾画了这幅图景。但是那些耳闻不见、目睹不到、心感不觉的事物究竟是些什么？我相信，这是比在马戏场、剧院、圆形剧场，或者任何体育场里所能感受到的更大的快乐。"——原文如此。

（十六）

让我们来总结一下。"好与坏"和"善与恶"这两种**对立**的价值观在这个地球上进行了一场旷日持久的恶战，虽然第二种价值观长期以来一直稳占上风，但是只要战争仍在持续，胜负的问题就悬而未决；甚至可以说，在此期间战争又升级了，因而它也就变得更深刻，更具有斗智的性质了，结果是目前也许还找不到更确切的标志来标记那超越这种对立的"更高级的自然力"，即更智慧的自然力，那种对立的另一真实的战场。这场战斗的象征在所有人类历史上垂训千古，这就是"罗马人对以色列人，以色列人对罗马人"。迄今为止，还没有比这更重大的战斗、更严峻的课题、更仇视的对立，罗马人把以色列人看成某种违反自然的反常怪物；罗马人认为犹太人"对整个人类充满了仇恨"。如果人们有权把人类的得救和未来同贵族的价值观，即罗马的价值观的无条件统治联系起来，那么罗马人的这种看法就是对的。可是反过来犹太人又是怎样看待罗马人的呢？有千百种迹象表明他们的观念，而我们只需再读一篇圣约翰的《启示录》，那文字史上最偏执狂热的发泄、那对良知的报复。请不要低估基督徒坚韧不拔的本能，他以此为这本仇恨之书贴上了爱的信徒的名字，附加了他狂热地偏爱的那些福音信条——但是不管有多少文字上的诈骗，这里面潜藏着一个事实：罗马人曾经是强壮的、高贵的民族，世界上还没有哪个民族能像罗马人那样，甚至梦想像罗马人那样强壮和高贵；罗马人的所有遗迹、每一个刻痕都是迷人的、庄重的，只要人们能够猜出其中的意思。反之，犹太人却是杰出的、充满怨恨的教士民族，他们具有一种不可比拟的民俗道德天才，我们只需拿中国人和德国人这些有相似天赋的民族和犹太人相比，就可以感受到谁是第一流的天才，谁是第五流的，目前他们之中谁取胜了，是罗马人还是犹太人？可是这里还有什么疑问？想想看，在罗马本土人们把谁当作至高无上的价值的化身，向之鞠躬礼拜——而且不仅在罗马，在差不多整整半个地球上，哪儿的人们变得驯服了，或者将要变得驯服了，那儿的人们就向三个犹太男人和一个犹太女人鞠躬(向拿撒勒斯的耶稣，向渔夫彼得，向地毯匠保罗，向玛丽亚，那个起初被称为耶稣的人的母亲)。这真是奇怪，罗马无疑是战败了。的确，在文艺复兴时期，古典的理想、高贵的价值观念曾经历了光辉夺目的复苏。罗马就像一个假死苏醒的人一样在那座新建的犹太式罗马城的重压下面蠢动起来，那新罗马俨然是一座世界性的犹太教堂，它被称为“教会”。但是，很快地犹太教又一次获胜，这要归功于发生在德国和英国的运动，它被称为宗教改革，而实质上是平民的怨恨运动。伴随这场运动而来的是：教会的重振和古罗马再次被置于古老的墓穴安宁之中。法国革命使犹太教再次取得了对古典理想的更具决定意义的、更深刻的胜利，因为从此，欧洲最后的政治高贵，那盛行于17、18世纪的**法国**精神，在民众怨恨本能的压力下崩溃了，地球上还从未听见过这样热烈的喝彩，这样喧嚣的欢呼！可是在这一过程中出现了一个极为惊人的、根本无法预料的现象：古典理想本身现形了，在人类的眼前和意识中再一次展现出前所未有的光辉；它比以往更强大、更简单、更显著，它大声疾呼反对怨恨者古老的谎言口号："多数人享有特权"，它反对底层意志、降尊意志、平均意志和使人倒行退化的意志；它喊出了可怕的但是令人振奋的反对口号："少数人享有特权！"拿破仑的出现就像最后一个路标才指示出另外的出路一样。拿破仑，这个最孤独的人，这个姗姗来迟的人，他具体地体现了**高贵理想自身**的问题——或许我们应当思考，问题究竟何在：拿破仑这个**非人**和**超人**的综合体……

<h3 style="text-align:center">（十七）</h3>

到此为止了吗？那些重大的理想对抗就这样被永久地搁置起来了吗？还是只不过推迟了，长时间的推迟了？……是否有朝一日那古老的、憋闷已久的火势必会复燃成可怕得多的烈焰？不仅如此，这难道不正是有人全心全力渴望的吗？甚至有人要求，以至努力促使这一天的到来。如果此时此刻有谁像我的读者一样刚刚开始思考，开始拓展思维，他还很难迅速地得出结论，而我则有足够的理由做出结论，因为还是在很早以前我就很清楚我**想要**什么，我提出那句危险的口号是为了什么，那句口号写在我上一本书的扉页上："善恶的彼岸"，至少我没有写上"好坏的彼岸"。

注意：

我想利用这篇论文为我提供的时机，公开并正式地表达一个愿望，到目前为止我只是偶尔地同学者们提到过这个愿望，这就是：如果哪个哲学系想要通过提供一系列的学术奖金来促进**道德史**的研究，那么我目前的这本书也许会对这项计划起有力地推动作用。鉴于这种可能性我想提出下列问题，以供参考。这些问题不论是对于语言学家、历史学家，还是对于以哲学为职业的学者来说都是非常值得关注的：

"语言科学，特别是对语源学的研究，给道德观念的历史发展带来了什么样的启示？"——此外，显然还有必要争取生理学家和医学家来帮助解决这一问题（即迄今为止的价值判断的价值这个问题）。在这里，也仅仅是在这种情况下，应当委托专业哲学家来充当代言人和协调人，因为他们成功地把哲学、生理学和医学之间的那种本来是非常冷淡、非常多疑的关系变成了友好的，富有成果的交往。

事实上，所有那些为历史研究和人种学研究所熟知的品行戒律，所有那些"你应当……"条款，都要求首先进行生理的阐释和说明，然后才能进行心理的分析，所有类似的问题都要首先经过医学知识的评判。问题的症结在于：各种品行戒律或"道德"价值到底是什么？如果不从各种不同的角度去观察它们，就无法精细地分解"价值目标"。比如某种东西对于某一种生物的长久生存来说可能有明显的价值（对于这种生物提高适应特定气候的能力，或对于它维持最多的数量来说），但是对于造就一种更强壮的生物来说，它就不会具有同样的价值了。大多数的利益和极少数的利益是相互对立的价值观点，认定前者是更高的价值，这属于英国生理学家的天真……现在所有的科学都在为哲学家未来的使命进行准备工作，而哲学家的使命就是：他们必须解决**价值的难题**，必须确定各种**价值的档次**。

二、"负罪""良心谴责"及其他

（一）

豢养一种动物，允许它承诺，这岂不正是大自然在人的问题上的两难处境吗？这不正是关于人的真正难题所在吗？至于这个难题已经在很大程度上获得了解决，这在那些善于充分估价健忘的反作用力的人看来，想必是更让人吃惊的事。健忘并不像人们通常所想象的那样，仅仅是一种惯性，它其实是一种活跃的，从最严格的意义上讲是积极主动的障碍力。由于这种障碍力的存在，那些只是为我们所经历、所知晓、所接受的东西在其被消化的过程中（亦可称之为"摄入灵魂"的过程），很少可能进入意识，就像我们用肉体吸收营养（即所谓的"摄入肉体"）的那一整套千篇一律的过程一样。意识的门窗暂时地关闭起来了，以免受到那些本来应由我们的低级服务器官对付的噪音和争斗的骚扰，从而使意识能够获得片刻的宁静、些许的空白，使意识还能够有地方留给新的东西，特别是留给更为高尚的工作和工作人员，留给支配、预测和规划（因为我们机体的结构是寡头式的）——这就是我们恰才说到的积极健忘的功用，它像个门房，像个灵魂秩序的保姆，像个安宁和规矩的保姆，显而易见，假如没有健忘，那么幸福、快乐、期望、骄傲、**现实存在**，所有这些在很大程度上也不复存在。如果有一个人，他的这一障碍机关受损或失灵，那么这个人就像（而且不只是像……）一个消化不良的人。他将什么也不能够"成就"。恰恰是在这个必须要健忘的动物身上，遗忘表现为一种力量，一种体魄强健的形式。这个动物为自己培养了一种反作用力，一种记忆，他借助这种力量在特定的情况下——在事关承诺的情况下，公开地表现出健忘。因此，他绝不仅仅是被动地无法摆脱已建立的印象，不是无法消除曾经许下的、无法实现的诺言，而是积极主动地不欲摆脱已建立的印象，是持续不断地渴求曾经一度渴求的东西，是名符其实的意志记忆。所以在最初的"我要""我将要做"和意志的真实发泄、意志的行为之间无疑可以夹进一个充满新鲜事物、陌生环境、甚至意志行为的世界，而无须扯断意志的长链。但这一切的前提条件是什么？为了能够支配未来，人就得事先学会区别必然和偶然，学会思考因果，学会观察现状和远景，并且弄清什么是目的，什么是达到这一目的所需要的手段，学会准确地预测，甚至估计、估算——为了能够像许诺者一样最终实现关于自己的**未来**的预言，人本身就得先变得可估算、有规律，有必然性！

（二）

这就是责任的起源的漫长历史。我们已经看到，那项培养一种可以许诺的动物的任务包含了较近期的、作为先决条件和准备工作的任务，即先在一定程度上把人变成必然的、单调的、平等的、有规律的，因而也是可估算的。我称之为"道德习俗"的非凡劳动，人在人类自身发展的漫长历程中所从事的真正的劳动，人的全部史前劳动都因而有了意义，得到了正名，不管这些劳动中包含了多少冷酷、残暴、愚蠢、荒谬，但是借助于道德习俗和社会紧箍咒的力量，人确实会被变得可以估算。如果我们站在这一非凡过程的终点，处于树木终于结出果实，社团及其道德习俗终于暴露了目的的时候，我们就会发现，这棵树木最成熟的果实是**自主的个体**，这个个体只对他自己来说是平等的，他又一次摆脱了一切道德习俗的约束，成了自治的、超道德习俗的个体（因为"自治"和"道德习俗"相悖）；总而言之，我们发现的是一个具有自己独立的长期意志的人，一个**可以许诺**的人，他有一种骄傲的、在每一条肌肉中震颤着的意识，他终于赢得了这意识、这生动活泼的意识，这关于力量和自由的真实意识，总之，这是一种人的成就感。这个获得了自由的人，这个真的能够许诺的人，这个自由意志的主人，这个行使主权的人，他怎能不意识到自己比所有那些不能许诺，不能为自己辩护的人都要优越？试想，他激发了多少信任？多少恐惧？多少尊敬？——他"理应"被人信任、惧怕和尊敬。再试想，这个能够统治自己的人，他怎能不势所必然地也去统治周围的环境、自然，以及所有意志薄弱、不可信任的人？"自由"人，具有长久不懈的意志的人，也有他的**价值标准**：他从自己的角度出发去尊敬或蔑视别人，他必然会尊敬和他同等的、强壮的、可信赖的人（即可以许诺的人），也就是说任何一个能够像自主的人那样对诺言抱审慎持重态度的人；他不轻信，他的信任就标志着**杰出**；他的话是算数可信的，因为他知道他自己有足够的力量应付不测，甚至"抵抗命运"；同样，他也必然要随时准备用脚踢那些随意许诺的耸肩摇臂的轻浮鬼，随时准备鞭打那些说话不算数的骗子。他骄傲地意识到，**负责任**是非同寻常的特权，是少有的自由，是驾驭自己的权力。这种意识已经深入到他的心底，变成了他的本能，一种支配性的本能。他会把这种本能叫做什么呢？他是否有必要为它找个名称？当然，这个独立自主的人肯定地会把这种本能称之为他的**良心**……

（三）

　　他的良心？……显然，"良心"这个概念（我们现在看到的是它的最高的，近乎惊人的形式）已经经历了一个漫长的历史和形式转换过程。如前所述，能够为自己称道，能够骄傲地**肯定自己**——这是一种成熟的果实，但也是近期的果实——这果实要酸涩地在树上挂悬多久啊！可是还有更长的时间根本看不到这种果实的影子！——没有人能够许诺它的出现，尽管树木已经具备了一切适应这种果实生长的条件！"人这种动物的记忆是怎么出现的？这半是愚钝、半是轻率的片刻理解力，这积极主动的健忘到底是怎么被打上记忆的烙印，一直保留到今天的？……"可以想见，这个古老的难题无法只靠温文尔雅的回答和手段得到解决；也许在人的整个史前时期根本不存在比人的记忆术更为阴森可怖的东西了。"人烙刻了某种东西，使之停留在记忆里：只有不断**引起疼痛**的东西才不会被忘记。"——这是人类心理学的一个最古老（可惜也是最持久）的原理。有人还想说，在这个世上，只要哪里还有庄重、严厉、机密，只要哪里的人和民众还生活在暗淡的阴影中，曾经一度被普遍地许诺、担保、赞誉的那种恐怖的残余就会继续起作用：过去，那最漫长、最深沉、最严酷的过去，每当我们变得"严厉"起来的时候，它就会对我们大喝一声，从我们的心底喷涌而出；每当人们认为有必要留下记忆的时候，就会发生流血、酷刑和牺牲；那最恐怖的牺牲和祭品（诸如牺牲头生子），那最可怕的截肢（例如阉割），那些所有宗教礼仪中最残酷的仪式（所有的宗教归根结底都是残酷的体系），——所有这一切都起源于那个本能，它揭示了疼痛是维持记忆力的最强有力的手段。从某种意义上讲，这里还应当算上全部禁欲主义行为：有些思想需要延续不断，无所不在，难以忘却，需要被"固定"下来，通过这些"固定思想"，以及禁欲程序和生活方式，给整个神经和思想系统催眠，目的是为了把这些思想从和其他思想的竞争中解脱出来，使其变成"难以忘却"的。人类的"记忆力"越差，他们的习俗就越是可怕。严酷的惩罚条例特别为我们提供了一个标准，可以用来衡量他们花费了多少努力以克服健忘，并且在**现代**为眼下这些情感和欲念的奴隶们保留一些适用于社会共同生活的原始要求。我们这些德国人当然不会把我们自己看成是一个特别残酷和铁石心肠的民族，更不会看成是一个特别放荡不羁和得过且过的民族；可是只要看看我们古老的惩罚条例就不难发现，造就一个"思想家的民族"需要进行何等的努力（我们要说，在欧洲人民中至今还可以找到最多的信任、严厉、乏味和求实精神，这些特性使得我们能够培养出各式各样的欧洲官人）。为了控制他们的暴民本能和野蛮粗俗，这些德国人用了可怖的方法维持记忆。想想古老的德国刑罚，比如石刑（据说是用石磨盘砸罪人的头）、车磔（这是惩罚术王国中德国天才的原始发明和专长）、钉木刺、"四马分尸"、油煎或酒煮（14世纪和15世纪还在用此刑）、广泛使用的剥皮（"刀切皮"）、胸前割肉，还有给罪犯涂上蜂蜜，放在太阳下暴晒，让蚊蝇叮咬。借助着这些刑罚人们终于记住了五六个"我不要"，人们就此**许下诺言**，以便能够享受社团生活的好处——确实！借助于这种记忆，人们终于达到了"理性"！——啊！理性，严厉，控制感情，所有这些意味着深思熟虑的黯淡的东西，所有这些人类的特权和珍品，它们的代价有多高啊！在这些"好东西"背后有多少血和恐怖啊！

（四）

可是另外那种"暗淡的东西"，那种对于负罪的意识，那一整套"良心谴责"，又都是怎么问世的呢？还是回到我们的道德谱系家们这儿来吧。让我再重复一遍（也许我还未曾提到过），他们毫无用处；他们只有自己那五拃长的、纯粹是"现代化"的经历；他们不了解过去，也没有愿望了解过去；特别是他们缺乏一种历史本能，一种在这儿恰恰是必要的"第二预感能力"；——然而他们竟要写作道德的历史：这种尝试势必以产生和事实不符的结果而告终。以往的这些道德谱系家们恐怕连在梦里都未曾想到过，"负罪"这个主要的道德概念来源于"欠债"这个非常物质化的概念；惩罚作为**一种回报**，它的发展和有关意志自由的任何命题都毫无关系。当然，历史总是需要首先发展到了人性的高级阶段，"人"这种动物才开始把那些非常原始的罪行区分为"故意的""疏忽的""意外的""应负刑事责任的"，并且开始在对立的立场上进行量刑。那个现在变得如此般廉价、显得如此般自然、如此般必要的观念，那个解释了公正感的由来的观念，那个被迫承认"罪犯应当受到惩罚，因为他本来有其他的选择余地"的观念，它的的确确是很晚才出现的，是人的精练的辨别形式和决断形式；如果有谁把它挪到人类发展之初，他就是粗暴地曲解了古人类的心理。在整个人类历史的一段极为漫长的时期里是不存在着刑罚的，因为人们能够使肇事者对自己的行为负责。当时奉行的原则也并不只是惩罚有罪的人，而是像今天的父母惩罚他们的孩子那样，出于对肇事者造成的损失的气愤——但是这种气愤是有限度的，也是可以缓和的，因为人们会**想到任何**损失都可以找到相应的补偿，甚至使肇事者感到疼痛也可以作为一种补偿。这种古老的、根深蒂固的、也许现在已无法根除的观念，这种用疼痛抵偿损失的观念是怎么产生的？我已经猜到了：它产生于**债权人**和**债务人**之间的契约关系中。这种契约关系和"权利主体"的观念一样古老，而后者还涉及买卖、交换、贸易、交通的基本形式。

（五）

上述这些事实使人一提起这些契约关系就会理所当然地对由这些关系造成和认可的古人类产生各种怀疑和抵触情绪；正是在这里需要许诺，正是在这里需要让许诺者记住诺言，正是在这里人会起疑心，也正是在这里发现了冷酷、残忍、疼痛。为了让人相信他关于还债的诺言，为了显示他许诺的真诚，同时也为了牢记还债是自己的义务，债务人通过契约授权债权人在债务人还不清债务时享有他尚且"拥有的"，尚能支配的其他东西。例如他的身体，或者他的妻子，或者他的自由，甚至他的生命；在某些宗教意识浓厚的环境中，债务人甚至要转让他的后世幸福，他的灵魂得救的机会，乃至他在坟墓中的安宁，例如在埃及，债权人让债务人的尸体在坟墓中也得不到安宁，而埃及人恰恰是讲究这种安宁。具体地说就是债权人可以对债务人的尸体随意进行凌辱和鞭笞，例如可以从尸体上割下和债务数量相等的肉等：在早期，哪里有这种观念，哪里就有精确的、法定的、对每一肢体、对身体的每一部位的细致可怕的估价。所以当罗马的十二条法规声称在这种情况下债权人割肉多少并不重要："若论割多割少，无异于诈骗一样"（Siplus minusve secuerent, ne fraud esto），我就认为这已经是进步了，已经是更自由、更大度、**更罗马式**的法律观念的明证了。让我们来弄清上述整个补偿方式的逻辑，这种方式实在是够怪诞的了。等量补偿实现了，但不是直接地用实利（不是用同等量的钱、地或其他财物）来赔偿债权人的损失，而是以债权人得到某种**快感**来作为回报或者相应的补偿。这种快感来自于能够放肆地向没有权力的人行使权力，这种淫欲是"为了从作恶中得到满足而作恶"，这种满足寓之于强暴：债权人的社会地位越低下，他就越是追求这种满足，而且这种满足很容易被他当作最贵重的点心，当作上等人才能尝到的滋味。通过"惩罚"债务人，债权人分享了一种**主人的权利**：他终于也有一次能体验那高级的感受，他终于能够把一个人当"下人"来蔑视和蹂躏；如果惩罚的权利和惩罚的施行已经转移到"上级"手里，他至少可以**观看**这个债务人被蔑视和被蹂躏。因此补偿包含了人对他人实施残酷折磨的权利。

（六）

在这个义务与权利的领域里开始出现了一批道德概念，如"负罪""良心""义务""义务的神圣"等，它们的萌发就像地球上所有伟大事物的萌发一样，基本上是长期用血浇灌的。难道我们不能补充说，那个世界从来就没有失去血腥和残忍的气味？就连老康德也不例外，他那"绝对命令"就散发着残酷的气味。同样是在这个领域里"罪孽和痛苦"第一次发生了阴森可怕的观念上的联系，而且这种联系或许已经变得无法切断了。让我们再问一遍：痛苦在什么情况下可以补偿"损失"？只要**制造痛苦**能够最大限度地产生快感，只要造成的损失，以及由于损失而产生的不快能用相对应的巨大满足来抵偿：**制造痛苦本来是一种庆贺**，就像刚才所说的那样，债权人越是不满意他的社会地位，他就越是重视这种庆贺。上述这些纯属推测，因为对这种隐秘的东西追根究底是很困难，也是很难堪的，而且如果有谁在这时突然抛出"报复"的概念，他就只能蒙蔽和混淆视线，而不是把问题简化（"报复"本身也正是要引导向同一个问题，即："制造痛苦怎么会产生满足感？"）。我认为，驯服的家畜（比如说现代人，比如说我们）极力表现其谨慎，甚至于伪善，直到能够与构成古代人巨大欢快的**残酷**（这残酷简直就是他们所有快乐的配料）程度相抵。可是另一方面古代人对残酷表现出来的需求又是那么天真无邪，而且他们的这种"无所谓的恶毒"，或者用斯宾诺莎的话说就是"恶毒的共感"，已经原则上被当成了人的**正常的**特性，从而也就成了为良心所真心诚意接受的东西！明眼人或许能发现，时至今日还有许多这种人类最古老、最原始的欢快的残余。在《善恶的彼岸》中，甚至更早些时候，在《曙光》中我就小心地指出了：残酷在被不断地升华和"神化"，这种残酷贯穿了整个上等文化的历史，它甚至还在很大意义上创造了上等文化的历史。无论如何，人们在举行王侯婚礼和大规模公众庆典时开始不考虑对某人实行处决、鞭笞或火刑，这并不是很久以前的事。当时没有哪个高贵的家族不备专人，以供人随意发泄狠毒和进行残酷的戏弄（让我们回想一下公爵夫人宫廷中的董·魁克多这类人。如今我们在读他的书时舌头上还满是苦涩，甚至是痛苦，我们因此对这种痛苦的制造者感到非常陌生、非常不能理解——他们竟然心安理得地把董·魁克多的书当作最逗乐的书来读，他们简直要笑话死他了）。看别人受苦使人快乐，给别人制造痛苦使人更加快乐——这是一句严酷的话，但这也是一个古老的、强有力的、人性的、而又太人性的主题，尽管也许就连猴子也会承认这一主题：因为有人说猴子早已先于人类设想出，而且"表演"了许多稀奇古怪的残酷手法。没有残酷就没有庆贺——人类最古老、最悠久的历史如是教诲我们——而且就连惩罚中也带着那么多的喜庆！

（七）

不过，我阐述这些思想的意图绝不是要帮助我们的悲观主义者们向他们那走了调的、嘎嘎作响的、厌倦生命的磨盘上加水；相反，应当明确地指出，在人类还未曾对他们的残酷行为感到耻辱的时候，地球上的生活比有悲观主义者存在的今天还是要欢乐。随着人们对人的耻辱感的增长，人类头顶上的天空也就越来越阴暗。悲观主义者疲惫的目光、对于生命之谜的怀疑、厌倦人生者的冷冰冰的否定——这些都不是人类**最狠毒**的时代的特征。它们刚刚开始出现，它们是沼地植物，有了沼地才有它们，它们属于沼地——我指的是病态的娇柔化和道德化趋势，由于有了这种趋势，"人"这种动物终于学会了对他的所有的本能感到耻辱。在变成"天使"的途中（我不想在此用一个更冷酷的字眼），人调理了他那败坏的胃和长了舌苔的舌，这使他不仅厌恶动物的快乐和无邪，而且对生命本身也感到腻味，有时他甚至对自己也捂鼻子，并且很不和谐地同教皇殷诺森三世一道开列讨厌事物的目录："不洁的产物，在母亲体内让人恶心的哺育，人赖以生长的物质实体的败坏，唾沫、小便、人粪等分泌物发出的恶臭。"如今，痛苦总是自然而然地被用作反对存在的第一条论据，总是对存在提出最重大的疑问，这使我们回忆起人们做相反的价值判断的时代。那时人们不想回避痛苦，相反，他们在痛苦中看到一种奇异的魅力，一种真正的生命的诱饵。或许那个时候疼痛不像今天这样厉害——我这样说是为了安慰娇柔者——至少一个治疗过内脏严重发炎的黑人患者的医生可以下这样的断言（黑人在这里代表史前人），炎症的程度会使体格最好的欧洲人感到绝望，可是黑人却无所谓。事实上，当我们数到前万名、或者前千万名文化教养过度的人时就会发现，人的忍受疼痛的能力的曲线奇迹般地突然下降。我相信，和一个歇斯底里的女才子在一夜中所忍受的疼痛相比，迄今为止为了寻求科学的答案而动用了计量器调查过的所有动物的痛苦都是不屑一顾的。或许现在还允许一种可能性存在：那就是残酷的欲望也不一定就要全部消失，就像如今疼痛感加剧了那样，这种欲望只需加上某种理想的、微妙的成分，也就是说，它在出现时必须被翻译成幻想的和精神的语言，并且要用简直难以想象的名称装扮起来，使最温柔伪善的良心也不会对它产生怀疑（一个名称就是"悲剧的同情心"，另一个名称就是"苦难的怀旧情绪"）。起来反对痛苦的不是痛苦自身而是痛苦的无谓，但是不论是对于把痛苦解释成整个神秘的拯救机器的基督来说，还是对于那些惯于从观望者、或者痛苦制造者的角度理解所有痛苦的天真的古代人来说，一种**无谓的**痛苦都是根本不存在的。由于在世界上创造出了，或者毋宁说是否定了，那隐蔽的、没有揭露的、无法证明的痛苦，于是当时的人就几乎是必须要发现众神这些所有高尚和低贱的中间人，简言之，就是要发现某种同样是隐蔽的、同样是在暗处的、而且是不会轻易地错过一场有趣的悲剧的东西。借助于这种发现，生命在当时和以后就一直被理解为造物；生命本身得到了正名，它的"不幸"也得到了正名。现在也许需要新的发现（比如把生命看成谜，看成认识论的难题）。"为一个神所喜闻乐见的任何不幸都是正当的"。这就是古代的感情逻辑？——说真的，这难道仅仅是古代的感情逻辑？众神被想象成**残酷的**戏剧的爱好者——噢！只需看看加尔文和路德就可以知道这古老的想象在我们欧洲的人性中延伸了多远！无论如何，除了从残酷中取乐，希腊人笃定不会向他们的众神呈奉更合适的造福配料了。那么荷马为什么让他的神轻视人的命运呢？此外，特洛伊战争以及类似悲剧的梦魇到底有什么意义？没有疑问，对于众神来说，这就是**喜剧**了，而且因为诗人在史诗中比其他人都进行了更多的关于"神"的艺术创造，想必诗人本人也认为这是喜剧……可是后来的希腊道德哲学家们却认为神也抬眼关注道德问题，关注英雄主义和品德高尚者的自我折磨："负有使命的赫拉克利斯"登台了，他对此亦有自知，因为没有观念的道德行为对于演员民族来说是不可想象的。这项当时主要是为了欧洲而完成的发明，这项关于"自由意志"，关于人之善恶的绝对自发性的如此之冒失、如此之危险的哲学发明，难道不是首先为了证明：神对于人的兴趣，对于人类品德的兴趣，是**永不衰竭**的吗？在这个世俗的舞台上从来就不允许开拓真正的新鲜事物、挖掘真正前所未闻的对立、现实、灾难；只有神可以预知这个完全由决定论控制的世界，因此神也很快就对它感到厌倦了——所以那些作为**众神之友**的哲学家们有充分的理由不指望他们的神治理这样一种决定论的世界！古代世界基本上是公众的、开放的世界。这整个古代世界都充满了对"观众"的柔情，当想到幸福时绝无法排除戏剧和庆贺——我们已经说过了，即使是在实行重大的惩罚时也是喜庆的！……

（八）

再重复一遍，我们已经看到，罪恶感和个人责任感起源于最古老、最原始的人际关系中，起源于买主和卖主的关系，债权人和债务人的关系中；在这种关系中第一次产生了人反对人的现象，第一次出现了人和人**较量**的现象。我们发现，不管文明的发展水平有多低，都在某种程度上有这类关系存在。价格的制定、价值的衡量、等价物的发明和交换——这些活动在相当大的程度上占据了古代人的思想，甚至在某种意义上它们就是古代人的思想：从这里培育出了最古老的关于精确性的意识，同样，人类最早的骄傲，人对于其他动物的优越感也由此而产生。或许我们对于"人"（manus）的称呼也是出于这种自我感觉的表达。人把自己看成是衡量价值的，是有价值、会衡量的生物，看成是"本身会估价的动物"。买和卖，连同它们的心理属性，甚至比任何一种最初的社会组织形式和社会联合还要古老：在人们最原始的表示权利的方式中，恰恰是那些关于交换、契约、罪孽、权利、义务、协调等萌芽意识首先**转化**出最粗放、最原始的公共群体（和其他类似的群体比较而言），与此同时还形成了比较、计量和估价权力的习惯。有鉴于这种笨拙的连续性，有鉴于这种姗姗来迟，而后又固执地朝着同一方向发展的古代思想，人们马上就可以得出一个普遍结论，即："任何事物都有它的价格"，"所有的东西都是可以清偿的"：这是**正义**的最古老和最天真的道德戒律，是地球上一切"善行""公允""好意"以及"客观性"的开端。这种初期的正义是在大致上力量均等者中间通行的好意，是他们之间的相互容忍，是通过一种协调达成的"谅解"，如果是关系到力量薄弱者，那则要通过**强迫**达到一种调和。

（九）

还是用史前时期来作比较（当然这个史前时期对于任何时代都是现存的，或者可能重现的），公社的存在当然也是为了其成员的那一重要的基本关系：也就是债权人和他的债务人之间的关系。人们生活在一个公社里，享受着公社的优越性（那是何等样的优越性啊！我们今天往往会低估它！）。他们受到援助和保护，生活在平和与信任之中；他们不需要担心遭到危害和敌意，而那些公社"之外"的人，那些"不安分者"，却要担这份忧，——德国人懂得"痛苦"（elend）的原意是什么——人们恰恰是把这种危害和敌意抵押给了公社，让公社去承担责任。如果**换一种**情况会怎么样呢？可以肯定，如果公社是受骗的债权人，那么它会尽力地使自己得到补偿的。这里讲的情况是肇事者起码造成了直接损失，若撇开损失不谈，肇事者首先是一个"犯人"，一个**反对整体**的违约者、毁誓者，他的所作所为关系到他一向从公社生活享有的一切优惠和安逸。罪犯是个债务人，他不仅不偿还他获得的优惠和预支，而且竟然向他的债权人发动进攻；鉴此，他不仅要依照情理失去所有那些优惠，而且更重要的是要让他记住，**这些优惠的代价是什么**。受了损失的债权人——公社，愤怒地把犯人推回到野蛮的、没有法律保护的状态。他迄今为止一直受到保护，所以这种状态就使他备受打击——各种敌意都可以发泄在他身上。在文明发展的这个阶段上，"惩罚"的方式只不过是反映和模仿了人们对于可憎的、丧失了保护的、被唾弃的敌人的正常态度。罪犯本人不仅丧失了所有的权利和庇护，而且失去了获得任何宽宥的机会，他们受着战争法则和胜利庆贺的无情而又残酷的摆布——这就解释了为什么**各种形式**的战争和战争的祭礼都在历史上呈现了惩罚。

（十）

如果一个公社的实力加强了，它就不会再把个别人的违法行为看得那么严重；在公社看来，违法行为就不再会像过去那样对整体的生存产生威胁；不幸的制造者将不再被当作"不安分者"而逐出公社，公众也不再会像过去那样没有节制地拿他出气，——事实上整体从此开始小心谨慎地为不幸的制造者辩护，保护他不受那种愤怒情绪，特别是直接受害者的愤怒情绪的伤害。努力缓和伪劣行为的直接受害者的愤怒情绪，旨在限制事态的发展，预防更大范围的、甚或是全面的参与和骚乱；试图寻找等价物，用以调节全部交易；特别是越来越坚定地要求在某种程度上对任何伪劣行为**实行抵偿**，至少是在某种程度上把罪犯和他的罪行分离开来——所有这些行动都在惩罚规则的长期发展中刻下了越来越突出的痕迹。随着一个公社的实力和自我意识的增长，它的惩罚规则也就会愈益温和。任何削弱和处心积虑破坏这种惩罚规则的举动都会重新引出更严酷的惩罚方式。"债权人"越是变得富有，他就越是会相应地变得人性化起来，直到最后他拥有的财富的数量使他不再能承受损失为止。社会的**权力意识**也在考虑之列，因为它能够使社会享受到它所能得到的最高级的奢侈，即对社会的损害者**不施行惩罚**。"其实**我体**内的寄生虫与我有何相干？那么让它们说话吧！让它们生活和繁殖吧！我还很健壮，不会受影响！……由于对损失睁一只眼闭一只眼，由于允许无力赔偿者逃之夭夭"，所以提倡"一切都可以抵偿，一切都必须抵偿"的正义感消失了——就像世间所有好事一样，这种正义的消失是一种**自我扬弃**。我们知道这种正义的自我扬弃给自己起了一个多美的名字——它叫"宽宥"；很明显，宽宥已经成了最有权力者的特权，或者毋宁说，成了他的权利的彼岸。

（十一）

在此我不能不表示反对意见，否定近来尝试着在另外一种基础上——也就是在仇恨的基础上探索正义的起源的倾向。因为有人断定心理学家们会有兴趣随意对仇恨本身进行一番研究，于是就在他们的耳边吹风说：这株（仇恨的）植物目前在无政府主义和反犹主义的土壤中正生长得郁郁葱葱，当然像过去一样，它总是在背阴处才枝叶繁茂，就如同紫罗兰，只是气味不同罢了。物以类聚，毫不奇怪，恰恰是在这些圈子里往往可以看到那些坚持不懈的、以**正义**的名义美化**报复**的努力，就好像正义本来只不过是受害者感觉的延续，而且由于有了报复，**逆反**的情绪就会在事后受到完全彻底的尊重。对于上述议论我是最不会表示反对意见的了。我甚至认为所有涉及生理的问题的提出都是**有功的**。迄今为止，生理问题和那种反动的价值之间的关系一直被忽视了。我想强调指出的一点是：从怨恨精神内生长出来的这种新式的科学公正是为仇恨、嫉妒、猜忌、怀疑、积怨和报复服务的，一旦遇到其他的情绪，这种"科学的公正"就会当即失效，而代之以仇极怨深的腔调。在我看来，那些产生于其他生理价值的情绪，我指的是本原是**主动的**情绪，如统治欲、占有欲等(参看 E. 杜林的《生命的价值》《哲学教程》等)，比起那种**逆反**在先，**科学地**估定和高估价值在后的情绪要高明许多。关于总的趋向就先讲这么多。说到杜林的关于应在反动感情的土壤中寻找正义的故乡的原话，我们应当用另一句生硬的反话来对应这句热爱真理的话：最后被正义的精神征服的土壤是反动感情的土壤。如果正义的人真的对于损害他的人都保持正义(而且不仅是冷淡地、有节制地、疏远地、无所谓地保持正义：保持正义永远是一种积极态度)，如果在受到人身伤害、讥讽、嫌疑的情况下，正义直视的目光也不因此而黯淡，高贵、明达、既深邃而又温和的客观性也不因此而减退的话，那么人就是达到了一种完美或极其熟练的境地——连明智的人也不曾有此奢望，对此我们无论如何也不应当**轻信**。固然，普遍的情况是：就连最正派的人也已经对少量的侮辱、暴虐、阿谀司空见惯了，所以他们能够睁眼看鲜血、闭目对公道。主动的、进攻的、侵犯的人总是比反动的人离正义更近百步；主动者根本不需要像反动者那样错误地、偏颇地评价事物；因此事实上进攻型的人总是具有更强烈、更勇敢、更高贵、同时也**更自由的**眼光，具有更好的良心。相反，我们应当已经猜到了，究竟是谁在良心里发明了"良心谴责"？——正是怨恨者！只要看看，对于法的运用和对于法的真正需求在历史上的哪个阶段里开始通行？是在反动者统治的阶段吗？根本不是！是在主动者、强健者、自发者、好斗者统治的阶段！如果不怕惹恼那位鼓吹家（他本人曾经坦白说："报复学说就像正义的红丝线贯串在我的全部工作和努力之中"），那么我要说，从历史的角度看，世间一切法律都提倡斗争、**反对**相反的情绪；提倡主动进攻势力方面的战争，支持它们诉诸实力，以制止和约束反动者放纵的激情，强迫达成和解。哪里伸张和维护主义，哪里就有一股强大的势力相对立于从属的、软弱的势力（这势力可能是群体，也可能是个人）。强大的势力在寻找打消怨恨者怒气的办法：它们有时从报复者的手中挖出怨恨的对象；有时发动战争，打击破坏和平和秩序的人，以此来取代报复；有的设想、提议、必要时强迫达成和解；有时提出某种标准化的损失抵偿物，从而一劳永逸地使怨恨有的放矢。但是至高无上的力量用以反对敌意和怨恨的优势的最关键的一点还是：只要它有足够的力量，就要建立**法规**，强行解释，什么在它看来是合法的、正确的，什么是非法的、应当禁止的。在建立了法规之后，它就要把个别人或整个群体的越轨和肆意行动当作违法行为，当作抵制至高权力本身的行为来处理。这样一来，它就可以用这种违法造成的损失来转移它的从属者的情绪，从而最终达到和任何报复心理所想要达到的正好相反的目的：报复仅仅注意、仅仅承认受害者的观点，而至高的权力却训练人们的眼光在评价行为时要变得越来**越不带个人情绪**，甚至受害者本人的眼光也要如此，虽然就像我们所提到过的，这要在最后才能实现。由此看来，"正确"和"错误"的概念产生在建立了法规之后，而不是像杜林所想要的那样，从伤害的行为中产生。仅就正确和错误概念本身而言，它们没有任何意义。仅就某一种伤害、暴虐、剥削、毁灭行为本身而言，它们并不是自在的"错误"，因为生命的**本质**在起作用，也就是说，在生命的基本功能中那些具有伤害性的、暴虐性的、剥削性的、毁灭性的东西在起作用。不能想象生命中没有这种特性。还有一点应更加提醒我们注意：从最高的生理立场出发，只应当在**例外的情况**下实行法制，因为法制有时会限制发自力量之源的生命意志，使生命意志的总目标屈从于个别手段，屈从于为了创造更大的权力单位而实施的手段。把一种法律规范想象成绝对的和普遍的，不是把它当作权力联合体的战斗武器，而是把它当作反对所有战斗的武器（根据杜林的陈词滥调，任何意志都应当把任何其他的意志视为同调），这是一种**敌视生**

命的原则，是对人的败坏和瓦解，是对人类未来的谋杀；是一种疲惫的象征，一条通向虚无的秘密路径。

（十二）

关于惩罚的起源和惩罚的目的我还有一句话要讲：有两个有区别的问题，或者说两个应当被区别开来的问题，它们总是被人们混为一谈。以往的道德起源家们又是怎样对待这一问题的呢？他们的做法一向很天真，他们随意从惩罚中找出一个"目的"，比如说报复或者威慑，然后轻而易举地把这种目的归结为事物的发端、惩罚的始因，这就算是大功告成了。但是，在研究法的发生史的过程中，"法的目的"应当是最后探讨的课题。当然，在史学领域里最重要的结论是经过努力，而且也**只应**经过努力而得出，这个结论就是：一件事的起因和它的最终的用途。它的实际应用，以及它的目的顺序的排列都全然不是一回事；所有现存的事物，不管它的起源是什么，总是不断地被那些掌握权柄的人改头换面，根据他们的需要加以歪曲；在生物世界中发生的一切都是**征服**和**战胜**，因此所有的征服和战胜也就都意味着重新解释与重新正名，在这一重新解释与正名的过程中，以往的"意义"和"目的"就会不可避免地被掩盖，甚至被全部抹掉。即使人们清楚地了解了所有生理器官的**用途**，甚至认识了法律机构的用途，社会风俗的用途，政治习惯以至于艺术形式或宗教祭礼形式的用途，人们也并不会因此而了解它们的发生史——不管这一切在老派的耳朵听来是多么令人不舒服——因为自古以来，人们就自以为把握了事物、形式、机构的确有证据的目的、用途，以及它们出现的原因；人们相信眼睛的被造是为了看，手的被造是为了握，同样，人们想象惩罚也是为了惩罚而被发明的。但是所有的目的、所有的用途都不过是一个事实的标志：一种向往力量的意志战胜了力量相对薄弱者，而后根据自己的需要为这种意志的功能打印上意义。因此，一件"事"、一个器官、一种习惯的全部历史可能就是一串不间断的锁链，连接着各种重新解释和重新正名，至于这些解释和正名的起因本身并没有相互联系的必要，相反，它们的相继排列、相互交替只不过是偶然的因素使然。因此，一件事、一种习俗、一个器官的"发展"并不是朝着一个目标发展的渐进过程，并不是一种逻辑的、简捷的、最节约人力财力的渐进过程，而是一个由比较深刻、相对独立、自发产生的征服过程组成的序列，在这个序列里还要包括出现在每个过程中的阻力，以自我保护和逆反为目标的形式转换，取得成效的对抗行动。形式是可变的，而"意义"的可变性更大……这在任何一个有机体内都不例外：每逢整个机体的主要生长期开始，机体各个器官的"意义"也随之改变；在有些情况下，个别器官的衰老和数量的减少（比如由于有些组成部分的死亡）可能是整体的完善和力量增长的征兆。我要说的是：就连意义和实用价值的部分**失效**、萎缩、退化、丧失乃至死亡也是真实的渐进过程的条件，这个过程往往表现为一种向往更强大的力量的意志和方式，而且这种意志和方式的贯彻往往不惜以牺牲无数微弱力量为代价，甚至连衡量"进步"幅度的标准都是根据为进步而付出的牺牲量来确定的。为了个别更强壮的人种的繁荣而牺牲大批的人——这也可能是一种进步……我特别强调这一史学方法论的主要观点，主要是因为这个观点从根本上和当前占统治地位的本能与时尚相悖，这种观点宁可固守无所不在的**强力意志**的理论，宁可相信事件发生的绝对偶然性和机械的无目的性。反对所有统治者和即将成为统治者的民主主义偏见，现代的**薄古主义**（我为一件坏事造一个坏字）逐渐地侵蚀到精神领域、最高精神领域里来了；它已经亦步亦趋地逼进最强有力的、俨然是最客观的科学中来了；在我看来，它已经战胜了整个生理学和生命学说，而且很显然它对这些学说的破坏是通过偷换一个基本概念，一个内在的**主动性**概念而实现的；反之，在那种民主主义偏见的压力下，人们把"适应"，也就是一种二流的主动性、一种纯粹的反应性，摆到了优先的地位。人们，比如说赫伯特·斯宾塞，就是这样给生命本身下定义的，他把生命称为一种对于外部环境的目的越来越明确的内在"适应"。可是这样一来就曲解了生命的本质——**它的强力意志**，就忽视了自发的，进攻型的，优胜的，重新阐释、重新建立和形成的力量（要知道，"适应"即是依据这种力量进行调整）的本质优越性；这样一来也就否定了有机体内那些通过生命意志显示了主动性和创造性的高级官能的主导作用。读者或许还记得赫胥黎是怎样谴责斯宾塞的"行政虚无主义"的，可是目前的问题比"行政的"问题更紧要。

（十三）

回到惩罚这个课题上来，我们必须区分惩罚的两种不同的特性。首先是它的比较**恒久**的特性，这种特性表现为习俗、仪式、"戏剧"，表现为程序中的某一严格的步骤；其次是惩罚的**可变的**特性，这种特性表现为意义、目的，表现为对形成这种程序的期望。依此类推，这里没有别的前提。依照恰才阐述过的史学方法论的主要观点，程序本身就会成为某种比它在惩罚方面的用途更为古老、更为早期的东西，而它在惩罚方面的用途只是被塞给、被强加给早已存在着的、但从另一种意义上说是多余的程序的。简言之，事情并不像我们的天真的道德和法律起源家们一直想象的那样，他们以为**创造程序是为了惩罚**，就像人们以为创造手是为了抓东西一样。说到惩罚的另外那个特性，那个可变的特性，也就是惩罚的"意义"，在晚近的文化阶段（比如说在当今的欧洲），惩罚事实上早已不只是意义单一的概念，而是多种意义的组合。惩罚的全部历史，它的为各种不同的目的所用的历史，最后都集结为一体，难以分解，难以剖析，而且必须强调指出的是，对它根本无法**下定义**。我们现在没法断定，执行惩罚本来是**为了什么**，所有对全过程进行了符号式的压缩的概念都逃避定义，只有那些没有历史的概念才能够被定义。可是从早些时候的一个研究看来，那个"各种意义"的组合倒还更容易分解，且更容易推演。我们现在尚且可以看到，组合的各因素是怎样根据每一个别情况改变它们的价值的，而后又是怎样重新组合，使得有时这种因素、有时那种因素压倒其他因素，跃居主导地位。在特定的情况下，甚至单一的因素（比如说威慑的目的）也可能扬弃所有其他因素。为了使读者至少了解惩罚的"意义"其实是多么不确定、多么次要、多么偶然，并且使读者了解，同样一个程序是会怎样地被利用，被解释，被装扮，以便为完全不同的目的服务，我在这里列了一个提纲，这是我从一小部分偶然收集到的资料中抽象出来的：

为了消除破坏的危害性，防止进一步的破坏而实施的惩罚。

为了以某种方式（甚至用一种感情补偿方式）向受害者补偿损失而实施的惩罚。

通过惩罚来孤立破坏平衡的一方，使失衡现象不继续发展。

利用惩罚使那些惩罚的决策人和执行者产生恐惧感。

通过惩罚抵消犯人迄今享受的优惠（比如强迫他去矿山做苦役）。

用惩罚来排除蜕化的成员（在有些情况下排除整个族系，例如根据中国的法律，这是一种保持种族纯洁的方法，一种维护社会模式的工具）。

把惩罚当作庆贺，也就是说对终于被打倒的敌人实行强暴和嘲弄。

通过惩罚建立记忆，不论是对受惩罚者而言（即所谓对他实行"改造"），还是对于目击者而言。

惩罚作为当权者要求犯人支付的一种酬金，因为当权者保护了犯人免受越轨的报复。

只要强悍的种族仍然坚持报复的自然状态，并要求把这种自然状态当作它的特权，那么惩罚就要和这种报复的自然状态进行调和。

用惩罚向那个和平、法规、秩序和权威的敌人宣战，并且规定战争规范。据信这个敌人危害了集体生活，背弃了集体生活的前提，人们将把这个敌人当作一个叛逆者、变节者、破坏和平者，用战争赋予人们的工具和他作斗争。

（十四）

这个提纲肯定是不全面的，惩罚显然是被滥用了，因此我们就更有理由从中删除一种臆想的用途，尽管在民众的意识中，这是最主要的用途，——对于惩罚的信念如今虽已濒临崩溃，但是信念却恰恰在惩罚中不断地找到它最强有力的支柱。惩罚据说是具有价值的，为的是要在犯人心中唤起一种负罪感，人们在惩罚中寻找那种能引起灵魂反馈的真实功能，他们把这种灵魂反馈称为"良心谴责""良心忏悔"。但是这种臆测即使用于今天也是曲解现实、歪曲心理的，如果应用于人类最漫长的历史、应用于人的史前时期，那就更是差之千里了！恰恰是在罪犯和囚徒中绝少有人真心忏悔，监狱和教养所不是这些蛀虫类喜爱的哺乳场所。所有认真的观察家都会赞同这一点，尽管他们总是不怎么情愿地、非常违心地说出这类的判断。总的来说，惩罚能使人变得坚强冷酷、全神贯注，惩罚能激化异化感觉，加强抵抗力量。假如出现这样的情况：惩罚消耗精力，引起可悲的衰竭和自卑，那么这种结果无疑比惩罚的一般效果，比那种以干瘪、阴郁的严肃为特征的效果更不能令人满意。可是如果我们真的仔细思考一下人类历史以前的那数千年，我们就可以毫不犹豫地断定：恰恰是惩罚最有效地**阻止**了负罪感的发展，至少从惩罚机器的牺牲者的角度看是这样的。所以我们不应当忽略，罪犯在目睹了法律的和执法的程序之后在多大程度上实行自我克制，在多大程度上感觉到自己的所作所为是卑鄙的。其实他看到的无非是法在干着同样的勾当，只不过是以好的名义，以良心的名义干的，诸如刺探、谋骗、收买、设陷、那一整套精细狡诈的公安技巧、起诉艺术，更不要说那些为情理所不能容的劫掠、强暴、咒骂、监禁、拷打、谋杀，所有这些行动都不受法官的斥责和判决，只是在特定的条件下，出于特殊的用途才有例外。"良心谴责"这种我们地球的植被上最神秘、最有趣的植物不是从这片土地上生长出来的。事实上，在相当长的一段时间里，法官、惩罚执行者本人，根本就不曾意识到他是和"罪犯"打交道，他认为他是在和一个惹祸的人打交道，在和一个不负责任的不幸事件打交道，而那个将要受罚的人也感觉他的受罚是一种不幸，因此他在受罚时没有"内心痛苦"，只是觉得突然之间发生了某种未曾预料的事件，一种可怕的自然事件：一块岩石由天而降，把他砸碎，他已没有力量再进行抗争。

（十五）

斯宾诺莎曾经不无尴尬地承认了这一事实（这使他的注释家们感到恼火，因为他们，如基诺·费舍，正按部就班地曲解他在这里的原意）。有一天下午，不知是被哪段回忆所触动，斯宾诺莎开始思考这样一个问题：在他本人身上究竟还保留了多少那种著名的"良心谴责"，斯宾诺莎把善与恶统统归结为人的幻觉，他顽强地捍卫他的"自由的"上帝的尊严，反对那些污蔑上帝做任何事都是经过深思熟虑的亵渎者（"这可就意味着让上帝屈从命运，那上帝可就真的成了荒谬愚蠢之最了"——）。在斯宾诺莎看来，世界已经返回天真，返回到发明良心谴责以前的境地，可是在这一过程中良心谴责又变成了什么？"开心的反面"，他终于自言自语道。"一种悲伤，伴随着对过去某件出乎意料的事的想象。"①数千年来，那些遭到惩罚的惹祸

---

① 《伦理学》，第Ⅲ卷 Propos 18，School，1，2。

者和**斯宾诺莎别无二致**，关于他们的"违法行为"，他们的感觉是"这次一定是出了什么意外"，而不是"我不该这么做"。他们经受惩罚就像人们患病、遭难或者死亡一样，带着那么一种坚定的、不加反抗的宿命态度，例如俄国人在操纵生命方面至今仍比我们这些西方人更高明。倘若在那些日子里有一种对行动的批评，那就是一种才智，这种才智会对行动进行批评。毫无疑问，我们应当首先在才智的增长中寻找惩罚的真实效用，应当在记忆的增长中寻找，应当在一种决心从此要更加审慎、更抱疑忌，更加诡秘地行事的意志中寻找，应当在意识到人对于许多事来说都是望尘莫及的明达中寻找，总之，应当在人类对于自我认识的增进中寻找惩罚的真实效用。无论是人还是野兽，它们通过惩罚所能达到的都无非是恐惧的增加、才智的增长，以及对于欲望的克制。因此，惩罚**驯服了**人，而不是**改进了**人，我们没有更多的理由还坚持相反的结论。（人云："吃一堑长一智"。吃堑能使人长智，也能使人变坏。幸好吃堑往往只是使人变蠢。）

（十六）

我不能再兜圈子了，应当初步阐述一下我自己关于"良心谴责"的起源的假说，这一假说乍听起来可能使我们感到耳生，需要我们反反复复地思索。我把良心谴责看作一种痼疾，人们罹患了这种痼疾是由于那个史无前例的深刻变迁给他们造成了压力，这种变迁将人永远地锁入了社会的和太平的囹圄。就像那些海中生灵的经历一样，他们被迫要么变成陆地动物以求生存，要么灭种绝迹，于是它们这些愉快地熟习了野蛮状态、战争环境、自由徘徊和冒险生活的半野兽们突然发现，它们的所有本能都贬值了，"暴露"了。过去它们一直是在水里浮游，现在它们必须用脚走路，必须承担它们自身的重量：一个多么可怕的重量压到了它们身上！它们感到拙于进行最简单的操作。在这个新鲜未知的世界里，它们不能再依赖过去的那有秩序的、无意识的可靠动力来引导它们。它们被迫思想、推断、划算、联结因果——这些不幸者，它们被迫使用它们的最低劣、最易犯错误的器官：它们的"意识"。我相信，从前世上从未有过这样一种痛苦的感觉，这样一种极度的不舒服，因为那些过去的本能并没有突然间中止它们的要求，只不过是现在要满足它们的要求已经变得困难罕见了。关键是它们必须为自己找寻新的、几乎是隐秘的满足。所有不允许发泄的本能**转而内向**，我称其为人的**内向化**，由于有了这种内向化，在人的身上才生长出了后来被称之为人的"灵魂"的那种东西。整个的内在世界本来是像夹在两层皮中间那么薄，而现在，当人的外向发泄受到了限制的时候，那个内在世界就相应地向所有的方向发展，从而有了深度、宽度和高度。那个被国家组织用来保护自己免受古老的自由本能侵害的可怕的屏障（惩罚是这个屏障中最主要的部分），使得野蛮的、自由的、漫游着的人的所有那些本能都转而**反对人自己**。仇恨、残暴、迫害欲、突袭欲、猎奇欲、破坏欲，所有这一切都反过来对准这些本能的拥有者自己：这就是"良心谴责"的起源。由于缺少外在的敌人和对抗，由于被禁锢在一种压抑的狭窄天地和道德规范中，人开始不耐烦地蹂躏自己，迫害自己，啃咬自己，吓唬自己，虐待自己，就像一只要被人"驯服"的野兽，在它的牢笼里用它的身体猛撞栏杆。这个为了怀念荒漠而憔悴的动物必须为自己创造一种冒险生活，一个刑房，一种不安定的、危险的野蛮状态，——这个傻瓜，这个渴望而又绝望的囚徒变成了"良心谴责"的发明者。良心谴责引发了最严重、最可怕的疾病，人类至今尚未摆脱这种疾病：人为了人而受苦，**为了自身**而受苦，这是粗暴地和他的野兽的过去决裂的结果，是突然的一跳一冲就进入了新的环境和生存条件的结果，是向他过去的本能，向那迄今为止一直孕育着他的力量、快乐和威严的本能宣战的结果。我们还须马上补充一点，另一方面，随着一个动物灵魂转向了自身，采取了反对自身的立场，地球上就出现了一些新奇的、深邃的、前所未闻的、神秘莫测的、自相矛盾的和**前途光明**的东西，从而使地球本身的面貌发生了重大的变化。实际上还需要有一个神圣的观众来给这场戏捧台。戏已开场，结局尚未可逆料。这场戏太精巧、太神奇、太有争议，所以不可能悄然无声地在某个微不足道的小行星上演出。在赫拉克利特的"伟大的孩子"（别管他是叫作宙斯还是叫作机遇）玩的那些难以置信的惊心动魄的赌博游戏中，人的地位是微不足道的。人给自己造就了一种兴趣、一种焦虑、一种希望甚至于一种信念，就好像人预示了什么，准备了什么，好像人不是一种目的，而是一种方式、一段序曲、一座桥梁、一个伟大的诺言……

（十七）

我的关于"良心谴责"起源的假说首先认定，那种变化不是渐进的，也不是自愿的。它不代表一种适应新条件的机构性发展；它是一种断裂、一种跳跃、一种强制、一种不可抗拒的灾难。它不容抗争，甚至也无法怨恨它。其次，我的假说还认定，把一直未曾受过约束、没有定形的民众关进一个紧促的模子里，这样一种以暴力开始的行动，必将以暴力结束。所以，最早的"国家"就是作为一个可怕的暴君，作为一个残酷镇压、毫无顾忌的机器而问世、而发展的，这个过程一直发展到民众和半野兽们不仅被揉捏、被驯服，而且已经定了形。我使用了"国家"一词，我的所指是不言自明的：有那么一群黄头发的强盗，一个征服者的主人种族，他们按照战争的要求自行组织起来，他们有力量进行组织。他们毫无顾忌地用可怕的爪子抓住那些或许在人数上占据优势，但却是无组织的漫游人种。地球上的"国家"就是这样起源的。我想，我们已经克服了那种让国家起始于"契约"的幻想。谁能发号施令，谁就是天然的"主人"，谁就在行动上和举止上显示粗暴。这种人要契约何用！这种生物无法解释，他们是命定的，没有始因，没有理性，没有顾忌，没有借口。他们闪电般地出现，太可怕，太突然，太令人折服，太"不寻常"，甚至都无法去恨他们。他们本能地造就形式、推行形式，他们是最漫不经心、最没有意识的艺术家。总之，他们在哪儿出现，哪儿就会有新的东西兴起，这新的东西就是一个活生生的统治形体，它的各个机件和功能都是泾渭分明并且相互联系的，其中不能容纳任何不是早先从整体获得意义的东西。这些天生的组织者，他们不知什么叫犯罪，什么叫责任，什么叫顾忌。他们被那种可怕的艺术家——个人主义所驱使，这个人主义矿石般地坚定，它善于以其"作品"使自己获得永久的承认，就像母亲善于以她的孩子使自己得到承认一样。良心谴责当然不是源发于这些人，这一点早已明确了。然而，如果没有这些人，如果不是他们的铁锤的打击和他们的艺术家的残暴把大批量的自由挤压出了世界，至少是赶出了视野，也就不可能有良心谴责这可憎恶的生长物。我们懂了，只有这残暴地迫使潜匿的**自由之本能**，只有这被压退回去的、锁入内心的、最后只能向着自己发泄和释放的自由之本能才是良心谴责的萌发地。

(十八)

我们应当注意，不要因为这个现象一出现就既丑恶又痛苦便不去加以认真思考。说到底，这就是那种积极的力量，那使暴力艺术家的作品更加出色、使暴力组织者建立了国家的力量。同样是这种力量，在这儿它内向、微小、狭隘、朝着倒退的方向，用歌德的话说就是处在"胸的迷宫"中，正是这种**自由之本能**，用我的话说就是强力意志，创造了良心谴责，建立了否定的理想。所以，那创新的、残暴的自然力的构成材料是人自身，是人的整个动物自身，而**不是**另外那个，另外那些，更伟大、更壮观的非凡人。这种秘密的自我强暴，这种艺术家的残酷，这种把自己当成一种沉重的、执拗的、痛苦的东西加以定形的乐趣——把意志、批判、对立和蔑视强加给自己的乐趣，一个甘愿分裂自己的灵魂所做的这种阴森可怕、充满恐怖欲的工作，这种为了从制造痛苦中获得乐趣而使自己受苦的工作，这种纯粹是**主动的**"良心谴责"最终是——我们已经猜到了——理想的和臆测的事件的真正母腹，它同时还娩出了大量新奇的美和肯定，甚至竟娩出了美本身……假如美的对立面不先自我意识自身的存在，假如丑不先对自己说："我是丑的"，那什么又是美呢？这一暗示至少有助于解谜，有助于解释像**无私、自我否定、自我牺牲**这类对立的概念在什么程度上能够暗示一种理想、一种美。读者这下子就明白了，我不怀疑，无私的人、自我否定和自我牺牲的人所感受到的乐趣从一开始就是一种**残酷**的乐趣。关于"非个人主义"这种道德价值的起源，以及这种价值的生长土壤的划定，我就先讲这些：正是良心谴责，正是自我折磨的意志为所有非个人主义的价值提供了前提。

(十九)

毫无疑问，良心谴责是一种病，不过这是像妊娠那样的病。现在我们来寻找使这种病达到其最严重、最可怕的阶段的条件。我们将要看到，它原来是怎样问世的，这需要长长的一口气才能讲完，首先我们还必须回顾一下前面提到的论点。债务人和他的债权人之间的私法关系早已成为一个话题，现在它又一次，而且是以一种引起历史性关注和思考的方式，被解释成一种或许为我们这些现代人最不能理解的关系，也就是说它被解释为**现代人**和他们的**祖先**之间的关系。在原始部落中——我们是在讲古时候——每一代新人都承认他们对于上一代人，特别是对于部落的最初奠基者负有一种法律的责任（这绝不仅仅是一种感情的纽带，尽管我们也不能毫无根据地否认这种纽带自人类有史以来就存在）。早期社会认定，人种只有通过他们的祖先的牺牲和成功才能获得**延续**，而这些需要用牺牲和成功来**回报**。因此人们承认负有一种债务，而且债务还在继续扩大，因为作为强大精神而继续存在着的祖先们并没有停止以他们的力量向他们的后人提供新的优惠和预付新的款项。是无偿的吗？可是在那个残酷的、"灵魂贫困"的时代，没有什么东西是无偿的。那么怎样才能偿还它们呢？用祭品（开始是出于最低的理解力向他们提供食物）、用庆贺、用神龛、用礼拜、特别是用服从来偿还。说到服从，这是因为所有由祖先建立起来的惯例也成了他们的后人的规章和命令。可是人们能否还清这笔债务？这是存留着疑问，而且疑问还在步步增长，它时不时不问青红皂白地迫使采取重大的补偿措施，以某种巨额代价支付"债权人"，比如最有名的是牺牲头生儿，这可是血、是人血啊。根据这种逻辑，对于祖先及其强力的恐惧，对祖先负债的意识，必然地随着部落本身力量的增长而增长；部落本身越是胜利、越是独立、越是受人尊敬、为人惧怕，对于祖先的这种恐惧和负债意识就越是增长，从无反例！部落的每一步衰落，每一场不幸的失误，每一个退化的征兆，每一个即将解体的征兆都总是会减少部落对其祖先精神的恐惧，都会降低部落对其祖先的才智、预见和实力的评价。这种粗浅的逻辑最终将导致的结论无非是：最强大的部落的祖先必终被不断增长着的恐惧想象成一个巨人，最后被推回到一种阴森可怖、不可思议的神的阴影中去：祖先最后不可避免地变成一个神。也许这就是神的起源，也就是说源于恐惧！……如果有谁认为有必要补充说"也源于孝敬！"那么他的主张就很难为人类漫长的早期发展所证实，更不会被人类发展的**中期**所证实，在这个时期出现了高贵的种族，他们事实上已经向他们的造就者。他们的祖先（不管他们是英雄还是神）连本带息地偿还了所有的品质，在此期间，那些品质已明显地为他们所拥有，那些高贵的品质。后面我们还会看到众神的贵族化和"高尚化"（这和他们的"神圣化"当然不是一回事），但是现在先让我们结束这个负债意识发展的全过程吧。

（二十）

历史教导我们，关于人欠着神灵的债的意识即使在"政体"的血亲组织形式没落了以后也未曾消失。就像人类从部落贵族那里继承了"好与坏"的概念，同时也继承了他们对于等级划分的心理嗜好一样，人类继了部落神灵和种族神灵的遗产的同时，也继承了还不清债务的负担和最终清还债务的愿望。（那些人口众多的奴隶和农奴，他们要么是被迫地，要么是由于屈从和通过模仿而接受了他们的主人的祭神礼。他们就变成了一个通道，这些遗产就通过他们向四面八方传播。）这种对于神灵的负债感持续发展了几个世纪，它总是随着人关于神的概念和人对于神的感情的演进而发展，而且现已发展到了高峰。（关于种族战争、种族凯旋、种族和解和融合的全部历史，一切发生在所有的人种最终纳入那个种族大融合之前的事情，全部都反映在关于神的起源说的混乱之中，反映在关于他们的战争、胜利与和解的传说之中。向着世界性帝国的前进也总是向着世界性神灵的前进，专制主义以其独立贵族的征服为某种形式的一神论铺平了道路。）作为迄今为止"最高神明"的基督教上帝的问世因此也就使得世上出现了负债感之最。假设我们终于进入了反向运动，那我们就可以毫不迟疑地从对基督教上帝信仰的减弱推论出：现在人的负债意识也已经相应地减弱了。是的，我们不应否认这样一种前景：无神论的全面最后胜利可能将人类从其对先人、对始因的全部负债感中解放出来。无神论和一种形式的"**第二次无辜**"同属未来。

（二十一）

关于"负罪"和"义务"这些概念与宗教假说之间的关系我就先简略地谈到这里。我有意不谈这些概念所经历的道德化过程，那将会使我们回到良心的问题上去，而且肯定会回到良心谴责与神的概念的纠缠中去。从我上一节的结尾看，这样一个道德化的过程似乎从未出现过，鉴此，现在似乎理应停止对这些概念的议论，因为这些概念的前提——对我们的"债权人"，即上帝的信仰已经崩溃了。可怕的是，事实情况与此相距甚远。事实上，人们以其对于负债和义务概念的道德化加工，以其将这些概念推回到良心谴责中去的努力，尝试着扭转刚才描述过的发展方向，或者至少使发展中途停顿。现在正是要给一劳永逸地清偿债务这一前景泼泼冷水；现在就是要打消人对于铁的不现实的注意力，把这注意力弹回去；现在那些关于负债和义务的概念**应当转向**——那么对准谁呢？理所当然应当先对准"债务人"，因为良心谴责目前正在他身上扎根，正在侵蚀他、捉弄他，而且像癌一样在向广度和深度蔓延，最后使得他得出结论认为：因为债务是无法清还的，所以赎罪也是徒劳无功的，从而形成了罪孽无法赎清的思想，即"永恒的惩罚"的概念。可是结果矛头又对准了"债权人"，现在人们开始诅咒人的始因，诅咒人种的起源，诅咒人的祖先（诸如"亚当""原罪""非自由意志"），或者诅咒自然，因其造就了人，因其收集了恶（所谓"诅咒自然"），甚至诅咒只剩下**价值真空**的存在（虚无主义式的远离存在，渴望虚无，或者渴望它的"反面"，即另一种"存在"——佛教及其同类），直到我们突然站到了那种自相矛盾的、恐怖的急救措施面前。**基督教**的这一绝招使备受折磨的人类找到了片刻的安慰：上帝为了人的债务牺牲了自己。上帝用自己偿付了自己，只有上帝能够清偿人本身没有能力清偿的债务——债权人自愿地为他的债务人牺牲自己，这是出于爱（能令人相信吗？），出于对他的债务人的爱……

（二十二）

说到此读者已经猜到，所有这些说教的背后究竟发生了些什么：就是那种自找痛苦的意志，就是那种倒退回去的残酷。那个内向化的、被吓得返回自身的动物人，那个被禁锢在一个"国家"中以便驯养的囚徒，他在自然地发泄制造痛苦的欲望被阻止了之后，又发明了良心谴责，用以给自己制造痛苦。正是这个进行良心谴责的人以其倒退的残酷抓住了宗教假说，从而使他的自我折磨加剧到可怕的程度。对上帝负债的想法变成了他的刑具；他在上帝身上抓到了最终与他的真实的、未脱尽的动物本能相对立的东西。他指出这种动物本能，为的是把它们当作对上帝负债的证据，当作仇恨上帝、拒绝上帝、反叛"主"、反叛"父"、反叛始祖和造物主的证据。他把自己置于"上帝"和"魔鬼"的对立之中。他对一切都掷以否定：他否定自我、否定自然、否定他自身的自然性和真实性；他把从自身挖出来的东西当作一种肯定、一种可能的、真实的、生动的东西，当作上帝，当作上帝的审判、上帝的刑罚，当作彼岸世界，当作永恒、永久的折磨，当作地狱，当作永无止境的惩罚和无法估算的债务。这种心灵残酷是一种前所未有的意志错乱：**人情愿**认自己是负债的、是卑鄙的、是无可救赎的；他情愿想象自己受罚，而且惩罚也不能抵消他负的债；他情愿用负债和惩罚的难题来污染和毒化事物的根基，从而永远地割断他走出这座"偏执观念"的迷宫的退路；他情愿建立一种理想，一种"神圣上帝"的理想，以此为依据证明他自己是毫无价值的。噢！这些神经错乱的、悲哀的野兽人！他们的想法有多么怪诞！他们的**野兽行径**一旦稍稍受到阻止，他们的反常，他们的荒唐，他们的**野兽思想**就会立刻爆发出来！所有这一切都非常之有趣，可是人们用一种应当受到严厉禁止的、黑色的、忧郁的、神经衰弱的悲哀目光对这些深渊注视得太久了。无疑地，这是**疾病**，是迄今为止摧残人的最可怕的疾病。有谁还能够听见(可惜如今人们没有耳朵听这些！)，在这苦难和荒唐之夜响起了**爱**的呼喊，这是心醉神迷的呼喊，是在爱中寻求解脱的呼喊，它慑于一种不可克服的恐惧而离去！在人身上有这么多的恐怖！地球很久以来就已经是一所疯人院了！……

（二十三）

上述这些应该足以说明"神圣的上帝"的来历了。只要看一看**希腊众神**就足以使我们信服，神的观念并不一定要产生出这种病态的想象，这种我们目前还不能回避的现象；事实上有许多比这种自戕自罚(近几千年来欧洲人已深谙其道)**更高尚**的方法，可以用来编造关于神的故事。希腊众神是一些高贵而又能自主的人的再现。在他们那里，人心中的**动物**感到自己神圣化了，而**不**是在自我摧残，不是在对自己发怒！这些希腊人长久地利用他们的神来回避良心谴责，以便能够保持心灵自由的快乐，这也就是说，他们对神的理解和**基督教**对它的神的利用方式相反。这些杰出而勇敢的孩子头儿们，他们在这方面走得很远。一个不亚于荷马史诗中的宙斯本人的权威曾不时地指出，他们行事过于草率，有一次他说（这是阿基斯多斯的例子，是一个非常坏的例子）：

"多么奇怪啊！那些凡人怎么会这样大声地抱怨我们这些神！"

"他们以为恶都是来源于我们，可是他们由于自己的无知，由于违抗命运，制造了他们自己的不幸！"

但是读者立刻注意到，就连这位奥林匹斯的旁观者和执法官也绝不因此而怨恨他们，不把他们想得很坏。"他们有多傻！"当他看到凡人的过失时这样想。"愚蠢""无知"、还有点儿"精神反常"——这就是为那些全盛时期的希腊人所**认可**的导致许多坏事和灾难的原因。愚蠢，而不是罪孽！……你们懂吗？不过，那些精神反常倒确实是问题。"是的，这种事怎么会发生在我们这些人身上？我们是一些血统高贵、生活幸福、教育良好、地位显赫、气质高贵、品德高尚的人！"许多世纪以来，每逢一个高贵的希腊人用那些无法理解的残暴和恶行玷污了自己时，其余的希腊人就会这样发问。最后他们会摇着头说："他肯定是被一个神愚弄了。"这是典型的希腊式遁辞，当时众神就是这样在某种程度上为人的恶行作辩护，众神成了罪恶的原因。在那个时候，人们不是惩罚自己，而是以更高贵的姿态惩罚犯罪。

（二十四）

显然，我在结束这章时有三个问题没有解答。有的读者可能会问我，"你是否在这里树立了一个理想？还是破坏了一个理想？"那么我会反问，你们曾否多次地问过自己，在地球上每建立一种理想需要付出多么昂贵的代价？需要诋毁和曲解多少事实？尊奉多少谎言？搅乱多少良心？牺牲多少神？为了建造一个**圣物**就必须毁掉一个**圣物**，这是规律——如果有谁能够证明规律失灵，敬请指出。我们这些现代人继承了数千年良心解剖和动物式自我折磨的传统。在这方面我们具有长期的训练，也许是有艺术才能，最起码是有娴熟的技巧，这是我们所习惯的口味。人用"罪恶的目光"在他的自然倾向中搜寻了太长的时间，结果这些自然倾向终于和"良心谴责"密切地联系在一起了。逆转这一方向的努力是可能的，但是谁有足够的力量去做这件事？那需要把所有的**非自然**的倾向，把所有那些向往彼岸世界的努力，那些违抗感觉、违抗本能、违抗自然、违抗动物性的努力，简言之，把迄今为止的理想，全部敌视生活的理想、诋毁尘世的理想，总之，需要把所有这些同良心谴责联系起来。如今，这些期望和要求能对谁去说呢？……对那些**好人**？——人们正是利用他们来反对自己的——顺理成章的还有那些懒散的、隐退的、虚荣的、昏庸的、疲倦的人们？有什么比人使自己获得尊严的努力更能侮辱人、更能如此彻底地把人分离开来？反之，只要我们像其他所有的人一样行事，像其他人一样"过活"，整个世界又会变得多么和蔼友善！为了达到那个逆转方向的目的，需要**另外**一些精神，这正是我们这个时代不可能出现的。那些被战争和胜利强化的精神，那些要求征服、冒险、危难甚至于痛苦的精神；为了达到那个目的还需要习惯于凛冽的高山空气，习惯于冬季的漫步，习惯于各种各样的冰冻和山峦；为了达到那个目的需要一种高明的鲁莽，一种去认知的最自信的勇气，这勇气是来源于伟大的健康；一言以蔽之，为了达到那个目的需要的正是这种**伟大的健康**！人如今还可能有这种健康吗？

　　但是在未来的某个时候，在一个比我们这个腐朽的、自疑的现代更为强盛的时代，那个怀有伟大的爱和蔑视的人，那个**拯救世界**的人，那种创造精神，还是会来临的；他那逼人的力量使他无处苟且歇息；他的孤独被人误解为逃避现实，而实际上孤独正是因为他投身现实、埋头现实、思索现实，因而一旦他离开现实、重见光明，就能够把现实从所有理想加给它的诅咒中**拯救**出来。这个未来的人就这样把我们从迄今所有的理想中拯救出来了，就这样把我们从理想的衍生物中、从伟大的憎恶中、从虚无意志中、从虚无主义中拯救出来了。这一正午的报时钟声，这一使意志重获自由、使地球重获目标、使人重获希望的伟大决定，这个反基督主义者、反虚无主义者，这个战胜了上帝和虚无主义的人——他总有一天会到来。

（二十五）

　　可是我还要说什么？够了！够了！只有在这儿我应当沉默，否则我就会侵夺仅仅属于另外一个人的权力，他比我年轻、比我强壮、比我"更代表未来"，这权力只属于札拉图士特拉，**不敬神的扎拉国士特拉**。

选自［德］尼采：《论道德的谱系》，第一、 二章，北京，生活·读书·新知三联书店，1992。 周红译。

《超善恶》（1886）（节选）

一、论道德博物学

186

现在，道德感在欧洲同样是如此雅致、迟钝、多样、刺激、诡诈，而与此有关的"道德学科"尚且年轻、外行、迟钝和粗糙：——这是一种引人注目的矛盾，它有时因扮演道德论者本身的角色而为人所见且感亲切。一说到"道德学科"这个词汇，就等于考虑到被描述了的东西，它过于傲慢并与善的审美相抵牾：因为，这种审美通常总是对较谦虚词汇的一种前审美。人们应当十分严肃地承认，这里久而久之还需要什么，是什么东西暂时独有道理：即，材料的收集，某种庞大而柔弱的价值感和价值差别领域概念上的理解和集中——生活、生长、生殖和灭亡，——这也许是尝试对这种活生生的、结晶的、回归性的、较经常的塑造变直观化——作为对一种道德种类学说的准备。诚然：人们迄今为止并未如此谦虚过。哲学家们，统统以一种深沉的认真姿态要求，一旦他们把道德理解为科学，他们就要由本身得出某种更高级的、更苛刻的、更庄重的东西：因为，他们本想论证道德，——迄今为止，每个哲学家都认为，须对道德加以论证；但是，道德本身被认为是"既定的"。那种不显眼的、自以为是的、残留在尘埃和污泥中的描述使命（尽管对他们来说，几乎说不上什么最雅致的触觉和足够雅致的感官！），离他们自己笨拙的矜持该是何等遥远！正是因为道德哲学家们对道德事实的认识相当粗浅，即用肆意的删节或偶然缩写的办法，差不多把道德变成了他们的环境、他们的状况、他们的教会、他们的时代精神、他们的气候和地表的一部分，——正是由于他们在民族、时代和历史方面受到了恶劣的教育，而且不怎么好学上进，所以他们根本不理睬道德课题：——因为这些问题只有在出现道德多样性时才会出现。迄今为止的所有"道德学科"中，尚且缺乏道德课题本身，听起来令人惊奇不已：因为，如果缺少怀疑，在这里还能有什么成问题的东西被称之为哲学家"道德论证"和自我要求的东西呢？若以正当眼光来看，过去只是一种对居于统治地位的道德善良信仰的学究形式，是其用于表述的一种新式手段，也就是说，是在一种特定的道德性中的事实本身。的确，甚至，一言以蔽之，是对把这种道德理解为对问题的一种否定，即似乎可以把这种道德理解为课题：——而且，无论如何都是一种考验、分析、怀疑，这正是这种信仰的活体解剖。譬如，人们听到，叔本华用怎样一种近乎令人崇敬的无辜推演出他自己的使命，而人们也作出了有关一种"学科"的科学性的结论，这位此学科的最后的大师的言论，听起来就像是孩子和老处女说的话：——"原则"，他说①，"基本原则，一切伦理学家对其基本内容本来就是一致的：不要伤害任何人，而是要尽己所能去帮助一切人②——这原本就是一切伦理教师努力论证的信条……伦理学的本来基础，人们几个世纪以来，就像寻找智者之石一样，也在寻找这个基础。"——当然，论证前述信条的困难，也许是很大的——众所周知，连叔本华们也没有作出成功的论证来——；凡曾彻底思考过的人，就会感到这条戒律是错误的，令人伤感，在一个其实质是权力意志的世界中——，他就会使自己忆起，是叔本华——尽管他原来就是个悲观主义者——首先吹响了风笛……每天每日，摆上桌面：

---

① 《伦理学基本问题》，137页。

② 原文为拉丁文。——译者注。（本书中脚注均为译者注，以下不一一注明。——本书编者）

因为,人们在这上面读到了他的传记作者。而且顺便一问:一个悲观主义者,一个上帝和世界的否定论者,他在道德面前止了步,——他对道德加以肯定,并奏响了风笛,朝那个女人般的^①道德:这是怎么回事?他本是——一个悲观主义者,是吗?

187

除却如此主张,譬如"在我们中间有一种绝对命令"之说不谈,人们总还是要发问:因为,这样的主张从主张者的口中到底陈述了什么呢?有这样的道德论者,他们应当为他们的始作俑者辩护;其他的道德论者应当受到安慰,并且产生满足感;对其他的人而言,始作俑者则想让人把自身钉上十字架,让自己遭受凌辱;对其他人,他则练习复仇;对其他人,他想藏匿自身;对其他人,他想要圣化,并且冲上崇高而遥远的天空;这种道德为自己的始作俑者服务,以便忘记那些为了忘记自身或来自自身的某种东西的人们;有些道德论者,想在人类身上演练权力和创新境界。另外一些人,也许连康德也算在其内,则用他们的道德晓示于人:"凡在吾身可见之物,就是我能服从——而在你们身上,则不应出现与我不同的姿态!"——一言以蔽之,道德家也不过是一种激情的语言符号。

188

每种道德,与任性发展^②相对立,都是反"自然",也就是反"理性"专制的一部分:但是,这都构不成反对这种道德的借口。因为人们自己想必要再一次从某种道德出发来谕示,一切专制形式和非理性品类都是不许可的。每种道德身上都有基本物和不可评估的东西,道德是一种漫长的强制过程:因为,为了弄清斯多葛主义或波尔诺亚尔女隐修院^③或清教徒主义,人们愿意忆起强制,迄今为止,由于这种强制,每种语言都变得强而有力和自由自在,——回忆起格律式的强制,韵脚和节奏的专制。不论在哪个民族中,这都给诗人

---

①　原文为拉丁文。

②　原文为拉丁文。

③　参见 48 节脚注③。(指原中译本 48 节脚注③。本书注释文字中涉及的篇章名称、页码均指原中译本或外文版本。——本书编者)

和演说家们造成了难堪的窘境！——有几个今日的诗人也不例外，在他们的耳朵里寓有一颗无情的良心——"为了一种愚蠢起见"，如功利主义蠢物所说，它以此自诩聪明，——"出于对为所欲为法则的卑躬屈膝，低声下气"，如无政府主义者所说，他们以此自认为"自由"了，甚至是自由精神了。但是，令人惊诧的事实都是，一切来自地上的自由、雅致、大胆、舞蹈和大师般稳妥的东西，现在就有；或已经有过，不论是思维本身，或在统治中，或者在言语和说词中，在艺术中，亦如在风俗中，都首先借助"这种为所欲为的专制法则"发展了起来；一切认真（为此的或然性是不小的），这正是"自然"和"自然的"——而非那种放任自由①！每位艺术家皆知，他的"最自然的"状态，距离放任有多遥远。自然的整顿、设定、规定，在"灵感"时刻的塑造，——他正是在那种时刻非常严格地雅致地听命于重似千万倍的法则。这些法则正是由于它们的坚韧和确定无疑而嘲弄用概念所表述的东西（就是最确切的概念，只要负隅反抗，也会产生某些漂浮物、多面物、多义物——）。"在天上和地上的"基本物，似乎不止一次地说过，要长久地、并本着一个方向地服从：因为，在那里，很长时间一直有某种东西产生出来，而且已经产生出来过，为了它，值得在地上生存，譬如，美德、艺术、音乐、舞蹈、理性、精神性，——某种圣化的东西、精练的东西、荒诞的东西和精神性的东西。精神长期的非自由，强制猜疑思想中的可同情性，强制，也就是培育，使思想家担负起在教会和宫廷规范内，或者在亚里士多德的前提下思维的责任。这长期的、精神性的意志，要把一切发生的事物，按照基督教的模式加以解释，并且要重新发现在一切偶然中的基督教上帝，并为之辩护——所有这暴力般的东西，肆无忌惮、强硬、可怖、反理性的东西，它们表明了是一种用以为欧洲精神培植坚强而肆无忌惮的好奇和雅致灵动的手段：因为，这就承认了，在这里，在力量和精神方面必须要压制、窒息和毁坏许多东西（因为，在这里到处都表示出本来的"自然"，在其全部挥霍而冷漠的宽宏大量中，它发怒了，但是，是以高贵的姿态）。千百年来，欧洲

---

① 原文为法文。

的思想家们，只是为证明某些东西而思索——今天，对我们来说，正好相反，每位思想家都心怀疑虑，他"想要证明某些东西"——，对他们来说，总是已确定了什么并总有确定的东西应当成为他们最严肃思索的结果。有些像以前在亚洲占星术那里，或是如今天在无害的基督教道德，"为了敬仰上帝"和"敬仰灵魂"而对最近的个人事件的解释那里——暴虐、恣睢，这严格和雄伟的愚蠢，培育了精神；奴隶制，似乎在更粗糙而更雅致的理智中也成了精神培养和教育的不可或缺的工具、这样一来，人们就想审视每种道德：因为，道德中的"自然"，它教导仇视自行其是，即过大的自由，并且培植对有限地平线的需要，为了以后的使命而培植，——它教导压缩前景，也就是教导把某种意义上的愚蠢，当成生存和增长的条件。"你应当服从，不论什么时候，而且长此以往：因为，否则你就会灭亡，失掉对你自身的最后的关注。"——在我看来，这就是道德的自然命令，诚然，它既非"绝对的"，如老康德所要求的（因此而说"否则"），也不是面向个别人的（自然与个人有什么关系！），但却是面向民族、种族、时代、等级，而首先是面向整个动物，"人，面向这人。"

189

勤奋的种族，会在容忍游手好闲中找到一种伟大的累赘：因为，这曾经是英吉利本能的一项杰作。如此地把星期日奉为圣物，使人感到无聊，因为英国人在这里又不知不觉地对其工作日贪婪起来——当成一种挖空心思杜撰出来的、插进来的斋戒。这类把戏，在古代世界也可以相当充分地感觉到（尽管在南国的各民族那里，是不径直考虑工作的——）。肯定有多种类型的斋戒；凡是强大的冲动和习惯居统治地位的地方，立法者就应该考虑到，插入闰日①，在这一天要把某种冲动锁住，并且再次学学饥饿。若从一个更高的地方望去，就现出了全部的家系和时代，如果以某种道德狂热附体的姿态出现的话，在这样的强制和斋戒时期，某种冲动会俯首称臣，但是，也要学习洁身自好和学习自我磨炼。个别的哲学教派（譬如，

---

① 闰日，指闰年的 2 月 29 日。

古希腊文化中的斯多葛及其灌满了阿芙罗狄蒂①香味的、变得淫荡的空气），则允许如此的解释。——这样一来，也就射出了为了解释那种矛盾的一瞥，为什么恰恰在欧洲基督教时期，而且正是在基督教对性冲动作价值判断的时期，才径直升华为爱（阿穆尔②——激情）呢。

190

在柏拉图道德中，有某种本不属于柏拉图的东西，而是只存在于他的哲学中的东西。尽管有柏拉图，人们倒是可以如此说：即，苏格拉底主义对他太重要了。"没人愿意自己伤害自己，因此，一切恶劣之发生，都是非自愿的。因为，恶劣会加害于自身；因为，这本是他不想做的，一旦他知道了恶劣是恶劣的话。如此说来，恶劣只是由于某一错误才成为恶劣的；如果人们剔除了它的错误，那么人们也就必然会变为优秀的。"——总结这一品类，散发的是庸众的臭味，庸众在恶劣行为身上只看到了苦果，而且庸众本来就曾判断说"恶行就是愚蠢"；庸众把"善良"径直等同于"有用和合适"。人们可以在任何道德的功利主义那里，一开始就本着同样的起源提出建议，并跟着走：因为，人们不怎么会迷途。——柏拉图，为了把某些雅致而得体的东西硬塞进他老师的定理之中，可谓无所不用其极，首先是为了自身——他是所有解释者中最大胆的人，他就像对待一个普通题目和一首民歌一样把整个苏格拉底放到了台面上，目的是使他变为无限和不可企及：即变成他自己的所有假面具和五花八门的多才多艺。说句笑话，而且更显幽默一点，如果不是：

前有柏拉图，后有柏拉图，而中间是银鲛。③ 那柏拉图式的苏格拉底又是什么呢？

191

古老神学关于"信"和"知"的课题——或者，更确切地说，就是

---

① 古罗马神话中的美神。

② 古罗马神话中的爱神。

③ 原文为古希腊文。古希腊《荷马史诗》第 6 卷第 181 节中在谈到一庞然大物时有这样的句子："前有一狮，后有一龙，而中间是银鲛。"这里是借用。

关于本能和理性的课题——也就是这样的提问：是否在考虑到对事物作出估价时，本能要比理性来得更有用的问题，因为，理性想要按原因即"为什么"，也就是目的性和有用性，来探索估价和行动——这一直就是老朽的道德课题，它首见于柏拉图本人，早在基督教创立以前，它就分裂了精神。苏格拉底本人虽然以其天才的审美——优秀辩证学者的审美——首先跻身于理性的一边；其实，他所做的，就是嘲笑他的上等雅典人的愚蠢无能，他们把本能之人等同于上等人，而从没有能对他们行为的理由给予足够的说明，是不是呢？但是，最后，悄悄地、秘密地，同时也嘲笑了他自己：因为，他在自己身上，从他的更雅致的良心和自我质问中，发现了同样的困惑和无能。但是，因为他劝戒自身，所以脱离了本能！人们必须帮助本能，也包括帮助理性，取得权利——人们必须紧跟本能，但是，也须开导理性以充分的理由去辅导本能。这是那位伟大的、神秘莫测的、嘲讽者的、本来的欺诈；他把自己的良心用来取得对自我蒙骗的满足：因为，根本说来，他在道德判断中看穿了非理性的东西。——柏拉图，他在此等事物中更加无辜，且没有古罗马平民们的狡猾，他本想竭尽全力——最伟大的、迄今为止唯有一位哲学家耗费过的力——来自我证明。理性和本能本质上都是奔向一个目的，指向善，指向"上帝"。而从柏拉图以来，一切神学家和哲学家都如出一辙——这就是说，迄今为止，在道德事物中，本能，或者如基督徒所说的"信仰"，或者如我所说的"群畜"，取得了胜利。因为，人们想必要把笛卡儿当成例外，这位非理性之父（正因如此，他也就成了革命的祖师爷），是他承认了理性的权威：但是，理性无非是一种工具，笛卡儿是肤浅的。

192

凡是探究过个别学科历史的人，就会在这个学科的发展中找到理解最古老和最普遍的所有"知和识"过程中的一条红线：因为，在那里也如这里一样，首先阐发出了草率的假说，虚构善良而愚蠢的"信仰"意志，缺乏怀疑和忍耐，——我们的感官对之学习得太迟，而且从未学习过成为雅致的、忠实的、谨慎的认识器官。我们的眼睛感到更惬意的是，由于一种已有的动因，生产出一幅比自身确定印象的偏离和新意更为常见的图景：因为，后者需要更多的力，更多的"道德性"。聆听某种新意，对听觉来说是痛楚和困难的；陌生的音乐，我们听起来是会有恶感的。我们试图随意聆听其他语言的同时，把听到的声响纳入词语形式，因为语词听起来更为熟悉和亲切：譬如德意志人一次用听到的 alcabalista① 一词就备好了弩机。新意，同时也认为我们的感官也是敌对的和令人憎恶的；因为，在"最简单的"感性过程那里，激情占据了统治地位，譬如，恐惧、爱、仇恨，消极的懒惰激情等。——于是，今天，一位读者全部读出某个侧面的个别词语（或音节），则少之又少——他更多的是由二十个词语中只能偶然读出五个词语，并且"猜出"属于这五个词汇的有关意义，专擅地——，同样，我们不能清晰而完整地看见一棵树，那是树兼顾了叶片、枝干、色彩、形态的缘故；而我们十分容易地幻想出一棵树的大概模样。甚至，我们在最奇怪的经历中也是这样做的：因为，我们为自己虚构出经历过的绝大部分，并且我们几乎用不着强制，不作为"虚构者"去注视任何过程。这一切都想说：我们自古以来就惯于撒谎。或者，用更具美德和更虚伪的——简而言之更惬意的话来说：人们简直就是艺术家——用一种活泼的话来说，我时常看到我说话时所担当的角色的面孔，各按角色所表达的思想，或者，我在角色那里认为可唤将出来的思想，如此清晰、如此细声细气地显现于我的面前，以至清晰度远远超出了我的视觉能力——就是说，肌肉嬉戏眉目传情所表达的精确程度，须由我来虚构。也许，角色表现得面目全非，或者，没有面孔。

193

　　光天化日下发生的事情，在黑暗中也令人不安②：不过，也可反过来说。我们在梦中所经历的东西，前提是日有所思，最后几乎就成了我们灵魂的全部家当，就像某种"实际"经验过的东西：因为，我们借助于这富有或贫穷的家当应多少有某种需求，最终在光天化日之下，甚至在我们清醒的精神最豁亮的时刻，稍许受到我们梦境

----

　　① 原文为拉丁文，意为"装备有一张弓的弩机"。

　　② 原文为拉丁文。

习惯的监护。假设，在梦境中一个人时常飞升起来，最终一旦入梦，他就意识到飞翔之力和飞翔艺术，就像意识到他最切近的、令人称羡的幸运一样；因为，凡是认为能够以最轻盈的脉搏实现每张弓和每只角的人，就会感觉到神性的轻飘，一种无紧张、无强制的"向上"，一种无下压和无牵制的"向下"——无重量！就像这样一种有梦境经验和梦境习惯的人，在清醒时终于发现"幸运"一词变了颜色，换了腔调！他为什么不另外要求幸运呢？"飞跃"，就像诗人所描写的那样，对他来说，对"飞翔"来说，肯定已经太觉土腥味、太肌肉味、太"滞重"了。

194

人的差别不只表现在他们货物标牌的差别上，也就是，在于，他们认为不同的货物是值得追求的，同时对价值的多与少，对于公认的货物的等级也认识不一：——这差别更多地还表现在被认为是实际拥有和占有的东西上。譬如，说到女人①，对有点节制的人来说，支配肉体和性享受被认为是达到足够的、满意的拥有和占有的标志；而另一个人，以其猜疑和贪欲之心渴求占有，他目之所及却是个"问号"，问号不过是这样一种拥有的虚假表面，他想要作更细致的试验，首先的宗旨是要知道，是否女人不只是委身于他，而是是否为了他而把她拥有的、或似乎喜欢拥有的东西舍让；只有这样，才够得上是"被占有"。但是，第三者在这里也还没有达到他怀疑心和拥有欲的尽头，他自问，女人，如果她为他舍弃一切，这是否是为他的幻影而为：因为，他首先想彻底地，不错，是深不可测地被人完全了解，以便能完全地被爱，他敢于让自己被猜中，紧接着，他就以他的占有而完全感受这位情人，如果她不再欺骗他的话，如果她为了他的施暴和隐藏的不满足而爱他，正像为了他的殷勤、忍耐和精神性而爱他一样。那个人想占有一个民族：因为，一切更高级的卡格里奥斯特罗②和卡蒂利纳③艺术，对他而言，只要达到此目

---

① 作者似乎离不开"女人"的论题。

② 阿里山德罗·卡格里奥斯特罗(1743—1795)：意大利冒险家和炼金术师。

③ 塞尔吉乌斯·卡蒂利纳(公元前108—前62)：密谋首领以他的名字命名。

的，都是正当的。这是一个人，因一种更雅致的占有欲自言自语："人们在有意占有的地方，不应撒谎"——由设想在他把假面具加在民族心上的时候，他着了魔，急不可待："因此我必须让人认识我，首先我要认识我自己！"在乐助积善的人中间，人们发现了那笨拙的诡诈奸计，几乎是有序的，这诡计首先给自己准备下了应予帮助的人；似乎，这个人，譬如说，是"值得"帮助的，是在要求用诡计来帮助的，而所有的帮助，他们都会为之感恩戴德、五体投地——他们以这种发明而拥有被需要的东西，就像拥有一笔财富一样，就像是他们由于要求财富就成了圆满的乐善好施的人一样。如果人们在施助时遇上他们，或对他们殷勤相待，就会发现他们是忌妒的。父母肆无忌惮地从孩子身上造出与他们相似的特性——他们称之为"教育"——，根本说来，没有任何一个母亲会怀疑，自己是靠孩子积累了一笔财富，也没有任何一个父亲否认，自己有权令孩子臣服于他的概念和估价。不错，从前，似乎父亲对新生儿是有生杀予夺之权的（就像在古德意志人中间那样），是按自己的好恶行事的。如父亲一样，现在我们还看见师长、有地位者、教士、公侯，在每个新生人那里都拥有无可非议的新占有的机会。原因何在……

195

犹太——一个民族，"为奴隶制而诞生"，就像塔西陀①和整个古代世界所说的那样，"是各民族中精选出来的民族"，也如他们自己所说、所认为的那样——是犹太人造就了那翻转价值的奇迹，多亏了这个奇迹，尘世的生命才在几千年中保持了一种崭新和危险的诱惑力——他们的先知把"富有的""无神的""恶的""残暴的"、感性的东西熔为一炉，并且首次把"世界"一词铸成一句脏话。在这种价值翻转中（"贫穷"一词成了"神圣"和"朋友"的同义词），寓下了犹太民族的意义：因为，随着这个民族，掀起了道德中的奴隶造反。②

196

除却太阳，还有无数黑暗的天体等待发现——这些东西我们肯

---

① 塔西陀(55—116)：古罗马史学家。

② 这一节是对犹太人的微词，"奴隶"是作者最鄙视的人，正如"庸众"和"群畜"一样，这同德意志人的固有偏见是一脉相承的。

定是看不见的。我们私下说，这就是一种比喻。一位道德心理学家把整个星宿文字仅仅读作一种比喻和符号语言，许多东西都因这种语言而沉默不语。

197

人们彻底地误解了猛兽和凶残之人(譬如博尔吉亚①)。人们只要还一味追求在这种所有热带雨林②怪兽和癌瘤身上的"病态"，就会误解"自然"。或者干脆去寻求它们天生的"地狱"——：就如迄今为止所有道德论者所做的那样。莫非在道德论者那里怀有对原始森林和热带雨林的某种仇恨？莫非无论如何也要搞臭"热带人"？不管是把热带人当成疾病和人的蜕变也好，不管是把热带雨林当成自己的地狱和自我折磨也好。到底为什么？对"适度的地域"有利？为有节制的人着想？为平庸之人着想？——这属于"怯懦道德"的一章。

198

所有这些请求个别角色帮助的道德论者，为了"幸福"的目的，怎么说好呢，——他们与危险度相比，与举止建议有什么两样，个别角色是与自身共存于危险之中；是针对他们的激情的药方，他们善与恶的嗜好，只要他们想拥有权力意志和想扮演主人；小聪明和大聪明，小玩艺儿和大玩艺儿，同家庭常备药品的邪味和老太婆的智慧纠缠在一起；全部是巴罗克式的、非理性的——因为，他们全部是面向"大众"的；因为，他们在不可集中的地方搞集中，说话绝对，举止绝对，统统只用一粒盐来调味，宁可说开始可以忍受。有时甚至是诱人的，如果他们放了过多的作料，并且学着危险地去嗅闻的话。首先是嗅闻"另一个世界"：因为，这就是一切，用智力的尺度来衡量则少了价值，并且尺度变长了，不是"科学"，更不是"智慧"，而是要再次说，再三再四地说，聪明，聪明，聪明，同愚蠢，愚蠢，愚蠢混在了一起，——不论是那种对冲动的灼手的痴呆和冰

---

① 博尔吉亚(1476—1507)：宗教皇六世亚历山大的私生子，曾任巴仑西亚大主教，一生惯以谋杀和阴谋诡计著称，为达目的而不择手段，是马基雅弗利所说的统治者典型。

② 尼采多次提到"热带雨林"。在热带雨林共生着众多的动植物，为争夺阳光，优胜劣汰，各逞其能。作者以植物学、动物学的论据来批驳社会中的"平等权利""同情"等，后者被认为是庸众和道德之所需。

柱式形象的严寒，这些激情是斯多葛们推荐过的和治愈了的；或者斯宾诺莎的那种不笑不哭，他幼稚地推许通过解析和活体解剖来破坏激情；或者，通过无害的平庸而使激情降温，他们以平庸为满足，道德的亚里士多德主义。道德甚至成了有意通过艺术象征学而薄化和精神化享受激情。在某种程度上说，也就是音乐，或者是对上帝之爱、对人之爱。我的天——因为，在宗教中激情重新拥有了公民权，前提是……最后，甚至那种奉迎地和放任地为激情作牺牲，就像哈菲斯①和歌德所学习过的那样，那种大胆的精神放任，那种精神和肉体的风俗放浪②。在例外情况下，在古老的贤明的怪人和醉汉那里，情况"小有危险"。这，同样也属于"道德可畏"这一章的内容。

199

从这个意义来说，关系到一切时代，只要有了人，同时也就有人畜群（种属帮派、社区、氏族、民族、国家、教会），并且相对一个小数来说，总是有众多的服从者——也就是考虑到，迄今为止，服从在人中间练习和培养得技能最佳、为时最长，因此人们可以适当假设，现在平均对每个人来说皆天生有下列要求：作为一种形式上的良心，它要求你应无条件地去干某一件事，无条件地应允某一件事，一句话，"你应"。这种需要，要寻求自身的满足，并且要用某种内容去填充它的形式；它，依靠自身的强壮，去攫取急躁和紧张，作为一种粗俗性的食欲，不挑不拣，并且认为，这一切都是某些发号施令者——父母、师长、法则、地位偏见、公众意见——发出的声音。人的发展有罕见的局限性：犹豫不决、拖拖拉拉、时常后退、原地踏步。之所以产生这些现象，在于群畜服从的本能以牺牲命令艺术为代价而很好地遗传了下来。如果人们思索一下这种本能，深究一下这本能的荒淫放荡，那么他们内心就会饱尝良心的苦果，并且少不了首先做一番自我欺骗，这样才能发号施令：即，似乎他们也仅仅是服从而已。今天，这种心态实际上已在欧洲产生：

---

① 哈菲斯（约1327—1390）：波斯诗人沙姆斯或丁·穆哈默德的别名。

② 原文为拉丁文。

因为，我称其为发号施令者的道德虚伪，他们不知道另有维护其亏心的良方，这就是，他们要表现出作为更资深和更高级命令的执行者(祖先、宪法、权利、法令，甚至是上帝)的姿态，或者甚至从群畜思维方式出发，以群畜准则栖身，譬如，作为"自己民族的第一仆人"，或者，作为"群众福利的工具"。今天，从另一方面来说，群畜之人在欧洲已装出这样的外貌，似乎只有他才是唯一被允准的品类。而且为其特性大唱颂歌，凭此他就成了温顺的、忍辱负重的和对畜群有用的了，成了人原本的美德：也就是说，社团感，嘉许，怜悯，勤奋，公允，谦虚，照顾，同情，等等。但是，今天，在人们认为无法放弃元首和领锤①的那些场合，就做了尝试，即把聪明的群畜相加之和来取代发号施令者：因为，譬如，一切宪法皆起源于此。何等的善行，怎样的自重压下解脱，无论怎么说，都是绝对发号施令者为群畜般的欧洲人准备的现象。它曾起过作用，于是出现了拿破仑现象，这是离我们最近的伟大证据——拿破仑作用的种属，几乎就是更高等幸福的历史，为此，他就把整个世纪带进了他身价百倍的人格和时辰。

200

把种族抛得七零八落的，来自一个消解时代的人，他本身肉体中具有多种多样的出身遗传，这就是说，含有矛盾和一再矛盾的冲动和价值尺度，它们彼此争斗，永无休止——这样的人，一个具有迟来文化和破坏之光的人②，总的来说变成了一个软弱的人：因为，他最基本的要求就是战争，他就是战争，有一次似乎达到了终点；幸运出现在了他的面前，与一种安慰性的(譬如，伊壁鸠鲁式的，或基督教式的)药物和思维方式相一致。首先作为休息之福，不受干扰之福，饱暖之福，最终统一之福，作为"安息日之安息日"，以便同神圣的古希腊修辞术教师奥古斯丁交谈，他自己就是这样的人。——但是，如果矛盾和战争在一个如此的天性中，就像生命刺

---

①　纳粹德国称希特勒为"元首"(der Führer)，究其来源，出于尼采。"领锤"——指铁匠中操指挥锤者。

②　指德意志人，不能说作者是不好战的。

激和生命欲望要更多地起作用一样的话——，那么另一方面，为了使其强大和不可调和的冲动，则随之遗传和培养了作战中本来的高超技能和雅致，即自制、自我蒙骗；于是，就产生了神奇的无法捉摸和不可设想的现象，那些为了取胜和引诱而事先确定了的谜一般的人，其最美妙的表现，就是亚西比德①和凯撒②（——按照我的审美，我喜欢把与霍亨斯陶芬王朝弗里德里希二世③与那些首批欧洲人为伍），也许在艺术家中还有达·芬奇④。他们恰都出现在那要求安宁的更加软弱的种属走上前台的时代：因为，这两个属性你中有我，我中有你，如出一辙。

201

只要功利性还存在于道德价值判断之中，就只能是群畜功利，只要眼睛还盯在保存社团上，而且只有似乎对社团构成危险的东西中去寻找非道德：因为，只要如此，就不可能有任何"博爱道德"。假设，那里已经存在有一种持续不断的对关照、同情、合情合理、温柔、施援的双边性；假设，在社会的这种状态之上同时也有那些冲动在活动，以后就会美其名曰"美德"，最后几乎与"道德性"概念沆瀣一气：因为，在那个时代，它们还根本不属于道德估价的领域——它们还在道德之外。譬如，同情行为，在罗马人的鼎盛时代，既不叫善，也不能叫恶，既非是道德的，也非是非道德的；它自身会受到称赞，因而，一种不情愿的蔑视同这种赞许极其相应，也就是说，一旦它与任何一种服务于促进整体即国家相比较时。最后，"博爱"就是次要的，与对邻人之畏相比则部分地成了传统的东西和专横而表面的东西。既然社会的结构在总体上得到了确立，并且对外部危险也有了保障，这就成了对邻人之畏，它又制造了道德估值的新的前景。某些强大和危险的欲望，如有所作为、蛮勇、复仇、阴险、掠夺欲、统治欲等，迄今为止在某种通用的意义上来说，不仅必须受到敬重，换个名目说更好，正是要取这个名字——而是必

---

① 亚西比德(约公元前450—前404)：雅典城邦时代政治家。
② 凯撒(公元前100—前44)：古罗马帝国最著名的统帅和皇帝。
③ 弗里德里希二世(1220—1250)：神圣罗马帝国皇帝。
④ 达·芬奇(1452—1519)：意大利画家、雕刻家、数学家、工程师。

须要加以扶持和培养(因为人们在抵御整体敌人的整体危险中经常需要它们)，现在，因其危险而备感其强大有力——现在，在对它们尚缺少排气渠道的时候——逐步地谴责非道德，并且放弃诽谤。现在，对立欲望和道德荣誉的倾向出现了；群畜本能一步一步地得出了自己的结论。在一种意见中，在某种心态中和激情中，在某种意志中，在某种天资中，具有多少危害公众的东西，危害平等的东西，这即是现在的道德前景：因为，畏惧，在这里同时又是道德之母。社团的自我感觉，会因最高级和最强烈的种种欲望而消亡，如果它们激情爆发，而把个别的欲望远远地脱离和超出群畜良心的平庸和败坏之上的话。打碎它们对自身的信仰，似乎就是打断了它们的脊梁骨：因为，人们因此肯定会无所不至地谴责和诽谤这些欲望。高级和独立的精神性！要独处的意志！伟大的理性，就会被说成是危险；一切超越群畜并使邻人生畏的东西，从现在起就称之为恶；老老实实、谦恭有礼、自我规范、安分守己的信念、欲望的平庸，趋向了道德的名分，受到敬重。最后，在非常温和心态的熏陶之下，一再缺少培育的情感有了威严和强硬的机会和必要；现在，各种威严开始干扰良知，甚至在正义中也是如此；一种高级和坚硬的高贵性和自负其责性，几乎横遭污辱，并且引起了怀疑，"羊羔"，甚至"绵羊"反而得宠。在社会历史中有一个病态的软化和温柔化的点，在那里，历史本身就站在它的损害者和罪犯一方，而且是认真的。惩罚：因为，在它看来不知为什么而不得体，——的确，"惩罚"和"应予惩罚"的观念，会使它有切肤之感，使它心生畏惧。"使其没有危险，不行吗？为什么还要惩罚呢？惩罚本身就是令人害怕的！"——群畜道德因此而生，畏惧性的道德，是它最后的结果。假设，人们果真能够一下子消除危险，消除产生畏惧的根基，那么，人们也就真的能一并消除这种道德了：它也许不再必要，它认为自身不再是必要的！——来检验今日欧洲人良心的人，肯定会从千百个道德皱褶中和缝隙中发出同一道命令，群畜畏惧性道德命令："我们愿意，不知什么时候骤然绝不再有畏惧之心！"——今天，过时意志和道路，在欧洲各地就称之为"进步"。

202

让我们马上再说一遍我们早已千百次说过的话吧：因为，今天耳朵对如此的真理——我们的真理——已是不情愿听的了。我们已经十分清楚，那声音是多么地带有侮辱性，如果有一个人把人径直地和不加比喻地就当成动物的话；但是，我们恰在谈起有关"现代观念"的人的地方，经常需要用"群畜"和"群畜本能"一类措词，这几乎会被算作我们的罪过了。这有什么办法！我们无法作别样选择：因为，正是在这一点上，我们有新的见地。我们认为，在所有有关道德的主要判断上，欧洲是众口一词的，连欧洲影响占统治地位的各国也在其内：因为在欧洲，人们明显地知道苏格拉底认为不知的东西，正是那条著名的毒蛇许诺教给的东西——人们今天在欧洲"知道"，何者为善，何者为恶。现在，无须厉声大叫，叫耳朵感到难受，如果我们总是重新坚持此说的话：因为，在这里以为是知道的东西，在这里以他的赞誉和指摘进行自我标榜的东西，自称是善的东西，一概是群畜之人的本能：因为，这样的人突然冒了出来，趋向多数，趋向超过其他本能的优先地位，而且愈演愈烈。按照不断增长的生理学的近似和相像，他就是这些东西的象征。道德，在今日之欧洲就是群畜动物道德——就是说，如我们了解的事物一样，这只不过是人类的道德之一，在它之旁，在它之前，在它之后，还有许多别的道德，首先是更高级的道德论者是可能有的，或是本该存在的。但是，这种道德竭尽全力所抗拒的就是这样一种"可能"，一种这样的"本应"：因为，它顽固而无情地声言，"我即道德本身，别无道德"——甚而借助于一种曾为最微妙的群畜动物的欲望着想、并为之阿谀奉承的宗教，我们自己在政治和社会的设施中发现了对此道德的一种日益可见的表达方式：因为，基督教运动衣钵造就了民主运动。但是，这运动的速度对那些更缺乏耐性的人、对病人和人们所说的本能的瘾君子来说，还嫌太慢，也过于迟滞，须得更加狂躁的嚎叫。日益露骨的无政府主义疯狗的咬牙切齿，则对上述情况感到高兴，这帮家伙现在就在欧洲文化的小巷里漫游：因为，表面看来，与温和而辛勤的民主主义者和革命的意识形态家们是相对立的，更与笨手笨脚的哲学骗子和兄弟情谊的热衷者们相对立的。这帮人自称是社会主义者，想建立"自由社会"，其实，他们在彻底的本能的对每个与自治群畜社会形式有别的社会形式抱有敌意方面，则与所有那些家伙是一致的（甚至拒绝"主人"和"奴仆"概念——既无

上帝，也无主人①，这就叫一种社会主义模式——）。一致反对任何
特殊要求，一切特殊权利和特权(归根结底，就是反对任何权利：因
为，一旦大家都平等，谁也不再需要"权利"了——)；他们一致怀疑
惩罚性的正义(似乎这种行为就是对弱者的强奸，对所有以前社会必
然后果的无理之举——)。不过，在同情宗教上，在同感方面，同样
是一致的，只要是感觉到了，经历过了和遭遇过了(下至动物，上至
"上帝"——"与上帝一起同情"的不轨行为，则属于一个民主主义的
时代——)。在同情的呐喊和焦躁方面，在对苦难怀有深仇大恨方
面，在几乎是女性对观众的无能方面，不能听任有痛苦存在，都是
一致的。在非志愿的阴沉和柔化方面是一致的，在这两化魔力的影
响下，欧洲似乎受到了一种新佛教的威胁；在信仰共同同情的道德
方面是一致的，似乎这就是本来的道德，成了制高点，人已达到的
顶峰，独一无二的未来希望，对现今的慰藉，对以往一切过失的巨
大的清偿——信仰作为女救主的共同体方面，也就是在信仰群畜、
信仰自身方面，统统一个鼻孔出气……

203②

　　我们，我们属于另外一种信仰——我们，对我们来说，民主
运动不只是政治组织的蜕变形式，而是腐败的、也就是使人渺小
化的形式，是人的俗化和人的贬值：我们须向何方去获取我们的
希望呢？——向着新式哲学家，事情始终无可选择；向着幽灵
们，它们强大、原始，足以树立对立的估价，并且重估"永恒的
价值"，令其倒转；向着先期到达的使节，向着未来之人，他们
在掌握着把千年意志逼上崭新轨道的强制手段和纽结。对这个人
来说，人的未来就是他的意志，要按一个人的意志去说教，是准
备从事伟大的冒险和全部培育和教育的尝试，以便以此把那种令
人震惊的荒谬而偶然的统治——迄今为止被呼为"历史"——来一
个了结——"最大限度的荒谬"，只是其最后的形式——；为此，
也许不知什么时候就需要一种新型哲学家和施令者的类型。与他

---

　　①　原文为拉丁文。

　　②　这节可以说是尼采的政论文章，他对政治是热衷的，而且不是一般热衷。

们的形象相比，地球上存在于隐匿的、可怕和友好的一切幽灵身上的东西，都显得苍白和渺小。这种元首形象就是在我们眼前晃动的东西——请允许我大声地说，你们自由的精神们？条件，人们为了它们的产生既要去创造，又要充分利用。专擅的途径和试验，灵魂借此而达到这样的高度和暴力，以便感受到这些使命的迫切；重估价值，在此情况下要使一种良心钢化为新压力和重锤，得心成铁，这似乎要欺骗责任的分量。另一方面，这样一种元首的必然性，即可怕的危险，这些东西倒是有可能溢出，或不成气候、或蜕变——这就是我们原来的担心和令人沮丧的东西，你们知道否，自由的精神们？这些就是沉重而雅致的思想和雷霆风雨，它们掠过我们生命的天空。天下少有如此一眼见到的、猜到和共同感受到的敏感的苦痛，怎么一个特殊之人竟失途陨落变质了：因为，凡是长有观看总体危险的罕见之眼的人，看到人本身在坠落，他也就同我一样地认识到了巨大的偶然性。迄今为止，在人的未来一方玩着自己的游戏——一种游戏，没有一只手，也从没有一个"上帝的指头"参与！——他就猜到了蕴含在"现代观念"的、荒唐的、无恶意性和轻信的劫数：因为，他受到无法比拟的恐吓——他一眼就看准了这一点，在一种有利的、对力和使命的积累和提高的情况下，由人出发应予以培育的一切东西，他以他良心全部的知，窥探了人是怎么对最大的可能性不遗余力的。人类，早已站立在神秘莫测的决定和崭新道路之旁——他还更加清楚地知道，迄今为止从他最痛苦的记忆中，最高等级的生成因习惯的原因，打碎、打倒、打沉了什么样的可怜事物，因而他也变可怜了。人全部蜕化，甚至到了今天，社会主义笨蛋和傻瓜们似乎成了你们的"未来之人"，——似乎就是你们的理想了！——人退化和渺小化到了完全群畜动物的程度（或者说，就像他们所说的那样，成了"自由社会"之人），这种由人而蜕变为平等权及平等要求的矮小动物的兽化是可能的！凡是顿悟了这种可能的人，比其余的人在更大程度上会认识某种憎恶，——或许，也是一项新的使命吧！……

二、我们的美德

214

我们的美德？——可能，我们也拥有我们的美德，公平地说，是否要成为那种忠心耿耿和五短身材的美德。为了美德，我们要对我们的祖父保持尊重，不过同时也要从我们的肉体中保持小小的一点什么。我们后天的欧洲人，我们这些 20 世纪的头生孩子——用我们的一切危险的好奇，我们的多变的和伪装艺术，我们松软的、几乎发甜的精神和感官的残暴，——如果我们应拥有美德，这样的美德，我们也许就是最好地学习了我们最亲切和最关心的癖好，经受我们灼手的需求：因为，那好罢，在我们的迷宫中正在寻找它们呢！——就像人们所知道的那样，在那样的地方，这样一来就会丢失了好些东西；这样一来，简直全部丢掉了好些东西。比我们所寻找的比美德更美妙的东西有吗？这几乎等于说要信仰他自己的美德吗？但是，这"对其美德的信仰"——根本说来，不就是我们此前称之为"善心"的同义词吗？不就是那种值得尊敬的、长尾巴的概念辫子吗？我们的祖父曾把它拖在脑后，常常拖在他们理智的脑后，是吗？据此看来，似乎我们常常想以老式可敬的祖父式的东西自诩。然而有一点，即我们都是这些祖父尊贵的孙辈，我们最后的欧洲人怀着善良之心：因为，我们仍旧拖着他们的辫子。——天哪！如果你们要是知道，事情很快——就会是另个样子了！……

215

就像在星辰领域中，有时有两个太阳，它们确定着行星的轨道，就像在某些情况下颜色不同的太阳们围绕着唯一的一颗行星闪烁一样，一会儿用红光，一会儿用绿光，然后又及时射中行星，泛出五颜六色的光。于是，我们成了现代人，多亏我们"星辰天空"错综复杂的机械论——由不同的道德论者们决定。我们的行为受到以不同颜色出现的光芒的斜射，它们很少是单义的——而有足够的场合，我们会做出多彩的行为来。

216

爱他的敌人？我认为，这点要好好学学：因为，在今天，这种事简直层出不穷，从小处说是如此，从大处说也是如此。的确，有时还表现得更为高级和更为微妙——我们蔑视学习，如果我们在爱，更确切地说是如胶似漆、如影随形地爱的话——不过，这一切都是无意识的、无嘈杂、无奢侈、带有善良的羞耻和隐蔽性，这种性质禁止嘴巴讲庄重之语，禁用美德公式。作为姿态的道德——今天违背了审美。这也是进步：因为，最终作为姿态的宗教已经违背了我们父辈的审美，这也曾是他们的进步，对宗教的敌意和伏尔泰对宗教的愤懑，也算在其内（所有这些，以前都属于自由精神的表情语言）。这是寓于我们良心中的音乐，我们精神中的舞蹈，一切清教徒的应答祈祷，而一切道德宣教和傻气，却不愿做声。

217

人要倍加小心！因为他们看重的是，人们要相信他们有能力到达道德节奏和道德区分中的雅致。如果他们要骤然强占于我们之前（或者强占我们），他们是绝不会原谅我们的，——他们不可避免地要成为我们的本能的诽谤者和损害者，即使在他们还一直是我们的"朋友"之时。——易于忘怀之人是极乐的：因为，他们也会"打发"他们自己的愚蠢。

218

法国的生理学家——否则今天还有什么地方有生理学家呢？他们对小市民的愚蠢①，苦涩而多样的消遣一直没有吃透，似乎是……够了，他们以此而透露了什么。譬如，福楼拜②。好样的小市民和花花公子，看啊，听啊，而最后什么东西也都走了味——这是他那一类的自苦和雅致的残酷。现在我建议，为了消遣——因为，事情很无聊——，用另一种事情提提神：因为，这是无意识的狡猾。一切善良的、好样的、肥头大耳的平庸精神们，就是以这种态度对待更高级的精神及其使命的。那种雅致的、精编的、耶稣会的狡猾，

———————————

① 原文为拉丁文。

② 福楼拜（1821—1880）：法国小说家。

要比最佳眼界中的中等阶层的理智和审美，甚至比其牺牲者的理智和审美，更雅致千百倍——，为了再一次证明，一切存在于知识界的各品类中迄今为止已发现的本能，乃是最智慧的本能。简言之，钻研吧，你们这些生理学家们！与"例外"斗争中的"规则"哲学：因为，你们上演了一出戏，与诸神和神情的恶毒十分般配！或者，说得更明白些：对"善良人"进行活体解剖，对善良意志之人①……在你们身上。

219

道德判断和道德判决，是精神局限对下列人的情仇报复，这些人为数极少，但他们却也是受天性恶意怀疑的替罪羊，最终也是一种获取精神并使其变得雅致的机会：——使恶意精神化。这使他们的心地感到舒坦，因为有了一种尺度，在它面前，有着精神货物和特权的堆积物与他们平起平坐：——他们为"一切人在上帝面前平等"而战，并且需要由此而来的对上帝的信仰。在他们中间，有无神论的最强有力的对手。凡是对他们说，"高级精神性处于与某纯道德之人的某种诚实正派和值得尊重品质相比较之外"的人，也许会令他们发狂：——我要避免如此行事。确切地说，我想用我的一定之规向他们讨好，说某高级精神性本身，只不过是道德质量的最后的怪胎；说，他们是所有那些心态的综合体，他们对"纯道德之人"背后讲坏话，既然他们，个别地是通过整个种属链条的长期培养和训练而赢得的，他们就是正义精神化和那种善意的严格精神化，这种严格深知受了把等级的秩序在世界上树立起来的托付，在事物本身当中——而不只是在人中间。

220

在现时，对毫无兴味的东西进行如此通俗的夸奖的时候，人们必须（也许不无危险地）意识到，究竟百姓对什么感兴趣，为卑鄙男人彻底而深刻关心的事，到底是什么呢：连有教养者也算在其内，甚至包括学究们，如果不是一切皆谎的话，哲学家们也算在内。事实证明，那使更雅致而被娇惯坏了的审美家和任何更高级的天性感

---

①　原文为拉丁文。

兴趣和引起刺激的东西，似乎绝大多数平凡之人都一概"不感兴趣"——尽管如此，他发现了为此的奉献，他称其为"不感兴趣"并感到惊奇：这无情趣的行为怎么可能呢。有过这样的哲学家，他们善于把百姓的惊奇赋予一种诱人而神秘彼岸性的表现方式。（也许是，因为他们出于经验而不识更高级的天性之故吧？）不要推出这赤裸裸极廉价的真理，说"不感兴趣的"行为乃是很有趣和感觉兴趣的真理，前提是……"是爱？"——怎么？难道出自爱的行为应当是"无私的"？但是，你们这些笨蛋俗物们！——"是对牺牲者的赞誉？"——但是，凡是带来牺牲的人，就知道，他本想为此付出什么和得到什么——也许是为了来自自己的某种东西——他在这里做牺牲，乃是为了在那里拥有更多，也许是为了更多的存在，或者是自感"更多"。但是，这乃是一个问题的领域，答案的领域，在这个领域中，一个娇惯坏了的精神不愿意在此停留：因为，这里简直离不了受压迫和打呵欠的真理，如果真理必须回答的话。最后，真理成了女人：因为，人们不应对真理施暴。

221

发生了这样的事，一个道德学究和杂货小贩说过，我敬重无私的人，并且加以褒奖：但是，并不是因为他无私，而是因为他为了自己的开销而利用别人。行了！问题在于他是谁，而那个人又是谁。譬如，在一个注定要发号施令和已有成就的人那里，说不定自我否定和谦让并不是美德，而是对美德的滥用：因为，我看是如此。任何无私的道德，都要无条件地付出，并且面向每个人，它不只是对审美犯罪：因为，这道德就是一种对不履行罪恶的煽动，更是一种在人人友善的假面具下进行的蛊惑和引诱——正是对较高等人、罕有之人、特权之人的引诱和伤害。人们必须强制道德论者立即在等级制面前低头，人们必须把他们的专擅赋予他们的良心——直至他们最终彼此明白，"对一个人是合理的，对另一个人也是适用的"说法，是不道德的——。如此说来，他无愧为我的道德学究和笨伯①：因为，在他劝告道德论者要有道德时，受到了人们的嘲笑，是吗？

————————

① 原文为拉丁文。

但是，人们不应拥有太多的权利，如果人们不想把笑话人者拉到自己一边的话；一小撮无理，甚至属于善良的审美。

222

今天，凡是宣扬同情的地方就会清楚地听到，现在不再有任何别的宗教在宣教了，但愿心理学家洗耳恭听：因为，通过一切虚荣，经过一切嘈杂之声过后，他对这群布道者（以及一切布道者们）来说是太古怪了，他肯定会听到一个沙哑的。呻吟的、真正的自我蔑视的高音。这蔑视，属于使欧洲变得黯淡无光和令人憎恶，如今已生长了一个世纪之久（他的第一象征，已经在伽里阿尼致住在巴黎的德·埃皮纳夫人①的一封深思熟虑的信中作了文献式的表述）：如果这蔑视不是其原因的话！"现代观念"之人，这高傲的猢狲，自满自足、无法无天：因为，这是肯定无疑的。他在受苦：因为，他想虚荣，因为他只会"同情"——

223

欧洲杂种——一言以蔽之，一个丑陋苦相的平民，其实就需要一件套装：因为，他需要套装储藏室的历史学。诚然，他发现这里没有一件是合体的——他挑来挑去。人们似乎看出了 19 世纪这快速的偏好和风格化妆；也看出了对"无物存在"于我们面前的绝望神情，"在风俗和艺术上②"，作浪漫主义的、或古典的、或基督教的、或佛罗伦萨式的、或巴罗克式的自我展示，均属无益之举：因为，"不用着装"！但是，"精神"，特别是"历史精神"也在这种绝望情绪中看出了便宜：因为，一再要尝试搞一块新的史前故事和异国情调，折叠、放倒、包装，首先是研究它们——我们是第一个被研究的"化妆"时代，我认为，道德论者、信仰文章、艺术审美者以及宗教，都在准备前所未有的伟大风格的狂欢节，准备作狂欢大笑和忘乎所以，准备着超验的、最高级的、胡作非为和阿里斯托芬③式的世俗嘲弄。

---

　①　指意大利那不勒斯的阿贝·弗弟南多·伽里阿尼(1728—1787)与住在巴黎的德·坎皮纳及其他友人的通信集，该集于 1818 年出版发行。

　②　原文为拉丁文。

　③　阿里斯托芬(拜占庭的)：(公元前 257—前 180)：古希腊文献校勘家，语法学家。

也许，我们在这里恰恰发现了我们的发现领域。在这里，我们能够成为原汁原味的，也许作为世界史的滑稽模仿演员和上帝的插科打诨丑角——也许，即使从今天根本得不到未来，然而我们的笑，却正好拥有未来！

224

历史意义（或者是快速猜中价值估量的等级制，据此，一个民族，一个社会，一个人赖以活了过来，这是对描述这些估价，对价值权威与现实作用力权威关系的"预知本能"）：这历史意义，为我们欧洲人作为要求我们特色的东西，对我们引起了有魔法和异想天开的半野性后果，欧洲由于阶层和种族民主主义的膨胀而陷入其中，——首先，19世纪认识到了这种意义，成了这个世纪的第六感官。任何形式和生活方式彼此交织的文化的历史，由于那种在我们这些"现代灵魂"中的混合而涌流出来。于是，我们的本能到处都在后退，我们本身成了大混乱的品类——最后，如前所述，"精神"就在这当中看出了便宜。我们肉体和欲望中的半野性，无论走到哪里都会找到秘密出口，就像从来没有占领过一个高贵时代一样，首先是通向未完善的文化迷宫和在世间时而存在过的半野性的出口；而且，只要迄今为止人类文化的最可观部分还是半野性的，那么"历史意义"就意味着为一切感官和本能所用，为审美和一切味觉所用：因为，以此它立刻就会证明自身是一个不高贵的感官①。譬如，我们再次享受荷马：因为，也许这是我们最最幸运的便宜了，因为我们通晓品尝荷马史诗，而高贵文化之人，过去和现在都无法轻易地掌握（譬如，17世纪的法国人，如圣—埃福莱蒙德②，他指责他的广泛精神，甚至还有伏尔泰的尾声）——几乎不允许他们去享受荷马。这个十分肯定的、张口就可以说出的肯定和否定，说来就来的厌烦，在涉及一切陌生种类时的迟疑退缩，对生动的好奇和那种对任何高贵易于自满自足的文化的、恶劣意志的、非审美的胆怯，不敢去承

---

① 德语中"der Sinn"有两个意思，一为"意义"，一为"感官"。尼采在这里是在做文字游戏，与德国当时其他的思想家一样。

② 圣—埃福莱蒙德(1616—1703)：法国学者。

担崭新的渴慕, 即对自身的不满, 和对异物的赞叹: 因为, 这一切决定了, 他们对世界上最美好事物而言都处于不利地位, 这些东西不可能成为他们的财产, 或者他们的猎获品——对这样一些人来说, 没有任何意义比历史意义和低三下四的无政治权利的平民式的好奇, 更不可感悟的了。莎士比亚, 令人惊奇的西班牙——摩尔——萨克森的综合审美者, 也毫无二致。一个老雅典人出于与埃西库勒斯①的友谊而为此笑了个半死, 或者令其作呕: 但是, 我们——却正是接受了这种粗野的斑驳陆离的五光十色, 这最柔弱、最粗糙、最艺术的东西的杂凑, 态度变得诚恳而亲昵。我们正好把他当作是自己保留下来的艺术的狡猾, 并且让我们少受逆向蒸汽和英格兰庸众邻居的干扰, 有点像那不勒斯的科尔索岛: 因为, 在那里, 我们同我们的所有感官, 心甘情愿地、受了蛊惑一般地走我们自己的路, 尽管庸众宿营地的阴沟是空的。我们是"历史意义"之人: 因为, 我们本身拥有我们的美德, 这是无可争议的——我们无欲无求、无我忘我、谦虚、勇敢、充满自我克制、充满牺牲、客客气气、耐性十足、很会奉迎——总而言之, 我们也许不很"香甜可口"。最后, 我们要承认: 使我们"历史意义"之人很难把握、很难感觉、很难回味、很难追求的东西, 使我们根本认为是偏见和几乎是敌对的感觉的东西, 正是每种文化和艺术中的完善之作和接近成熟之作, 是事业上和人身上的高贵, 如平湖般的目光和满怀喜悦的自满自足, 是所有自我完善了的事物表现出的荣光和冰冷。也许, 我们的历史意义的美德, 正处于与善良审美, 起码也是最佳的审美的必然矛盾之中, 而我们恰恰能够模仿小的、短的和最低级的幸运场合人的生命的圣化, 就像它们在这里或那里会骤然光芒四射一样, 只是在我们当中表现得很恶劣、迟疑、带有勉强: 因为, 那种目光和奇迹, 在那伟大之力自愿站立在高深莫测和无边无际之物面前的地方——那里由于突然的抑制和石化, 由于站在一块尚且抖动的地面上, 而出现了一种细腻快乐的充盈。尺度, 对我们来说是陌生的, 我们得承认这一点; 我们的欲望, 正是无限之物和不可测之物的欲望, 就像跨在狂奔的

---

① 埃西库勒斯(公元前 525—前 456): 古希腊戏剧家。尼采原文误为"Aschylus", 应为"Aischylus"。

骏马上的骑手一样，我们在无限之物面前撒开了缰绳。我们现代人，就像半野蛮人——首先我们同样也居于绝大多数——处于危险之地，半野蛮人也处在我们的极乐状态。

225

享乐主义、悲观主义、功利主义、幸福论：所有这些思维方式，皆以乐和苦，也就是以伴随心态和次要事物，来测量事物价值的。它们就是前面的思维方式和幼稚，在这上面，任何一个意识到塑造力和艺术家良心的人，定会不无轻蔑，也不无同情地俯视鸟瞰的。对你们同情！这当然不是同情，不是你们所说的同情：因为，这不是对社会"困苦"的同情，不是对"社会"的同情。对其病夫和不幸者的同情，不是对有恶习者和原本的支离破碎者的同情，这些人躺在我们四周的地上；这更不是对牢骚满腹、煽动闹事的奴隶阶层的同情，因为这些人追求的乃是统治——他们称之为"自由"——我们的同情乃是一种更高级的、有远见的同情——我们看到，人怎么变得渺小了，你们是如何使人变渺小的！——有那样的时刻，那时我们以无以言状的担心，注视你们的同情，我们要对这种同情自我防范——我们发现你们的郑重比任何一种轻率更加危险。——而更妙的"差不多"——消除苦痛；是我们？——似乎，我们想更爱、更高和更糟地拥有前所未有的苦痛！如你们所理解的舒适与健康一样。——这的确不是目的，在我们看来无异于终结！有一种心态，要把人立即滑稽化和可蔑视化——它要使人希冀于沉沦！培植苦痛，培植伟大的苦痛——你们不知，只因这种培植才创造了迄今为止人的一切升华吗？只是那种不幸而产生的灵魂紧跟，才培养了你们的坚强，培养了你们在伟大毁灭时候的颤栗，培养了你们在幸运的拖带、坚守、阐释、充分使用中的敏感性和勇敢性，这不过是深邃、秘密、假面、精神、诡计，一向之所赐——这不是深处苦痛中、在培植伟大苦痛中之所赐吗？在人中，造物与造物主是一体的：因为，在人中，有的是质料、碎块、充盈、泥巴、污垢、荒谬、混乱；在人中，同样也有造物主、雕刻家、坚实之锤、观众之神情和第七日①——你

---

① 即安息日。

们知晓此等矛盾吗？你们的同情适用于人中的"造物"，这东西须得成形、破碎、铸造、撕破、焚烧、加热、提纯——它必然要受苦，也应该受苦，是吗？而我们的同情——你们是不理解的，它适用于我们相反的同情，如果说它与你们的同情相抵牾，与最致命的一切柔化和弱化相抵牾的话，是吗？——就是说，同情反对同情！——但是，还要再说一遍，比乐、苦和同情这类课题更高一层的课题，还是有的；任何仅仅以这些课题为出发点的哲学，即是幼稚。

226

我们是反道德论者①！——这个与我们有关的世界，在这个世界上，我们必须恐惧和爱，这是个几乎不可见、不可听的雅致命令和雅致服从的世界，无论从哪个方面来看，都是一个"几乎"世界，是带钩的、棘手的、有尖的、柔和的：不错，它设防良好，以对付莽撞的观众和神秘的好奇！我们身系于一个圈套之中，箍上了义务的紧身衫，因而无法解脱——在其中，我们便成了"义务之人"，毫不例外！有时，这是真的，我可以很好地在我们的"锁链"中和我们的"刀光剑影"中，翩翩起舞；更多的时候，这不怎么是真的，我们就要咬牙切齿，对一切我们命运的不祥的艰苦无法忍受。但是，我们可以做我们想做的事：因为，蠢物和过眼烟云说着反对我们的话，"无义务之人"——我们面前总是有蠢物和过眼烟云挡道！

227

正直——假设，这便是我们的美德。由此出发，我们不能自拔，我们自由精神们——那好罢，我们想心怀恶意和钟爱之情去研究它，并且在我们的，特留给我们的美德之中，孜孜不倦地使我们"完善"起来：愿美德的光辉就如一束镀了金的、蓝色的、嘲弄般的晚霞，投射在这老化的文化及其沉闷而阴郁的郑重之上！如果我们的正直有一天变得疲倦，并且长吁短叹，伸展四肢，并且发现我们过于强硬，想要更好地、更轻易地、更柔和地拥有它，就像一种惬意的恶意：我们要始终保持强硬。我们是最后的斯多葛！我们派出了我们仅仅依靠的暴虐行径所拥有的东西帮助它——我们对臃肿笨拙的厌

---

① 这是尼采的命令式，说了半天，这才是真言。

恶，我们要为争取已遭禁的东西而奋斗①。我们充当冒险家的勇气，我们狡猾和被惯坏了的好奇，我们最雅致的、乔装打扮得最好、最精神性的权力意志和征服世界意志，垂涎三尺地神驰于和醉心于一切未来帝国②——我们要用我们所有的"魔怪"向我们的"上帝"施助！很有可能，我们会否认自己和混淆自己：这是什么原因！人们会说："'你们正直'啊——这就是你们的暴虐行径，而根本就没有别的什么，"这是什么原因！即使人们真有道理！迄今为止，一切神灵不就是同样的、变为神圣的、重新受洗的魔鬼吗？最后，我们又知道我们自己些什么呢？引导我们前行的精神想要怎么称呼（这是一种命名的事情）？而我们怎么保护许多精神呢？我们正直，我们是自由精神——我们担心，它们可不要变成我们的虚荣、我们的装饰和奢华、我们的局限、我们的愚蠢！任何美德都倾向于愚蠢，任何愚蠢都倾慕美德；在俄国有人说"愚蠢至神圣"，——我们担心，我们可不要出于正直而最终变成圣者和无聊之人啊！生命在自身中，不是过于短暂过于无聊了吗？人们想必已经信仰了永恒的生命，以便……

228

人们会谅解我的发现，即，一切道德哲学迄今为止皆属无聊。而且成了安眠药——"美德"，在我看来，除了受到其代言人的无聊言论的伤害之外，没有受到任何别的东西的伤害；我为什么不想去否定它的普遍适用性呢。原因种种，可能很少有人去认真思索道德——因此，有更多的理由认为，道德有一天会变得有意思起来！但是，人们不必担心！它今天的样子与以前一样：因为，我在欧洲没有看到任何一个对之得出某种概念的人，对道德的思索极有可能被打成危险的、惹出麻烦的、蛊惑人心的——真可能其中富有灾祸呢！譬如，人们打量了那些不知疲倦的、无法避免的美国功利主义者们，他们笨拙地和令人肃然起敬地步着边沁③的后尘摇来摆去（用

---

① 原文为拉丁文。

② 尼采的最高论题——用"权力意志""征服世界"，建立"未来帝国"。这是不折不扣的政治，无须解释。这也是他的学说在德国大地红火了半个世纪的根本原因。

③ 参见174节脚注。

荷马风格的比喻会说得更清楚些），就像边沁自己已经跟着爱尔维修①亦步亦趋一样（不，这位爱尔维修并非危险人士，这位人士系操心很少之人②，用伽里阿尼③的话来说）。没有任何新思想，也无任何老思想、更雅致的习语和褶皱，也从没有先前想过的真正历史：因为，总体来说，这是一种不可能有的文学，假设，人们不懂得用几分恶意使其发酵。也就是说，那个古老的美国恶习，也溜进了这些道德论者之中了（一旦人们不得不阅读他们的话，人们就不得不完全用附带意图来阅读他们了），这就叫虚情假意的废话④。并且是道德的伪善把戏⑤，这一次是将其塞进了科学新形式中了；也不乏内疚的秘密防卫。原先的清教徒式的种族，在对道德进行科学研究之时，定会遭受这种内疚之苦。（一个道德论者，不就是一个清教徒的对立物吗？也就是说，当成一位认为道德有问题、值得打问号的，简言之——或问题的思想家，是吗？难道道德化不——就是非道德吗？）最后，他们大家都想要美国的道德得势：因为，只要这样做，就是为了人类；或者说"普遍受益"；或者说"是绝大多数人的幸福"，否！——是为了英国式的幸福；他们竭尽全力想证明，要追求英国式的幸福。用我的话来说，就是追求舒适⑥和时兴⑦（为在最高的职位上，在议会里捞到一个席位）。同时，也就相当于美德的正当后门。真不错，在世界上迄今为止有过如此众多的美德，正是存于如此这般的追求之中。有所有这群行动笨拙的、良心不安的群畜动物当中，根本没有任何一头想要从中知晓和嗅出什么。"普遍福祉"，这是无理想、无目的、无任何可把握的概念，仅仅是一付催吐剂而已——因为，与某人相适应的东西，完全不可能适用另一个人。某一种道德对众人来说，恰恰是对更高级人的损害，简言之，这就是

---

① 爱尔维修(1715—1771)：法国哲学家。

② 原文为法文。

③ 参见 222 节脚注。

④ 原文为拉丁文。

⑤ 原文为拉丁文。

⑥ 原文为英文。

⑦ 原文为英文。

人与人之间的等级制。因而，也就是道德与道德之间的等级制。这是一个过得去的基本中庸的一类人，这些功利主义的英国人。而且，就像前面已提到过的那样，只要他们感到无聊，人们就无法以高尚境界去思考他们的功利性了。人们还应鼓励他们：用一排韵文来部分地尝试这件事吧。

> 你们万岁，好样的推车人！
> 永远是"道路越漫长，越心甘情愿"，
> 直挺着头颅，绷直膝盖，
> 非精神化、无笑谈，
> 不沙漠化——平平安安，
> 无精神，无笑谈①。

229

应为人性而自豪的那些迟晚的时代中，遗留下了如此众多的恐惧，如此众多的对"野蛮残酷的对野兽"恐惧的迷信。通过野兽而成为主人，这正是那个更人性时代的自豪②即使可把握的真理，由于几个世纪之久的约定而一直没人说出，因为它们拥有帮助那头野蛮的、最终被杀死的野兽死而复生的外表。如果我让一种这样的真理滑落，我也许胆敢干出些什么来的：因为，如果别人又抓住了真理，并且给它灌下了如此多的虔诚思维败类的牛奶，直至静止不动，并且忘记躺在其陈旧的角落里。——人们应当对这种残酷性改变看法，并且睁大双眼；人们最后应当学习无辜，以使这种不谦虚的、肥胖的谬误迈着美德的四方步冒冒失失地到处蹓跶。譬如，这些谬误是在涉及新老哲学家悲剧的地方被喂养出来的。几乎凡是我们称之为"更高级的文化"的一切，皆是以残酷的精神化和深入化为基础的——此即我之信条；"野兽"根本没有被杀绝，它活着，它在繁衍生息，只是它——神圣化了。悲剧痛楚快感所带来的就是残酷③；

---

① 原文为法文。

② 尼采总是崇尚"野蛮""野性""野兽"，这是对古代日耳曼人种性的一种继承和发展，他认为要当"主人"就得像野兽一样地凶悍无情。

③ 尼采崇尚"悲剧"的原因，就是欣赏"残酷"，这也许是《悲剧的诞生》成为他处女作的原因，他使自己成了早死的悲剧，也帮助他的后人起码上演了两出悲剧。

在所谓悲剧的同情中，根本来说，甚至在一切崇高直至形而上学的最高级和最柔弱的震颤中都起惬意作用的东西，独独因混入了残酷成分才尝到了它的甜头。竞技场中的罗马人，十字架上基督的抽搐，面对着火刑场或斗牛场的西班牙人，今日涌向悲剧的日本人，作为向往血腥革命的巴黎市郊工人，以明目张胆的意志"容忍"特里斯坦和伊佐尔德①的瓦格纳的女崇拜者——所有这些人所享受的、并以神秘莫测的春情发动而向往一饮而尽的东西，就是伟大的喀尔刻②"残酷"的调味饮料。这当中人们当然必须从一开始就要把笨拙的心理学赶跑，因为它只知道传授在眼见陌生苦痛时就会产生的残酷。但在自身苦痛上，在自作自受上，同样也会有一种充裕的、丰盈的享受——而只有人让自己听从劝说，在宗教意义上的自我诽谤。或者去自我摧残，就像在腓尼基人③和禁欲者那里一样，或者阉割、禁肉欲、咬牙切齿，去进行清教徒式的忏悔的痉挛，去进行良心的活体解剖和帕斯卡④式的理智牺牲⑤的地方，只有在这样的地方，他才会宾至如归，受自己的残酷性的吸引，并且被推动向前，通过那种危险的、针对自身的残酷震颤而被吸引。最后，人们仔细考虑到，即使是认识者，既然他强制了自己的精神——悖逆精神的嗜好，并且十分经常地悖逆其心愿——去认识——就是说，在他想要说是爱、敬慕之时，去说否——，作为残酷艺术家和圣化者要占统治地位。每个深入和彻底的攫取，都是强暴行径，都是在精神的基本意志方面的刺痛意愿。它为了门面和表面而不间断地想要——在每个想要的意愿中，就已经存在一丝残酷了。⑥

230

　　也许，人们并不怎么懂得我在这里所说的"精神的基本意志"是

---

　　①　瓦格纳著名歌剧《特里斯坦和伊佐尔德》中的男女主角的名字。

　　②　喀尔刻：希腊传说中的女巫，太阳神赫利俄斯和海中仙女珀尔塞的女儿，传说她能用药酒和咒语把人变成猪。

　　③　参见 46 节脚注。

　　④　瓦格纳歌剧《帕奇法耳》里的一个角色。

　　⑤　原文为拉丁文。

　　⑥　这句真有教唆犯罪之嫌。

什么意思：因为，人们要我来作一番解释说明。——由"精神"，民众所指的发号施令者，想要自立当主人，并且要有主人之感：因为，他拥有由大众而变为单一的意志，他拥有一个纠合在一起的、捆绑在一起的、有统治野心而实际的统治意志。他的需求和能力，在这里是如心理学家为一切活着的、生长着和繁衍着的东西提出的东西同属一种。精神同化异物之力，表现在一种强大的嗜好中，即令新东西与老东西相像，把多样性化简，忽视或撇开全然矛盾的东西；同理，它会任性地、更有力地强调在异物、"外部世界"的任何一部分的特定特征和线条，使之突出，加以伪化。它在这方面的意图就是，同化新的"经验"，把新事物纳入老的序列——也就是增长；更确切地说，就是找到增长的感觉，增殖力感。有一种表面看来互相矛盾的精神冲动，一种突如其来的、对无知和任性封闭的决断，一种关闭自家窗户的行动，一种内在的、对这种或那种事物的否定，一种不让靠近的行动，一种对许多可知事物的防卫心态，一种黑暗、封闭的地平线的满足，一种对无知的肯定和核准，这些都为这同一个意志提供服务：这一切都是少不了的，各按其同化之力："消化力"——形象地说——确实，"精神"对绝大多数人来说就像一个胃。同理，偶尔的自我蒙蔽的精神意志也属于这个范围。也许是不着边际的预感：不论怎么说，事物不是并排站立的，人们对之只能承认对一切不安定和多义性的快乐。对任性的狭隘和秘密一角的自我享受，对过于切近、表面、放大、缩小、推拉、美化的自我享受，对一切权力表现的任性自我享受。最后，那种精神欺骗了其他精神，并在它们面前强装并非不假思索的热心。那种创造性的、塑造性的、能有变革力的、持久压迫与欲望，也属此列：因为，精神在其中享受到了它自己的多种假面具和阴险狡诈，它在其中也享受了自己的安全感——正是由于它变幻无常的技艺，它才得到了最佳的保护和藏匿！——那种认识者的雅兴，恰与这种要虚幻、要假面具、要外衣——一句话——要外表（因为任何外表都是一件外衣）的意志背道而驰。认识者认为并想要认为事物是深沉的，多面的，彻底的：这是一种智力良心和审美的残酷性，每个勇敢的思想家都会认识这种残酷性。假设，他理应如此，已经使他的眼光放得足够远大和足够尖锐，并且习惯于严格的训练，同时也能言善辩，他一定会说"这就

是我精神嗜好中的残酷"：——但愿有美德者和可爱者们努力劝止他
这样做！其实，如果人们背后议论、背后赞扬、窃窃私语某种"放荡
的正直"，那么听起来就更有教养——对我们这些自由的、很自由的
精神们来说：——如此说来，也许真的有一次会发出对我们的赞扬
之声，是吗？偶尔——因为，有到那去的时间——起码我们自己倾
向于用与此相当的道德花言巧语装扮自己，并且把饰品精心装潢：
我们迄今为止的全部工作，使我们对这种审美及其美轮美奂的繁盛
感到厌烦。美妙的、闪烁其词的、叮当乱响的、华丽无比的言词：
正直，对真理之爱，对智慧之爱，为认识而献身，真实的英雄主
义——这是某种使某人自豪变得肿胀的东西。但是，我们作为隐士
和鼹鼠，我们早就以一种隐士良心的所有秘密说服了自己。就是这
种堂而皇之的言词，同样也属于无意识人的虚荣老朽的装扮、谎言
的废物和谎言的装扮，就是在这种阿谀逢迎的色彩和涂层之下再次
出现自然之人①这个文本。即，把人重新转译成自然；要当许多虚
荣而狂热的解释和次要意义的主人，这些解释和意义迄今为止都已
刻画在了那永恒的文本——自然之人之上了。令后人立于人前，就
像今天人在科学培育中变僵而立于其他自然之前一样，用吓不倒的
俄狄浦斯之眼②和被贴紧的奥德修斯③之耳，聋子般地对付老形而上
学的捕鸟者们的诱鸟。他们对人吹奏的时间太久了："你是更多！你
是更高！你是别种出身！"这也许可以是一种罕见和好得了不得的使
命，却是一种使命——谁想否定这一点呢！我们为什么要选择这般
好得了不得的使命呢？或者，用另一种问法："究竟为什么要选择认
识呢？"——每个人都会向我们发问的。我们，如此这般地急迫，我
们已千百次地同样问过我们自己，我们无论是过去还是现在，都没
有找到更好的答案……

231

学习，改变了我们，它所做的，是一切食物供养所做的事情。

---

①　原文为拉丁文。

②　古希腊神话，传说俄狄浦斯识破了斯芬克斯之谜，后者因而自杀。

③　古希腊神话，传说奥德修斯的同伴曾用蜡封住自己的耳朵，以免听见女妖们的诱
惑之歌。

供养不仅仅是"保存"——：如生理学家所知道的那样。但是，根本说来，当然还有在完全"处于下位"①的我们看来是顽固不化的东西，精神的天命是一块花岗石，应是对先天注定的决断和特选问题的答案。在每个主要问题方面，都有一个不变的"这就是我"在讲话；譬如，关于男和女，有位思想家不可能改变观点，只能一学到底——只有最终发现在他那里有关的什么东西是确定不变的。人们随时会发现解决使我们变坚强的信仰问题的某些办法；也许，人们为此而称它们为他自己的"信念"。后来——人们在它们身上看到了自我认识的足迹，看到了解决我们本身问题的标志——说得更确切一点，走向伟大的愚蠢，我们即是愚蠢。奔向我们精神的天命，奔向完全"处于下位"的顽固不化，——本着这种丰裕的彬彬有礼，就像我对自己本身所犯下的过错一样，这对我来说，也许更可允许，在"本来的女人"问题上道出几条真理：假设，人们一开始就知道，她如何就只是——我的真理。

232

女人②，当然想要变为独立自主：而且为此开始开导男人去弄清"本来的女人"——此事属于欧洲普遍丑化的最拙劣的进步。因为，这些笨拙的女人科学和自我揭露的企图，必须把一切都暴露在光天化日之下！女人为了害羞有诸多的理由；女人是那么迂阔、浅薄、俗气、琐屑、骄矜、放肆不逊，隐蔽着轻浮，——人们只研究女人与儿童之间的关系！——，迄今为止，根本说来，女人是由于害怕男人才被驱赶回家并戴上笼头的。苦啊！如果"女人身上的永恒无聊"③——女人充斥着无聊，——敢于显露的话！如果女人开始荒疏自己的聪明和技艺，即妩媚、嬉戏、无忧无虑、轻松愉快、举止轻浮，如果女人开始彻底和原则地忘掉自己对惬意欲望的伶俐雅致的

---

① 这里指的似乎是男女交媾的感受。后期的尼采，随着频繁的性体验，也忍受着梅毒病的折磨。不明白这一点，实在无法彻底了解尼采。

② 尼采在本章以下几段连续攻击女人。如果在今天，路遇女权主义者或主张妇女解放者，他是难逃惩罚的。

③ 引自歌德《浮士德》第2部的结语，略作改动。原文是"永恒女性引我们上升"这里成了"女人身上的永恒无聊"，这是在讽刺歌德。

话！现在，女人的嗓门大了起来，在神圣的阿里斯托芬①那里！吓唬人；女人受到医药说明的威胁，无论怎么说，女人是想从男人那里得到些什么。如果女人因此而准备变成科学，这岂不是从最恶劣的审美出发的么？所幸的是，迄今为止对男人的物件、男人的能耐有了说明——这样一来，人们就"不与外人道也"。最后，人们就可以在一切女人那里叙述"女人"的东西了，保持一种善良的怀疑，即女人是否自己本来就想要对自己加以说明呢——能的……如果一个女人为此不去寻求来一番新鲜打扮——可见，我想的是，自我打扮是属于永恒女性的，是吗？——那好，这样一来，女人就是想要激起对自身的恐惧：——也许女人就是想要统治，以此达到统治的目的。但是，女人不想要真理；女人与真理有何相干！从一开始，就没有任何叫女人感到比真理更陌生、更抵牾、更敌意的东西了，——女人最伟大的技艺就是欺骗，女人最大的本事就是色相和美貌。我们承认这一点，我们男人们：因为，我们非常敬重和喜欢此等技艺和此等女人身上的本能：因为，我们是对女人感到困惑的我们，而且我们乐于与轻松特性结伴，我们的困惑和深沉几乎就像一种愚蠢的行为。最后，我要提出这样的问题：有一天，女人自身会承认女人头脑有深沉、女人之心有正义吗？大致来说，"迄今为止，女人多为自侮，根本就不是人侮的问题，这不是事实吗？"——我们男人希望，女人不要因启蒙而继续失掉面子：就像要照顾男人和关怀女人一样，在教会颁布命令的时候：女人在教会事务中要保持沉默②！拿破仑向心悦诚服的斯塔尔夫人③晓谕说：女人在政治事务中应保持沉默④，这是为了利用女人——我想，作为正派女人之友，他今天要向女人高呼：女人要对有关女人的事保持沉默⑤！

233

泄露了本能的腐败——更不用说，泄露了恶劣的审美——，如

① 阿里斯托芬(公元前450—前380)：古希腊最著名的喜剧作家。
② 原文为法文。
③ 参见209节的脚注。
④ 原文为法文。
⑤ 原文为法文。

果一个女人提及罗兰夫人①和斯塔尔夫人，或乔治·桑②，好像以此就能证明什么东西真能提出有利于"本来的女人"似的，那么在男人中间，前述的人物就是这三位可笑的本来女人了——不再是别的！——这正是反对解放和女性专横自负的最佳的不情愿的反证。

234

厨房中的愚蠢；女人是烹调者；可怕的无思想性，以此料理家庭和一家之主的吃喝！女人不明白，饭菜意味着什么：因此愿当烹调者！如果女人真是一个会思维的生物，那么她，是的，作为几千年以来的烹调者，想必发现了最伟大的生理学事实。同样，想必也占有了治疗术吧！人的发展，由于这恶劣的烹调者——由于厨房完全缺乏理性而受到了长期的阻碍，受到了无可比拟的损害：这种情况即使今天也不见得好到哪里去。——这是说给更高等的女孩子们的话。

235

精神的转变和投掷是有的。警句是有的。一小把词汇，在这当中突然间结晶出整个文化，整个社会。德·兰贝特夫人③偶尔对其子讲过："我的朋友，只允许你们拥有提供巨大娱乐的愚蠢！"④——也属此列——附带说一句，这句母性十足的聪明无比的话，当时是对一个儿子说的。

236

那个为但丁⑤和歌德所信仰的女人的东西——前者，既然他唱道："她抬头仰祝，而我瞧着她"⑥，后者，既然他把女人转译成"永

---

①　让娜·罗兰(1754—1793)：法国共和派人士，在吉伦特派被推翻以后，被送上了断头台。

②　乔治·桑(1804—1876)：法国女作家，她曾与反对资产阶级道德和为维护妇女婚外恋的权利作过斗争。

③　德·兰贝特夫人(1647—1733)：她于 1710 年建立起法国 18 世纪的文学沙龙，写过许多才华横溢的有关儿童教育方面的作品。

④　原文为法文。

⑤　但丁(1265—1321)：意大利诗人。

⑥　原文为意大利文，引自但丁《神曲·天堂篇》。

恒女性引着我们上升"①——，我不怀疑，每位高贵的女人都会向这种信仰抗争。因为，女人所信仰的，恰是来自永恒男性的东西……

237

七条女人格言

最长的片刻流逝而去，一个男人朝我们爬起来！

啊，老头子！科学同时也会赐予软弱美德以力量。

黑色外衣和沉静少言，装扮着每个女人——以显聪敏。

在幸福中，我感谢谁？上帝！——与我的裁缝。

年轻时：花团锦簇的洞房。老时：窜出一条龙。

高贵的名字，漂亮的大腿，男人贴上：噢！他也许是我的！

言短，意长——润滑之感为了驴！

女人们，迄今为止一直被男人当作鸟儿对待。她们从任何高处没头没脑地向他们俯冲：雅致的东西，过敏的东西，更野性的东西，更奇迹般的东西，甜美的东西，灵性十足的东西。但是人们必须将其关起来，以免飞走。②

238

在"男人和女人"这个基本问题上强词夺理，否定这里深不可测的对抗和永恒敌意的紧张状态，也许在这里梦想同等权利，同等教育，同等要求和责任：——这是头脑简单的典型标志。就是一位在这危险地段表现平淡无奇的思想家——在本能上的平淡无奇！——，她也可被视为可疑，甚至可被视为背叛和泄露天机：因为，也许她对一切生命的、也就是未来生命的基本问题，都将是"吃亏的"，并且没有能力达到深沉。男人却相反，他拥有深沉，不论其精神，还是其欲望，都拥有亲善的那种深沉。有能力严格和强硬，并且轻而易举地与之混淆，总是能够一味对女人作东方式的思维——他必须把女人视为占有物，视为可以金屋藏娇的财产，视为以先天役使性为目的的某种东西。并且以她实现自我完善——他必须在这里置身于亚洲式的庞杂的理性中，置身于亚洲式的本能优越性中，一如古

---

①　引自歌德《浮士德》第二部结束语。

②　这一节攻击女人更为甚之。

希腊人做过的那样，这些亚洲式的最佳的遗产和弟子，众所周知，他们从荷马时代直至培里克勒斯①时代，以与日俱增的文化和力的广泛性，也一步一步地、更为严厉地对待女人，简言之，变成了更东方式的了。这是何等必然，何等合乎逻辑，又何等符合人的合意性：愿人们好生思考一下这个问题！

239

软弱的种属，除了我们的时代以外，没有任何时代是受男人礼遇的——这属于民主主义的嗜好和基本审美，就像对老人的不恭一样——：这种尊重立刻遭到滥用，这有什么可大惊小怪的呢？人们要多多益善，人们在学习提要求，人们最后发现那种尊重的关卡几乎已经得了病。人们也许宁可首选争权夺利的角逐，的确，原本就是斗争：够了，女人已丧失了羞耻。我们如果立刻靠近女人，女人也就丧失了审美。女人忘记了对男人的恐惧：但是，这"荒疏了恐惧的"女人，也就牺牲了她最女性的本能。如果男人不以男人自许并长大成熟，则女人就敢于出来闹事。这很对，也相当好理解；这样一来，更难于让人理解的是，女人在蜕化。今天，就发生了这样的事：我们不要上当！凡在工业精神战胜了军事和贵族精神的地方，女人现在追求着作为伙计的经济和法律上的独立：因为，作为伙计的女人，要站在渐渐形成的现代社会的人口。因此，既然女人强占了新的权利，力求成为"主人"，并且把女人和进步写在她们的大小旗帜上，这倒行逆施便以吓人的明确性得以实现：因为，女人杀了回来。自法国大革命以来，女人在欧洲的影响由于女人在权力和要求上的与日俱增而变渺小了。而"妇女解放"，由于它是由女人本身（不仅仅是由男性蠢货）所要求和支持的，于是就产生了最最女性本能的与日俱增的弱化和钝化的奇怪象征。这是表现在这场解放运动中的"愚笨"，一种近于阳性的愚蠢。一个有良好教养的女人——同时也是一个聪明的女人——也许压根儿就对此感到害羞。丧失了人们在什么样的土地上能稳操胜券的嗅觉；放松了对其本来的技艺的练习；不

---

①　培里克勒斯（约公元前500—前429）：古希腊国务活动家，被认为是雅典所在地阿提卡民主的创造者。

容许在男人面前行走；甚至也许"钻进书本"，人们在那里使自身进入修养和雅致的、狡猾的恭顺与屈从；以美德的无耻去抑制男人对一种在女人那里是隐蔽的、本质不同理想的信仰；对某种永恒和必然女性的信仰；女人劝男人，一板一眼、喋喋不休地说，对女人应像对待温顺的、野性异常的和好玩的家庭宠物一样来保存、照料、关心、爱惜；对一切奴隶制和农奴制的收集，动作笨拙而且怒气冲冲，这是迄今为止的社会制度中女人地位本身拥有过的和现有的东西（似乎奴隶制就是一种反证，而不是每种高等文化及每种文化的提高的条件）。——如果这不是女性本能的碎裂，不是非女性化，这一切又意味着什么呢？诚然，在男性种属有学识的蠢驴之中，有足够多荒唐的妇女之友和女人败坏者，他们劝告女人去如此这般非女性化，并且去模仿一切蠢行。欧洲的"男人"，欧洲的"男人味"都患有此病——这些人想把女人拖去受"普遍教育"，或是干脆拖去读报和使之政治化。人们想到从妇女中搜罗自由精神者和文人：似乎没有对深沉而不信神的男人怀有虔诚心的女人，也许就不是某种完善的逆物或可笑的东西似的——；人们几乎到处都用最病态和最危险的种种音乐，去败坏他们的神经（我们德意志的最新式的音乐①）。并使音乐每天更加歇斯底里地、为其最先开始和最后的职业产出粗壮的孩子而不堪重负。人们甚至想更多地"修习"，并且，正如人们说的，把"软弱的种属"通过文化加以强化，好像历史就是这样尽可能急切教导的，人的修习和弱化，即意志力的弱化、分解、患病——更是彼此同步的。而且世界上最有实力的影响最广泛的妇女们（最后还有拿破仑之母②），恰恰要感谢她们的意志力——而不是教书匠！——才有了她们的权力和她们凌驾于男人之上的优势。在女人身上注入了尊敬及足够的恐惧感的东西，就是女人的天性，它比男人的天性更加"自然"。女人那正宗的、猛兽般的、狡猾阴险的随机应变，女人手套下面藏着的猛兽般的利爪，自私的天真，不可教性和内在的野性，不可捉摸性，欲望和美德的迂阔和淫荡……在无比

---

① 指里查·瓦格纳的音乐。

② 拉埃蒂蒂阿·拉蒙利诺·波拿巴（1750—1836）：自 1864 年后冠以"梅雷夫人"的头衔。

恐惧的情况下，对这阴险而美丽的"女人"猫产生同情的东西，就是女人作为某种动物而苦难深重地、娇滴滴地、离不了爱地、并且注定要引起失望地显现于世。恐惧和同情①：迄今为止，男人就是以这种情感面对女人的。总是用一只脚踏进撕心裂肺的悲剧之中，因为悲剧使人兴奋。——这是怎么回事呢？这么一来女人就应是穷途末路了？是女人的非魔术化在起作用？女人的无聊化缓步走了出来，是吗？啊，欧洲呀，欧洲！人们认识这长着角的动物②，它总是对你有无比的吸引力，你总是一再受到来自它的危险的威胁啊！你那古老的寓言，也许真能再次成为"历史"——可能有一种庞杂的愚蠢会君临你的头上，把你拖跑！在愚蠢之下，没有躲在这里的上帝，没有！只有一种"观念"，一种现代观念！……

选自［德］尼采：《超善恶》，北京，
中央编译出版社，2000。张念东、凌素心译。

---

①　"恐惧和同情"——喻指亚里士多德对悲剧所下的定义，这个定义说悲剧描述的是郑重的行为，它应当在观众中激发恐惧感和同情感，起到净化情感的作用。

②　王女欧罗巴，据传由以公牛形象出现的宙斯给拐骗到了克里特岛上。

[德]胡塞尔（Edmund Husserl，1859—1938）

《伦理学与价值论讲演录》（1908—1914）
（节选）

《伦理学与价值论讲演录》（1908—1914）（节选）

一、伦理经验主义与绝对主义间的对立

现在我们过渡到伦理学！历史上，伦理学也是作为规范的实践学科产生的。处理伦理问题的实践观点仍是今后的主流观点。这可以从实践的动机来理解，这些实践动机随时诱发伦理反思并形成一门伦理学科，而这门伦理学科一再是一个重要的、实践上迫切需要的学科。

我们经常对我们自己的行为以及我们周围人的行为进行诸如"正当的"与"不正当的""合目的的"与"不合目的的""理性的"与"非理性的""道德的"与"非道德的"一类的评判，尽管在理论领域更经常地存在着评判的争论与对立。我们常常会自相矛盾：我们会否认我们先前已承认的东西，或承认我们先前已否认的东西，或者我们会与他人处于难堪的冲突中，或者被召来作仲裁者，以调解他人的争执。这些评判的冲突一般并不激起理论的兴趣，但却越来越多地刺激情感。我们全部的苦乐常常系于这些看法和看法一致与否。这无疑关系到维护自身的尊严，或对我们周围人的尊重。于是，对任何具有较高追求者而言，极重要的问题是，我应该如何理性地安排我的生活和追求？我如何避免折磨人的自我矛盾冲突？我如何避免周围人合理的责难？我如何能将我的全部生活塑造成一个美的、善的生活？

传统的说法是何意？我如何能获得真正的幸福、真正的福祉？

这些问题，一俟变成了反思的焦点，就合乎自然地首先导致作为实践学科的伦理学。我首先说，虽说在古代尚不十分明确，但在近代却变得越来越迫切的追求是，向这些并不否认其经验的人类学性质的实践伦理学提供一门先验伦理学的支持；确定一个绝对的、纯粹的实践理性原则体系，这些原则脱离了一切与经验人及其经验关系的关联，它们应承担如下功能，即为一切人的行为，不论只是形式的，还是同时是实质的，规定绝对规范的标准。因此，与逻辑学中的情况进行类比进入我们的视野。那么在这儿，也在伦理学，人们不会否认一门工艺论，也就是那个理性行为的工艺论的益处和必要性，但是人们大概会赞同，工艺论最本质的理论基础不在认识及情感功能的心理学，而在某些先天的规则和理论，这些先天的规则和理论与其独特的意义相一致，适合充当一切伦理以及逻辑评判的理性规范，充当任何理性实践的指路明灯。

唯心主义者会说：假如真理观念不是从认识的心理学推断出来的，那么道德的善以及实践的充分根据就根本不能从情感功能和实践功能的心理学推断出来。从事实绝挤不出观念。但一旦我们反过来除灭观念，规范的实践学科（传统上叫做逻辑学和伦理学）就失去其独特的核心部分和意义。值得注意的是，在近代肇始，随着柏拉图主义的复活，也就是在剑桥学派中，出现先天伦理原理论的观念；从那儿发端的知性伦理学，偏好将伦理学和纯数学二元化，我们认为洛克是承认这种二元化的。

众所周知，经验伦理学反对伦理先天主义，康德在其思想发展的批判时期，以他自己的方式主张这种先天主义。纯粹伦理学和经验伦理学之间的对立在历史上表现为知性伦理学和情感伦理学之间对立的令人迷惑形式，这点在这儿被提及，其用意仅仅在于，明确地强调，较好的做法是首先排除伦理概念的起源问题（这些概念是源于知性还是情感），并将对立仅仅理解为先天伦理学和经验伦理学之间的对立。先天伦理学的称谓使人想到一门学科，这门学科以纯数学的方式先在于经验并给它们确定规范。一如纯算术确定基于数的纯本质并因此在无条件普遍性中有效的规则——当在经验事实计数中被使用、被算出的数字应真能是数字时，这些规则不可能违背。

因此一如这些规则给所有经验计数确定理性规范，纯伦理规则在伦理概念相关物，在理性决定和行为方面的情形也是这样。一如纯算术是实践的计数艺术的本质基础，一门纯伦理学恐怕因此是一门有关人的理性行为的工艺或工艺论的本质基础。于是，一门纯伦理学的观念，在与纯逻辑学和纯算术类比中逐渐呈现出来。与之对立的是作为心理主义或生物主义的伦理经验主义。这种伦理经验主义将先天主义者用作纯原则的东西与人性及人的情感、意志生活联系起来，并进而将伦理学仅仅看作和视为以心理学和生物学为基础的工艺学。

这场争论类似于逻辑中的争论，显然涉及最高的哲学旨趣。一如逻辑学的心理主义、人类主义的论断一般导致理论的怀疑主义，伦理学的人类主义论断也导致伦理学的怀疑主义。牺牲伦理要求的真正无条件的有效性以及否定任何所谓真正有约束力的义务就证明了这点。诸如"善的"与"恶的""实践上理性的"和"非理性的"一类概念变成了纯粹对人性的经验——心理的素质的表述——人性，从文明史的角度看，它是在人的文明发展的偶然状态中逐渐形成的；如继续回溯，从生物学上看，人性是人类在争取自身生存的斗争中不断发展。逐渐形成的。假如经验主义是对的，那么这类概念表达的绝不是绝对观念——这些绝对观念对任何有意欲、有感情的生物(不管它是属于哪个世界，属于哪个实际的或可一般设想的世界)都具有其普遍的应当意义。与之相应，所有伦理规范，当它们可以从伦理原则引出来作为论断时，就具有纯事实的有效性。"伦理规范有效"，这是说，人们事实上感到受到这样和那样的约束，他们由于心理上的因果原因感受到某种内在的强制和压迫，来以某种方式事实上这样行动和规避一种心理上往往不可避免的不舒服感。在人身上逐渐发展起来诸如良心功能，即根据"善的"和"恶的"范畴从伦理上承认、否认行为、思想、性格的评判方式一类的东西，这是一件生物学上有益的事情。进一步的发展会如何进行，我们不清楚，可能的情况是：这种功能将来被证明，它在生物学上是多余的；它逐渐枯萎，取而代之的是另一种在形式的所有共性方面有其偏离原则的功能，以至善恶彼此换位。

自然，这种功能像所有绝对观念和理念一样，因此失去其唯心主义者所赋予它的对全部现实性的形而上学意蕴。当人将其偶然、临时产生的观念和理念投射进无限的宇宙世界时，一种绝对理性就可能被构成最终的科学的存在原则，并在其与神的父子关系中，有了安全感。这种假设和将对人具有生物学益处的观念绝对化，可能本身就有一种生物学的价值，或许甚至是一种生物学的特别高的益处；但是，严肃认真对待假设，就意味着驱除对概念的神化。在这儿如同在任何地方，用法伊英格尔（Vaihinger）的话说就是，真正的哲学就是"好像"（als-ob）哲学。较好的做法是，实践上就是如此，好像这些功能具有绝对有效性；但理论上人们必须弄清楚，一切只是相对的，一切只在人类学上、思维经济学上、营养经济学上是有效的，一切只是相对有益的。

二、伦理经验主义的反伦理的后果

显而易见，这场争论也触及最高的实践旨趣。怀疑理论要求一种怀疑的实践，这指的是，一种反伦理的实践。伦理实用主义者是何等地热心于恰好否认这点，可是，只是当他们放弃理论与实践真正一致时，才能做到这一点。在理论和实践严格一致的前提下，人们作为经验主义者是否信奉怀疑主义的相对主义，或人们作为唯心主义者是否信奉伦理绝对主义，这就真的不应加以区别吗？

（1）我们假定，行为者是以伦理绝对主义为基础，他因而相信善本身，善本身作为绝对有效的东西，在任何情况下都是有效的，因为它是与一个先验的（独立于所有实际的意欲者和行为者，独立于他们的偶然的、心理的结构等）有效的概念相一致的。我们假定，这个观念与所有它的组成部分都在其绝对有效性中清晰可辨，而且同样可辨的是以其纯粹的本质为基础的绝对原则。对于个别经验情况下，一种行为在多大程度上符合这些原则或违背其纯粹意义也同样如此。于是，行为者知道，他绝对是受约束的；他知道，他在其实践行为中一定受到伦理原则的约束，就如计算时受算术原则约束一样。正如他计算时心中清楚，只要2和4的意义是确定的（2是2和4是4），只要2×2＝4是确定的，那么想到或没想到2和4的意义，从生物学上看是否有益呢？尽管错误计算可能在生物学上是有益的，但是错误计算仍是错误计算,它并不因生物学上的益处而变成真。这同样适用于规则。伦理和实践观念的意义(如果这儿如绝对主义者恰好确信的,存在诸如此类的东西),正是这样确定原则。善是善,恶是恶。只要这些概念的意义是不变的,所有纯属于这种意义的、人们只能通过抛弃意义才能被抛弃的东西是有效的。这种有效性不是理论的,而是实践的。一如信仰中的理论认可属于真理,其中也属于伦理真理,评价的认同,有些情况下意欲、实践的实现属于善。另一方面,非认同属于恶,但这种恶不是经验意义上的,而是观念意义上的。一种将非真认可为真的判断活动是不正确的,同时也是无价值的;一种实现非善的行动是不正确的、非理性的,同时也是无价值的,诸如此类信念和观点在实践上的含义是清楚明白的。理解真,至少在理智的要素中,即将真确立为真的,并因此将其判断为正确的。完整地理解实践的善,清楚明白地视其为一定情况下的诉诸之物,这意味着,至少在理智的要素中,理解实践的善即愿意倾向于它。一般地理解实践的善,无疑也只是确信,在所有的行动中,一个绝对的规范是仲裁者,而所有的行动恰好应以绝对规范为榜样。这种一般地理解意味着,以更普遍的方式倾向于想要向善的意志。可是,这并不表示,出现真正的、连续的实施。

(2)事情于引出怀疑的人类学主义后果的人迥然不同。对他而言,关于善本身和恶本身的言论是十足的偏见。如果相信这点,那么我们现在究竟如何应为如此要求的评价方式——这些评价方式在"善"和"恶"的名称下大肆宣扬自己的并且只表述人的形成和发展的偶然性——所决定呢?如果我们恰好对此有兴趣,为何我们不应抵制发源于这些源泉的感情和广为颂扬的良心(这种良心只表现一种历史直觉的声音,并不表示我们主观的优势)?我们由此让带上镣铐为哪般?让我们做一次合我们心意的事,且这样证明自己是自由人!如果周围人对此作出反对的反应,那个对这种反应的恐惧可能事实上强迫我们(可是也许正合我们的心意)抗拒各种痛苦。如果人们说,这是愚蠢的,那么我们回答,在这儿没有绝对的愚蠢观念,同样少绝对的理性观念。否则,人们恐怕在这点上对绝对主义的态度摇摆不定。此外,我们行为的隐蔽性有时可能保护我们免遭危险。如果人们谈到生物学上的益处,那么怀疑论者可能回答,无疑,这恰恰是他的原则，善是生物学上有益的东西，因为这种评价方式得以实现而且感情上的防护伞得以建造。但是，做有害的事，恰好是生物上无益的吗？也许我们对我们的生命不感兴趣，而且对整个生物学根本没有兴趣。那么现在我们可以自由地做我们喜欢做的。人们不会又反对说，做有害的事是非理性的，违背其自我保护和整个人群的自我保护的行为是愚蠢的，是应受到责备的吗？"愚蠢的""非理性的"等在这儿是何意？

很显然，经验主义的同样反伦理的理论要求一种反伦理的实践，这就如同观念论的理论要求一种真正伦理的实践一样。一方面，伦理观念论者（绝对主义者）——如果他是一贯的——只能遵循其理性，他不得不全身心地致力于按照伦理的尺度来安排其生活。因此他选择根据其信念向他要求一种实践性的东西作为统一和绝对的正确的东西。相反，伦理主观主义者恰好否定任何实践理性，并由此否定随理性要求而产生的义务。人们本来不可能说，他必须非道德地行为，也就是以道德上和一般伦理上恶的方式行为。因为谁不了解和不承认一个真正的，而且这是绝对的道德要求的有效性，那么他也不可能意识到，他在作孽。"科学向善"（scio meliora）不可能出现在他那儿。因此，从伦理绝对主义的立场来看，恐怕可以说：伦理经验主义者的行为只能是伦理上错误的，但不是恶的，自然也不是伦理上的与恶的相对立意义上的善的。属于二者的是理解且向善。恶者违反这种对善的理解而行动，而且压制随着对善的理解而被赋予了实践的向善。道德地行为的善者有意识地听从这种向善而行动。于是，也就能假定对理解的信念。正因如此，我刚才谈到反伦理的。接下来，他人以及所说的人类典范的整个评判方式逐渐发生变化。尊敬、赞赏对怀疑主义者究竟何意？关于最高的人格个性价值的话语等究竟是何意？

逻辑领域的这场争论有其类似之处。与对伦理规范的客观的、绝对的有效性的追问相应的，是对逻辑规范的绝对有效性的追问。围绕善本身的观念的争论类似于围绕真理本身观念的争论，围绕伦理工艺论和心理学的关系的争论类似于围绕逻辑工艺论与心理学的关系的争论。

心理主义者总是从那些同一的，我们毫不犹豫地自以为不言而喻的，乍一看完全令人信服的、不容反驳的论据吸取新的力量。科学上被论证的一种心理活动的规范是以对这种活动的科学认识为前提，因而思维的规律，意欲的规律完全不言而喻地建立在一种思维心理学、一种意欲心理学的基础上。因此，伦理学的本质基础在心理学。来源于双方规范的基本概念的论据看起来同样是有力的。所有的概念，人们说，来源于对具体的个别情况的直观的抽象概括。显然，逻辑的基本概念，如真理与错误以及所有其他的逻辑核心概念（"概念""判断""推理""证明"等）都发源于判断领域，发源于理智的心理学领域。如果我想理解并想完全弄清楚，何谓真理，那么我就不得不回溯到判断。如果我想理解，何谓推理，那么我就不得不使自己置身于一次推理。同样，如果我想理解，何谓"善""恶"，那么我就不得不回溯到某些情感活动，回溯到以意欲和信念为基础的赞同和反对。德行（Tugend）与恶行（Laster）显然是心理素质的名称。总而言之，双方将我引向心理领域。因此，心理学是逻辑学和伦理学的基础。

主张逻辑学和伦理学之绝对的、无条件的、客观有效的绝对主义从另一方面来审视心理主义理论的结论，而且在对心理主义理论的反驳中寻找支持它自己的立场和有力论据。在伦理学方面，这出现在我们刚刚经历过的一类思考中。事情表明：一种反伦理的理论的后果恐怕是一种反伦理的实践。人们也能以类似的方式努力表明：对逻辑学的绝对有效性的类似否定恐怕也要求一种反逻辑的实践。如果逻辑相对主义者（心理主义者和生物主义者）是一贯的，那么他恐怕就得放弃所有的科学，放弃科学的追求恐怕是他特有的目标。

如果逻辑的不可辩驳性或有效性无非是说，我们人的本性实际上是这样形成的，是在特定生物学的环境下生成的，以至我们不得不认同某些原则、原理、证明等是所谓科学的，而把其他的认同为"非科学的"，那么其他的发展可能就引起变化，可能的情况是：人在其逻辑评判中于是表现得与现在恰恰相反。对一种真正客观有效的真理的言谈，恐怕就无意将发现真理的目标确立为追求对物本身的认识，这恐怕是一个空想的，一个实践上无意义的目标。

然而，人们还能且必须以别的方式更敏锐、更深刻地把握来自后果的证明。人们显然有兴趣，直追溯到怀疑主义者所具有的最后的、根源性的荒谬。尤其是，人们有更大的兴趣来了解，在这方面，人们是否和在多大程度上，已在古代对逻辑怀疑主义，实际上也以同样的"令人信服的"的力量对伦理怀疑主义，做了些什么。谁认识到柏拉图和亚里士多德对诡辩论的主观主义和怀疑主义的批判，他就会了解到，任何逻辑否定主义由于其荒谬而被扬弃，而且这与一切实践无关。

人们现在可能怀疑，来自实践后果的证明和从一种伦理否定主义推出一种反伦理的实践，是否是一种同样有力的反驳或者是否在此情况下出现诸如荒谬一类的东西。也许是一种实践的荒谬？但是这实践的荒谬（Widersinn）是什么？荒谬不是某种理论性的东西，一种矛盾、一种客观的不相容性吗？在"实践的荒谬"方面，最终只涉及我们畏惧的、我们感情抵触的不愉快的、令人讨厌的结果吗？然而，感情不能证明什么。谁说，不同的生物没有不同的感情，以至同样的结果可能在他们看来是相当令人高兴的？无论如何，下面一点需要我们愿意遵循的类比方法，即人们首先从此开始，努力通过准确的分析确定，逻辑怀疑主义的特有的自我扬弃是否和在多大程度上，真正在伦理怀疑主义的自我扬弃中有类似之处？而且这种自我扬弃在哪里？

三、作为形式逻辑学类似物的形式实践学与价值论

A 急需一门形式实践学来反驳伦理经验主义：逻辑原则的意义

如同在逻辑学中，人们在伦理学中的争论也是围绕着绝对地论证双方起主导作用的理性与规范概念以及它们所属的原则的可能性而进行的。相对主义和绝对主义、经验主义和观念主义彼此对立。相对主义有着著名的心理主义、生物主义、人类学主义的形式。人们能够将双方的争论描述为围绕防止怀疑主义的争论。在逻辑学领域，怀疑主义首先就是作为公开的否定主义而粉墨登场的，它公开否认一种客观有效的认识和真理本身存在的可能性，柏拉图、亚里士多德所作的著名反驳曾揭示了它的荒谬。在逻辑学领域，现在有

可能证明，自以为远离了诡辩术的公开的怀疑主义的隐蔽的怀疑主义的各种形式，是与这种诡辩术的怀疑主义同出一辙，一切将逻辑原则心理化的经验主义的现代尝试皆是如此。关于伦理学，我们现在虽然有可能找到柏拉图对其中的公开的伦理怀疑主义所作的反驳，并揭示这种公开的伦理怀疑主义就如同极端理论怀疑主义一样极其荒谬。但是，我们现在认识到，另一种对所有普遍流行的根本就不承认是怀疑主义的伦理经验主义的反驳的情况，并不像对逻辑经验主义那样有利。

将逻辑心理化和将其变成一种心理学科以及将逻辑规则和规范阐释为心理的规则和规范，完全明白无疑地证明是一种荒谬无聊的做法。为此，只需将自亚里士多德以来就已提出的并构成所有逻辑学内核的，以及突出人的认识的工艺论观念的新近经验主义将之与所有类型的经验的、心理的学说混合在一起的直谓(apophantisch)原则和理论彻底挑出，只要构建一种纯形式逻辑以及一种对其原则的纯粹的意义分析。人们只需看一眼，这些原则的纯粹而清晰的意义，这些规则的观念而绝对的性质以及对其所作的种种心理阐释的荒谬，就十分清楚地凸显出来。这足够完全弄清楚：逻辑学和伦理学是两门应严格加以区分的学科；此外，有诸如作为观念的绝对认识的理性一类的东西，其本质能够通过纯观念的规则而被规定。由此，一切逻辑经验主义都被打上了荒谬的印迹。

在伦理学，事情要糟糕些，因为尽管伦理学自古以来就产生，我们对形式逻辑的类似物的寻求仍是徒劳无益的。亚里士多德之所以是逻辑学之父，是因为他真正是逻辑分析学的创始人，逻辑分析学我们也称为形式逻辑。在他那儿，对无论如何是由他提出的原则和规则的阐释的纯正，大概也还有某些令人感到不足之处。尽管他的《尼各马科伦理学》提供好多美好的东西，但是他并不能凭借此伦理学就在同样的意义上成为伦理学之父。倘若引导我们进行类比考察的猜测是正确的，那么在伦理学领域，在理性实践领域也有像分析学、形式实践学(Praktik)一类的东西，也有一系列的原则和规则，这些原则和规则脱离实践的质料(Materie)，表述纯形式的合规则性，这类似于形式逻辑的规则在认识方面所做的那样，脱离认识的所谓质料。

人们可能推测：理论理性在实践理性中必须有其类似的东西；形式与质料间的差别也许类似于属于任何类型的理性及其相关物的本质；当一方面真理可能性的先天条件是可能的判断内容的逻辑形式时，与判断内容相关联的真理性的类似物的可能性条件，也就是实践的有效性、实践的善的条件，就是实践的形式，是可能的意志内容的形式。人们也可能推测：一方面，在分析逻辑学论证方面，早在亚里士多德时代就已有一部分理论科学，尤其是纯数学，而从其可靠的证明和理论中不由得直接产生了形式的稳定性、规律性，这促进了人们将兴趣投向纯逻辑形式及其合规则性上；但另一方面，伦理学的情形就不那么好，因为对实践领域而言，缺乏客观有效的类似的可靠的形态，因而缺乏类似理论科学的东西。

这些类比性研究早在多年前，早在我的《逻辑研究》前，就已经将我引向一门形式实践学的建构问题。在我的哥廷根讲稿（自 1902 年以来）中，我曾尝试表明，在这儿实际上存在一门须严肃对待的，真正基础性的迫切需要的学科。它的实现绝非是无望的。

为了澄清伦理学中的事实，我们必须研究：虽然自古以来在伦理学中不断谈到伦理原则，但是在这儿称为伦理原则的，几乎不是与逻辑学中的逻辑原则真正类似的东西。如同原则一样，双方附属的理论也没有真正的类似。人们传统上称为逻辑原则的，是形式规则；而人们称为伦理原则的，则是非形式规则。我们首先更仔细地考虑一下逻辑原则、逻辑本身的意义，它在多大程度上是形式的。

在分析直谓逻辑中，普遍命题——它们陈述，什么直接存在于真理一般意义之中——是以原则的身份出现的。整个直谓分析逻辑无非就是想列举原则性的规则和依赖于它们的规则和理论，它们存在于对其意义陈述的本质中。如果我们称陈述的意义为逻辑意义上的命题，那么分析逻辑就论及命题，而且在形式普遍性上，一方面，当它不顾命题与之相关联的特殊对象性而提供一种可能命题的形式理论时，它是词法的。问题在这儿只是：命题一般是从哪些基本范畴建构起来的？与之相关，命题的基本形式、基本的命题形式及其可能的复合形式是哪些？另一方面，真正的逻辑学任务是：对真理一般而言，必须满足哪些条件？形式条件是以纯形式为基础的条件：一个矛盾，当陈述的客观内容在那里往往根本不重要时，就损害了可能真理的形式条件。

一个几何学命题可能是错误的，因为他违反了几何学特定的事实，违反了以空间的特殊性为基础的真理。但是一个几何学命题也可能出于与空间毫不相干的，在任何领域同样起作用的且与任何领域同样毫无关联的理由，例如上面提到的矛盾理由就是错误的：如果一个命题有"A 是 B"的形式，而且我将 B 中所含内容视为非 A，以至我有"A 不是 A"的形式，那么命题出于形式理由就是错误的。我用不着更仔细地研究 A，而且当它有某种几何学的含义时，那么我就用不着进入专门的几何学考虑。一个矛盾命题本身是错误的。在复合命题——它们作为整体本身又提出真理的要求，因而可称为命题——情形同样如此。一个推理，一个证明可能是不恰当的，因为它使用了事实上不允许的东西。但是它可能是不恰当的，是因为它违反一个根本不考虑领域的特殊性而排除推理的真理性及其有效性的形式。于是，推理在特殊的逻辑意义上是错误的，或者更明确地说，从形式逻辑看是错误的。

根据这个简短的理解，现在我们明白：形式逻辑对客观事实并不确定，什么是真的。它无疑只告诉我们，一般命题，简单命题以及复合命题如证明、理论等在其形式方面必须满足哪些条件，以便它们一般可能是真的。这些命题的普遍意义在于：所有和每一门科学自然都想提出真理，而真理恰恰是真命题。

倘若我们现在过渡到实践领域，那么人们恰好总是试图在"伦理原则"进而在"伦理规则"的旗号下提出命题，准确说规范，这些命题规范告诉我们，而且以一种适合所有情形的方式告诉我们，什么是善的，也就是什么是应合乎理性地加以追求的。既然我们在实践善的领域以及一般价值领域中有"善"（gut）与"更善"（besser）的区分，又有"自在善"（in sich gut）和"为他善"（um anderer Willen）的区别，所以这些原则或许告诉我们，诸至善是哪些或者至善是哪个。这些原则尝试确定那些须作为人的行为的最高的理性目标而理性地加以追求的东西。

B　伦理原则的传统意义：与康德的绝对命令相一致的形式正确性对逻辑—形式正确性

我们在上一讲已就"逻辑原则"和"逻辑规则"的意义取得一致意

见。与纯意义形式（命题形式、概念形式、推理及证明形式）相关联的规则，恰好表达出以纯形式为基础的真理可能性的条件，这些规则同样也可用来说明非真理性、可能性。或然性等。我们也能说：在一个可能的思维中被设想的对象本身，在一个可能的判断中被判断的对象本身，是如此先天地形成的，以至不考虑被判断的对象的内容特殊性，真理或者相关判断的正确性的可能性条件在于被判断的对象性的纯范畴的形式。对此，我总是乐于说，判断只是当形式中没有公开的或隐藏的矛盾时，才可能是有效的。具有各种可能形态的矛盾的形式"真的"排斥判断，而无视判断内容"假的"规定判断。演绎推理总喜欢出现在具体的认识领域，并能出现在每个认识领域，而且以所有形式出现。然而，如果推理应是一个更有效的推理，那么它就不可有这样的形式："所有 A 是 B，所有 B 是 C，因而所有 A 不是 C。"可能的真理合规律地取决于某些推理形式。可以说，真理的可能性在全部可能的推理形式内进行一次选择。被排除的推理形式合并规则地要求判断错误。这到处皆如此。

　　在一个事实性领域，什么是真的和假的，形式逻辑只能以分析的必然性形式对此进行预判。自然，形式逻辑规则的普遍性能够通过人们形式地规定代数学规则术语——这完全像算术命题 3＋3＝6 被应用到苹果上就具有这样的形式：3 个苹果＋3 个苹果＝6 个苹果一样——而被特殊化、具体化。例如，我因此可以分析地说两个化学的、光学的、语言学的命题：其中一个命题肯定另一个命题所否认的，其中一个命题是真的，另一个命题是假的等。但是没有人会相信：随着这些不言而喻地将形式逻辑规则转移到化学、物理学以及其他具体认识领域，诸如化学、物理学等一类的学科本身就大功告成。分析的必要性产生于经由纯转移，纯引入具体术语的形式逻辑本身。但是，具体认识，尤其是具有科学形式的具体认识如物理学、化学、语文学等想突出强调的，是具有特定内容的真理，对于具体之物是真的不是由于具体之物的纯范畴形式。而恰恰是对于这个具体之物而言是真的，或者这类真理对具体之物是真的是由于具体之物的普遍的、具体的种类。因此，分析的必要性没有触及我们相应地称为综合的无限真理领域，这些是逻辑之外的科学。只是作为辅助手段，作为方法链，如康德所言，逻辑规则和分析必要性出现在具体的科学中。因此，如果人们说，在任一特定知识领域（分析的知识领域自然除外）何是真，有一个好的意义，我们就不能察觉到逻辑规则。它们只给我们保护武器以防形式错误，因此不是用来防任何错误，而是只防那些依赖于纯逻辑形式的错误。

现在，我们过渡到实践领域。在这儿，人们已尝试在伦理原则，进而在伦理规则下恰好提出规范规则，这些规则以普遍有效的方式肯定地预定，善是什么，应理性地追求之物是什么。既然在实践的善领域（类似于一般价值领域）存在"善"与"更善"以及"自在善"和"为他善"的区别，所以"原则"想告诉我们，至善是哪些或者至善是哪个。因而，人们试图以此肯定地强调，在实践上可达到的善的全部领域，何为值得合理地为其自身不只为他人加以追求的善，此善具有对其他可达到的善的优先地位，以至所有这些其他的善，如果情况确实是这样，只能作为有助于那个被表征为至善的善的手段处于开端。因此，这儿的情形不同于逻辑中的情形。具有其逻辑原则的逻辑（其中，所有其他的逻辑规范则被分析性地决定）完全不想和完全不能肯定地预定，在任何可能的认识领域何为真。它只能在其合规则性中预判分析真理而不是综合真理。

但是，伦理学尤其是伦理原则理论尝试，——不管正当与否——为任何可能的实践领域和为任何具体情况肯定地预定，何为实践的善和至善，尽管原则的普遍性并不包含任何个别性情况的特殊性。无疑，这儿需要澄清。处于其科学的普遍性高度的伦理学自然不谈论我作为行为者此时此地应做出决定的个别具体情况。然而，在普遍的"原则"名目下，伦理学寻找可到处应用的标准，人们似乎从此标准察觉各个具体情况的伦理善或恶，或者在实践决定前能够肯定地确定，决定何时一个伦理上对的决定，以及何时是错的决定。对个别情况的分析、对小前提的正确阐释可能有其特殊的、巨大的困难，主要是：事情应取决于一个纯小前提；绝无一种评价先在于原则，而且只应从原则中产生，或者至少，评价之全部正当理由，原则上包含在恰好原则上普遍的方式中，以至特定情况之实践上合理的内涵只能通过原则之下的纯小前提才能获得。

请注意，在这方面并未区分，在历史传统中伦理原则是否是作为所谓的质料的或所谓形式的原则被寻求和被视为可能？在伦理原则中，喜悦、普遍福祉、完美，诸如此类是否被确立为最高的实践目标？或者，人们是否如康德一样否认所有这些原则是质料的，和将绝对命令宣布为一个"纯形式原则"，唯有这个原则是容许的：它是唯一的。只要将质料的和形式的的这样一种对立与相同称谓的逻辑对立加以类比，问题就产生，且需要更进一步的研究。但是，随着对熟悉康德伦理学和围绕它的争论的行家来说，再清楚不过的是，在引入对立和使用康德伦理形式原则的方式上，类比在一个我们感兴趣的核心点上失灵。因为康德想凭借绝对命令提供一个唯一的、不仅必要而且充分的道德性标准。他自己教导我们，我们该如何在特定情况下处理绝对命令，以使确定其中合乎道德的善、真正符合义务的东西，或者从伦理上评判自己实行的意欲和行动。唯有绝对命令从其中涌出的普遍评价规定个别情况的价值。不论原则是形式的，不论它多么排斥康德意义上的质料内容，但它还是一个肯定的决定原则，它对于特定的、完全具体的、个体化的情况完全足够。因为这个与绝对命令相称的形式正确性绝未留有一个质料的非正确性的空间。与此完全相反，我们曾听到：在认识领域，逻辑上的形式正确性根本不是质料的正确性。在那儿，认识形式，或我们说，判断形式、命题形式与各自命题的事实性概念所体现的命题质料内容相互区别。那么，我们拥有双重真理，尤其具有双重先天真理，一重真理是形式的或分析的，另一重真理是内容的、综合的。在认识领域这儿，纯粹形式逻辑和形形色色的质料具体科学恰恰是由此区分开来。

然而，通过这样的类比，问题或一系列问题随即产生：迄今为止，对质料伦理学和形式伦理学所作的区分，以及通过康德对一门形式伦理学的论证是足够的，或许是唯一可能的吗？当不仅一种表面的而且一种完全彻底的类比已经历史地绽现出来时，对逻辑学与伦理学所作的历史类比——作为这种类比基础动机不单是历史的，也是现实的——不能更深更广地或者别的方式进行吗？我们可以通过揭示形式逻辑的怀疑主义和伦理的怀疑主义之间准确类比所取得的进展，无疑一开始就说明了这点。

C　论形式实践原则、形式价值原则的可能性

我们上面所作的思考引导我们，提出更明确的问题。也就是，

我们得问：逻辑学和具体科学之间，或者纯分析真理和综合真理之间的区别在实践领域也不必有其严格的类比物吗？据此，在实践领域也不必有一个同理论领域中叫作纯逻辑或分析逻辑的严格的类比物吗？在这类逻辑中，我们曾有特定判断与一般判断活动的最普遍的观念之间的关系。另外，我们先天地在判断活动与判断活动的内容、命题或被判断的判断之间进行区分。在最后的、纯粹的普遍性中，在命题观念中一般被预定的、可能的命题形式一般在那儿被考虑。再者，考虑到先天地属于命题观念的逻辑谓项：真理和错误，表达出属于可能的判断形式的真理可能性的条件的先天性规则，也在那儿被考虑。难道在实践领域不可以指出相应的类似物吗？因此，某些实践活动，我们谈到某些意欲和行为，从属于一个意欲活动和采取行动的观念一般，这个观念将以一个观念的方式被探究先天存在和规则。于是，我们恐怕得思考：一个被意欲之物是否先验地属于意欲活动本身，这类似于被判断之物、被作出的判断属于判断活动。例如，我们恐怕相应地将决定、判断命题"它是如此！"、意志命题"它该如此！""这该发生"等归于作出决定的活动。正像判断命题、理论意义上的命题有其评价性谓项：真假，有理论正当的谓项（撇开各种或然性：或许、可能等）一样，实践命题也有类似的谓项：实践的合正当性和非合正当性（似乎可以说实践的真理和错误）。正如在意识活动方面，判断活动可以被评价为正确的和错误的，意欲活动也可相应地被评价为正确的和错误的。正如理论命题"它是如此"一类的命题，一方面有其可转换的形式，另一方面有其可朝着完全不同方向变化的质料内容，也就是术语，我们也有用于应该命题、实践上的诸如"它该发生！""它应变成 A""它应变成 A、B""如果 A 存在，那么 B 就应产生"等类形式的命题形式。字母在这儿同时代表术语。

此外，类比可继续进行下去：正如属于纯"判断形式"的、属于先天地探究其可能的纯形态的理论命题形式的，是理论的真理或错误之可能性条件（纯逻辑规则）一样，属于大概也先天地被考虑的实践命题形式的，是实践的合正当性之可能性的类似条件，这些条件作为先天的条件又以规则形式表现出来，而且这或许就是形式的实践规则。正如纯逻辑规则也能被表征为判断合理性之可能性条件——在意识活动，这就是判断行为之合理性的形式规范——纯实践规则也能被表征为实践理性、意欲活动中的形式理性的形式规范。这因而说明：任何损害正是通过形式被预定的合正当性的或有效性规则的意欲活动，进而任何采取行动都先天地、形式地是非理性的(不考虑意志的质料内容或者只考虑到实践的形式，它是非理性的)。

在理论理性、判断理性的领域，形式规则及其纯粹的后果组成形式逻辑、分析学的统一体。只转移到随意给定的质料内容上，就产生一个分析真理的，也就是撇开使用对象之存在的证明可通过形式逻辑规则中的纯小前提来认识的真理王国。此外，我们在理论领域曾有一个分布在不同的研究领域的、非分析的(如您想的)、综合的、确切地说一个先天的或经验上的存在的、其论证只能通过深入到判断意义的事实性才能达到的无限真理王国。

同样，在实践领域，一方面恐怕得有一门实践的分析学，与之相应的，也许是一个分析实践领域，也就是一个完整的意志领域，在其中，合理性也许可以从纯形式角度加以论证。于是，紧接着恐怕又有一个真正的事实性的意欲领域，一个合理性只能从意欲活动的特殊质料内容来加以论证——不论是内在地或先天地从其本质关联，不论是经验——存在地从其包罗万象的现实关联来加以论证的意志领域——只要它是真实的和可能的意欲或者行动领域。

如果这点能够得以实行，那么我们因此有了准确的类比。与形式或分析逻辑形成准确类比的，或许就是一门形式实践学。"伦理分析学"(ethische Analytik)或"分析伦理学"(analytische Ethik)的措词也许是合适的。其原则就任何理性的意欲和行为都不能损害它们，也就是不能损害其形式而言，具有最普遍的实践意义。因此，另一方面，如果类比要真的是完整的、全面的，那么在包括所有特殊道德于其内的真正事实性领域中，对真正的意欲活动在其目标方面的价值，对善的梯级次序，以及对应为所有意欲活动预先指明目标的最高的实践的善的内容，恐怕根本就没有任何陈说。

上面所做的这整个的考察，要求一个浅显易懂的、用几句话就能说明的补充。显而易见的可能是，我们为着一门伦理学或一门最广义的(因而超越特殊的道德领域的)实践学的观念，在区分一门分析或纯形式伦理学和一门质料伦理学方面已阐释的内容，立即不加考虑地被转移到价值论领域。可以预见的是，如果存在一门形式实践学，那么它本质上得与一门一般形式价值论紧密地联合起来。总的来说，人们有权谈论一种理性，也会提出在分析—形式的和质料的理性领域之间进行区分的问题，因此人们也有权谈论一种与一门质料价值论相对的分析的或形式的价值论。很容易了解的是，这个领域之外是与形式的—实践的领域内在地联合起来的，因此，存在一个更高的统一性，这个统一性除了伦理学之外还包括其他领域，例如美学，而且这类统一性甚至导致一种扩展意义上的形式价值论的可能性。

我们首先排除渴望和意欲活动领域，然后我们去掉一个非存在的价值领域，即一个最广义上的审美价值领域；我们因此研究那些在其中提供价值的客体的存在或非存在对于价值谓项的意义和有效性来说是无关紧要的价值。我们将之与存在的价值领域加以对照，在存在的价值领域，情形恰恰相反。我们称那些构成合理性的、存在之类的评价"愉悦"(Freude)的价值相关物为善，称相应的否定价值为恶。如果这一点被假定，那么很清楚的是，每一个美的对象同时是一个善的对象；这就是说，在理性审美评价中证明是美的，必须必然在理性的存在的评价中证明是美的，必须必然在理性的存在的评价中证明是善的，必须必然在理性的评价中证明是善的。这意味着，如果某物存在或者被相信存在，那么它必然地或一般合乎理性地，是一个合理的愉悦的对象。同样，在相反的非存在的情形中，它是合理的悲伤的对象。另外，我们假定，对意识而言，缺乏对象存在的性质，但是，存在的假定合理地论证一种假定的喜悦——我们因此推想到存在，而且在这种"假定它存在"的思想中论证一种能合理加以说明的准愉悦(Quasi-Freude)，也就是这样论证：这恐怕是一个正当的愉悦！——于是，非常清楚，同一对象或者同一事实也许是一个理性的意愿活动的合理的载体，而且如果它们是可实现的，那么它是一个合理的意志的载体。如果我们称理性意愿的价值相关物为渴望价值，称理性意志的价值相关物为意志价值或实践价值，那么据此很清楚的是，所有这些价值先天地联在一起。先天地有效的是：美同时即善；每个善，如果它不存在，它就是一个值得渴望之物；每个渴望价值，如果它是可实现的，它就是意志价值，结果善的概念在通常情况下被扩展了。可有理由地渴望之物也是善，实践价值实际也是善。

假如这些关联在无条件的普遍性中有效，那它们看来已经是形式的本性。因为普遍性是这样的普遍性，即它不取决于美的和善的质料，因此，诸如形式规则一类的东西似乎在被说出的命题中表现出来。总之，可以肯定的是，脱离评价活动的这种质料（也就是脱离在评价活动时被评价的客体的特殊性）而与价值范畴、与纯形式相关联的原则，需要一个非常普遍的价值论含义。但是，这首先适用于那些无视价值领域由于其范畴上的差别的特殊性而与普遍的范畴"一般价值"相关联的命题。总之，有关一种可能的形式价值论的想法在与一种形式逻辑的类比中呈现出来。

D　在实践和价值领域中行为和内容之间的区分：实践的规则和价值规则的规范转向

最后，为了尽可能地进行类比，再补充一点，这一点并非不重要。在形式逻辑——假如我们纯粹地、理论地理解它，正如我们已证明的，它必须被理解——关于其形式以及依赖于形式的有效性规则，我们不得不与意义，尤其是命题的意义打交道。每一个这样的规则能够规范地加以改变。这就是说，与之对等的是一个正确的判断活动的一般规范，一个最普遍性的规范，也就是说，无论在哪个认识领域，判断活动都可以进行。例如，矛盾律从理论上说明，两内容相反的命题，其中一个是真，另一个是假。与之相应的是判断规律：谁已判断说，它是 A，他就不可能判断，它不是 A，反之亦然。与那个在形式逻辑中被视作理论的推理规则相应的是，从某个形式的两个前提命题中引出某个附属形式的一个命题，我说，与这个规则相应的是判断规范：不论谁作出某某形式前提判断，他就可以从中合理推论：某某形式的判断有效。理论规则谈的是命题，但是根本就不谈任何人的判断活动和应当判断活动。相反，规则的规范转向想要的恰恰是判断者的规范，而且说明，他应如何判断，以便理性地判断。

与那个理论分析规则明显对等的，是一个普遍有效的，也就是在每个可能的判断活动领域一般有效的规范。这一事实的依据是，每一判断都有一观念的判断内容，即都有人们称之为逻辑意义上的命题的东西；判断正确性之所以可能或者理智的判断活动之所以可能的观念的、法定的条件，现在一般是以判断内容的最普遍的东西为基础的。

如果我们现在探究的主要是类比，那在实践的和价值论的领域的情形也许同样如此。也许那儿同样有先天形式规则，同样有与它们同时发展的、与之明显等值的先天规范：现在它们不是说理性判断活动的规范，而是理性评价活动、理性意愿或意欲行为的规范。类比于是可能要求：与在判断行为和判断内容之间（在思维活动与其意义内容之间）进行区分相一致，我们也许可以和必须在实践领域中，在作为行为的意欲活动和意志内容（几乎可以说意志意义、实践命题）之间进行区分。属于意志内容的形式，也就是属于此内容的本质一般所具有的基本形态的，或许必须是与形式逻辑的规则，分析的规则相类似的理论规则。这些规则的规范转向或许提供理性的意欲活动一般的等值规律，也就是不应被伤害的规范，如果意欲活动不应是出于极端的理由而是非理性的，也就是它之所以是非理性的，是因为它违反了意欲活动一般"意义"，违反了其"意义内容"一般所要求的东西，然而，意欲活动使自己适应于一个更广大的领域，确切地说，对于最广大的价值论领域来说，所有意欲活动必须加以区分，或者这种区分是可能的。

为了将要求的意义弄得更明白一点，我们再呆会儿。判断活动是在已确信意义上的意指。判断意指必然有一个意义内容，或如人们同时也说的，一个内容：逻辑命题。如果人们将判断活动和判断进行对照，那么后者无非就是逻辑上独立的命题。判断活动是内容的意指。"这个 S 是 P""S 一般是 P"，诸如此类。另一方面，意愿意识或意志意识似乎是意愿意指或意志意指，而且这个实践的意指也有一个"内容"；这个内容不是"这个 S 是 P"，而是"这个 S 应是 P"或"一个 S 一般应是 P"，诸如此类。以此方式，我们在意志时表示着决定，在它不是暂时地作出决定、意志行为的表达，而是内容的表达；采取行动（Handeln）和行动（Handelung），意愿活动（Wuenschen）和意愿（Wuensch）情形同样如此。

同样，作为喜悦和非喜悦的评价活动，是一种价值臆测（Wertvermeinen），并有其我们自然没有能从语言上清晰表达的内容：我们也只能使用应当措辞。一如与判断内容相关的是真理与错误，与判断活动相关的是逻辑的合理性与非合理性，在价值论领域，与评价内容相应的就是谓词：价值和无价值或善与恶。与评价活动相应的是价值论的合理性或非合理性。因此，决定是善的或恶的，但作出决定是合理的或非合理的，意志是一个实践上合理的（或许道德上合理的）或不合理的意志；同样，意愿活动是合理的或非合理的，意愿是一个善的意愿或相反。

在理智方面据说是：逻辑学上，意义是与一个被意指的对象性相关联的，每个判断活动都有一个判断内容，都有被判断之物、都有其意义，但与之相对应并非总是一个对象。如果判断是正确的、合理的，那么据说对象就是符合事实的。在伦理学方面的情形，也许同样如此：属于意志意指的，是一个意义；属于作出决定的，总是决定；属于采取行动的，总是行动。但是只是当意志是一个合理的意志，或者决定是一个善的决定时，决定才有实践的有效性，实践的价值才有伦理的实践性、价值论的实在性，在这方面实在性概念自然是转义的。

四

B　逻辑学与伦理学之间的类比是科学建构伦理学的范导

现在，我们结束形式伦理学的思考。我借此一如我相信的，已实现了我的目的。伦理学（或者价值论）和逻辑学之间的类比观念，已在一个主要点上完全经受了考验。我们不仅一般地弄清了阐明一门纯形式价值论的必要性，而且也已能使我们确信：实际上，形形色色的命题能从理论上联系起来；这样一门形式价值学科或者一门形式价值理论和伦理学的重要主件共有多少。我将以严格系统的方式扩建我们在这儿已为之开辟道路的学科，视为我们时代的最重要的迫切需要的东西。

我能提供的，自然只是不完整的，我还有一些我不可能系统地编排的，因而我在此并不想提及的命题。另外，有些缺陷还得弥补；

有些命题根据其意义得适当加以限定，诸如此类。此外，我不以为，一门如此广博的科学领域，例如数学在这儿作为形式——价值论的学科呈现出来，好像从直截了当的显而易见的公理能推出无限丰富的实践上卓有成效的成果。在这儿，传统形式逻辑学科与之相似，传统逻辑在其旧的界限内也能要求较实践价值更多的理论价值。我们已将传统逻辑与形式价值论学科进行类比。自然，通过形式逻辑已经获得的与纯形式数学的联系，通过已认识到形式逻辑与形式数学在科学上是统一的，而且属于一个广博无垠的数的观念，传统形式逻辑已赢得了新的理论内容和一个新的尊严，它正是众多分支学科的多样性统一的根基。

我不想有这样的奢望，即形式伦理学也能以类似的方式继续发展并不断分裂出众多分支学科。但是，不论它的内容是多么狭窄和有限，不论在范围和在理论活动的洞察力方面，与普遍数学较少可比性，将其构建为避免以自身为基础的学科都具有可设想的巨大的利益。单是存在一门这样的形式学科和一个它所属的纯粹的评价活动的规范理论的事实，就是对我们理论认识的巨大充实。

自然，一门形式伦理学，或者如您乐意也可叫一门形式实践学，在伦理学科学体系中只能是低一级的学科，正如形式逻辑不是完整意义上的逻辑学，而只是逻辑的一个重要的基础领域。经验思维的全部理论，例如所有人们在归纳和或然性学说的名称下没有完整地、充分地讨论的内容，就是从形式逻辑领域分离出来的。不言而喻，这在价值论和伦理学方面也有其类似之处。对双方有效的是：我们肯定没有离开先验领域，当我们追溯出合规则性（在这儿叫形式的合规则性，或者在某种意义上也叫分析的合规则性）时。同时，经验也服从于先验规则。如果我们想使用康德的话，那么与分析的本质规则相应的，是综合的本质规则。可是在这方面，我们的基本看法显然偏离了康德的看法。我以为，在表达和解决针对一个真正的、科学地建构更高阶段的伦理学而提出的问题中，我们不得不与逻辑学进行类比，这种类比逐渐证明是卓有成效的。然而，只是需要一门真正的系统的逻辑学。在伦理学能够努力赶上逻辑学而且利用它作为楷模之前，逻辑学只须保障其问题的本质次序。遗憾的是，在逻辑学方面，我们正完全处在起始阶段，确切地说，我们本身尚处于提出和整理基本属于其观念的问题阶段。

　　事情的本质在于：伦理学尚落后很多。自然，不应因此就说，迄今为止所有在伦理学名称下所探索的、文献上所表述的东西，是无价值的。众所周知，自从精密的自然科学学会了提出真正的问题并且形成解决问题的严格的方法以来，物理学的、化学的文献只能被视为已完全被克服了的前阶段。但是，精密的自然科学诞生前的物理学的、化学的文献不是无价值的。与此类似，一旦有一天通过对其本质阶梯状发展中的真正的问题的认识以及通过对真正的方法的认识，一门科学的伦理学观念赢得了一个确定的内容，那么所有过去时代对伦理学的探索一定也是如此。

选译自 Ullrich Melle 编：《伦理学与价值论讲演录》，
见《胡塞尔全集》，第 28 卷，荷兰，Kluwer
Academic Publishers，德文版，1988。 艾四林译。

［法］柏格森（Henri Bergerson，1859—1941）

《道德与宗教的两个来源》（1932）（节选）

《道德与宗教的两个来源》（1932）（节选）

　　对禁果的记忆是我们每个人记忆中最早的东西，正如它是人类最早的记忆一样。要不是这种记忆被我们更热心加以关注的其他事物所遮蔽，我们本来是应当注意到这一点的。假如我们能不受干扰地为所欲为，我们会有一个多好的童年啊！我们将在快乐中嬉戏优游。但突然间出现了一道无形的障碍，即出现了一道禁令。我们何以就服从了？我们很少想到这一点。我们已经养成了服从我们的父母和老师的习惯。尽管如此，我们仍清楚地知道，那是因为他们是我们的父母，他们是我们的老师。因此，在我们眼中，他们的威信与其说来自他们本身，不如说来自他们在与我们的关系中所处的地位。他们处于某种地位，这种地位是他们能发出命令的源泉，如果这命令出自别处，便不会具有同样的分量。换言之，我们的父母和老师似乎是根据代表权而采取行动的。我们并未充分认识到这一点，但我们却隐隐地感到，在我们父母和老师的身后有一巨大而模糊的东西，正是这种东西通过他们而对我们施加压力。后面我们将指出这种东西就是社会。在反思社会这东西的时候，我们可将之比作某种有机组织，这个组织的细胞（由看不见的联系结合在一起）在得到高度发展的等序中各遂其位，并且为了整体的最大益处，能自动服从要求牺牲部分的原则。当然，这只是一个比喻，因为服从于不可抗拒的自然法则的有机组织是一回事，而由自由意志组成的社会又是一回事。然而，一旦这些意志被组织起来，他们就会采用有机组织的面貌，而在这个多少是人为的有机组织中，习惯就会发挥像必然性在自然物中所起的那种作用。由此观之，社会生活就表现为一个多少是稳固的习惯的系统，与共同体的各种需要相适应。这个系统中的一些是有关命令的习惯，绝大多数是有关服从的习惯，无论我们服从的是执行社会命令的某个人，还是来自社会本身的命令，我们都能模糊地感到其间发散着一种非人格的强制。所有这些服从的习惯都会对我们的意志产生压迫。我们可以逃避这种压迫，但随后我们又被吸引回来，就像从垂直面摆开的钟摆又回到垂直面一样。事物的某种秩序被打乱了，它必须得到恢复。总之，就所有的习惯而言，我们都感到一种义务感。

但是，这种情形中的义务（obligation）乃是无比的强大。当一个数极大地大于另一个数以致后者可以忽略不计时，数学家就说这个数属于另一等序。社会义务也是如此。与其他的习惯相比，社会义务的压力乃是这样一种东西，即压力的程度差异也就是压力的性质差异。

应注意的是，具有这种性质的所有习惯都是相互支持的。尽管我们无法反思其本质和来源，但我们却感到它们是相互联系的，因为这是我们直接的环境对于我们的要求，或者是这些环境的环境、最终则是社会对于我们的要求。每一习惯都直接或间接对应于一种社会需要，所以，这些习惯全都结合在一起，它们形成某种坚固的整体。如果我们单独地看它们，则很多这些习惯都可能是些琐细的义务。但它们是总体义务的一个组成部分，而这个整体（它是由各部分共同形成的）反过来又把不可分割的总体特征赋予每一部分。这样，整体便去援助它的每一部分，在我们面对某一单个责任有可能感到迟疑不决时，总体判决"按责任的要求行事"就会克服这种犹豫。事实上，我们并未清晰地想到许多被加在一起并构成着一个整体义务的个别义务。

也许这里并不存在部分的结合。一种义务从所有其他义务获得的那种力量，有如生命的呼吸，每一呼吸都是完整的、不可分割的，是由每个细胞从有机体深处发出的，而每个细胞只是机体的一个元素。社会（体现在它的每个成员中）有许多要求，这些要求无论是大是小,都表达了社会生命的整体。让我们再重复一遍,这只是一个比喻。人的共同体是由自由个体的结合。共同体规定了义务,义务又使共同体得以维持,并为共同体引入了某种规律性,这种规律性仅仅类似于生命现象的稳固秩序。

……

于是我们便不断地被带回到这同一个比喻上来,尽管这个比喻有很多缺陷,可对于我们正在处理的问题来说仍是相当恰当的。一个公民社会的成员就像有机组织的细胞那样结合在一起。习惯(有理智和想象为之效力)便在这些成员中引入某种纪律,这种纪律在各个个体之间确立了相互依赖,从而显得像是有机组织网结细胞的联合。

一切事物都尽量促使社会秩序成为对在自然中所观察到的那种秩序的模仿。显而易见,我们每个人当其只想到他自己时,都感到可以随意遵循他的爱好、欲望或幻想,而不考虑他的同伴。但这种倾向一旦形成,就会立即碰到由所有社会力量的累积所形成的某种力量:不像一意孤行的个别动机,这种力量会最终形成与自然现象的秩序相类似的某种秩序。一个有机组织的细胞,在获得意识的瞬间,必然渴望解放自己,以免自己被必然性重新捕获。某一共同体的单个组成部分可以改变甚或可以打破具有同样性质的必然性,这必然性在某种意义上是他帮助创立的,但却仍然是他必须服从的;认识到这种必然性,以及同时又觉得可以逃避之,正是他称之为义务的那种东西。从这个观点来看,就其最为一般的含义而言,义务之于必然性,正如习惯之于自然。

但义务并不完全来自外部。我们每个人属于社会的程度与属于自己的程度是一样的。一个人在意识中沉潜得越深,他的个性就表现得越特别,既无法与他人相比,也不可用语词界定,而在生活的表面,我们都在不断地接触我们与之类似的别的人,并因某种纪律(这纪律在我们和人们之间创造出相互依赖的关系)而与他们结合在一起。自我除了定位在我们社会化了的那部分上外,难道就没有别的途径去固定在某种坚实之物上吗?假如没有别的办法可以逃避由冲动、任性与后悔构成的生活,情况就将如此。但是,在我们最为内在的自我中(如果我们知道如何寻找它的话),我们或许有可能发现另一种平衡,这是一种较表面平衡更为称心的平衡。有一些水生植物，当其伸到水面时，便被水流不停地推撞；它们的叶子因在水上相会而交缠在一起，从而造成了它们上面的稳定性。但更为稳固的是这些植物的根，这些根牢牢地植于土地中，支撑叶子免于倒下。然而，我们暂时不打算详述那种追究我们深度存在的试图。即便这种试图是可能的，它也是罕见的；而且正是在表面，即在自我将其嵌入由其他外在化个性所织就的至密组织的那一点，我们的自我一般才能找到它的附着点；自我的稳定就存在于这种团结的组织之中。但在附着点上，自我本身就被社会化了。

我们视为人与人之间一种约束的义务，首先约束的就是我们自己。因此，指责纯社会道德忽略个人义务是错误的，即使我们只在理论上处于一种对他人的义务状态之下，我们在事实上也应处于对我们自己的义务状态之下。因此只有当社会自我被置于个体自我之上时，才存在社会的团结。培养这种社会自我，是我们社会责任的本质。如果我们身上没有社会的某个部分，社会对我们就不起作用；如果我们发现它就存在于我们身上，我们几乎无须把这一部分找出来，因为我们是自足的。它或多或少地体现在不同的人身上，但没有人能将之从自己身上完全剔除掉。他也不会这样做，因为他完全知道，他力量的较大部分来自这一源泉，同时也知道，多亏了社会生活的恒定要求，他才具有了持续的能量、对目标的不懈的追求，而这两者保证了对他行动的最大回报。即使他想把社会自我剔除掉，他也做不到，因为他的记忆和想象有赖于社会在它们中植入的东西，因为社会的灵魂就内含在他所说的语言之中，因为即使无人在场，即使他只是在思想，他也仍然在对他自己谈话。

如果力图想象出一个与全部社会生活绝缘的个人，那将是徒劳无益的。甚至荒岛上的鲁滨逊实际上也一直在与他人接触着，因为他从破船中抢救出的那些物件（没有这些物件他就不能生活），仍把他保持在文明的范围因而也是社会的范围之内。但某种道德接触对他仍是更加需要的，这是因为，假如除了他知其有限的个人力量外而别无其他克服无数困难的手段，他也许很快就会陷于绝望。他从他在精神上一直依附着的社会汲取力量；他不可能看见这个社会，但它仍在那儿注望着他。假如这个个体自我一直活着并且体现着社会自我，那么，即使处于隔离状态，他取得的成果也不会亚于即使有整个社会的鼓励和支持时能得到的成果。那些为情势所迫注定要孤独一段时间且不能在自身中找到某种深刻内在生活之源泉的人，是知道"垮掉"这一不利后果的，亦即在由社会自我所规定的那一层面不能建立起个体自我。因此这些人会小心地维护着社会自我，以免它会放松对个体自我的约束。如果需要的话，他们会寻求对这一方面的某种或虚或实的支撑。你也许记得吉普林笔下的那位独自住在印第安腹地茅屋中的守林员？他每晚就餐都穿戴得整整齐齐的，以便在离群索居中能够维持他的自尊。[①]

……

为了清楚地揭示个人与社会的此种关系，我们武断地打断了原先的话题。在日常方式中，我们服从我们的义务，但不是常常想到那些义务。假如我们每次都得产生义务的观念，都得宣布其准则，那么要履行我们的责任就将会是很累人的事。但习惯就足够了，在大多数情形中，为了与社会保持一致，我们只需做到不去操心什么义务，便可以做到社会期望于我们的事。更有甚者，社会通过它与我们之间的中介已使事情对于我们非常容易：我们有一家庭；我们从事某一职业；我们属于某教区、某社区、某乡镇；凡在团体完全插入社会的时候，我们都乐意履行我们对于团体的义务并因此履行我们对于社会的义务。社会占据的是圆周，个人则处于圆心；从圆心到圆周则排列（就像很多不断扩展着的圆心圆）着个人所从属的各个团体。从圆周到圆心，当圆圈逐渐收缩时，义务也不断地增加，个人最后发现他所面对的是所有义务的总和。这样，义务随着它的推进而不断增加；但义务越是复杂，它就越不抽象，就愈容易被接受。当义务变得完全具体，它就等同于这样一种倾向（如此的习以为常以至于我们认为它是自然的），即在社会中履行由我们所处的地位分配给我们的角色。只要我们服从于这种倾向，我们就很少觉察到它的存在。如果我们要与之相分，那它就会呈现出一种专断的面貌，就像所有根深蒂固的习惯一样。

为个人指定其日常生活程序的是社会。没有对规则和义务的服

---

① 见英国作家吉普林（Kipling，1865—1936）的《独处鲁克》，引自《发明家》文集。

从，就不可能享受家庭生活，不可能从事某项职业，不可能参与日常生活的无数操心，不可能到商店买东西，不可能外出闲逛，甚至不可能待在家里。每一时刻我们都要作出选择，并自然地决定那与规则相一致的事情。我们几乎意识不到这个过程；这里无须我们费心。路已由社会标示出来；它就敞现在我们面前，我们循此而行。从荒野中辟路将需要更多的首创精神。在这种意义上，责任差不多总是自动形成的；如果我们在大多数通常的情况下服从责任，那么，这种服从即可界定为不费力的一种形式，即被动的默认。那么，这种服从表现为令人紧张的状态，而责任本身则表现为某种令人畏惧与不可回避的东西，这是如何发生的呢？这显然是因为发生了这样的情形，即服从包含着对自我的压抑。这些情形是些特别的例外；但我们注意到它们，是因为它们伴以尖锐的意识，就像所有犹豫发生时的情况一样——事实上，意识就是这种犹豫本身，因为一种自动发生的行为过程是几乎不被注意的。因此，由于我们责任的相互依赖，又由于作为整体的义务是内含在它的每一部分中的，故一切责任都染有由某一种责任所特别赋予的那种色彩。从实践的观点看，这并没有什么不方便，在这种看待事物的方式中，甚至还有某种优点。因此，无论我们多么自然地履行责任，我们都可能遇到来自我们内心的阻抗。估计到这种阻抗是明智的，我们绝不能认为，一直做一个好丈夫，做一个正直的公民，做一个有觉悟的工人，简言之，做一个诚实的人，乃是很容易的事。此外，在这种看法中又有相当的真理；因为尽管说在社会秩序之内能相对容易地做到这一点，但我们还是必须参与到这秩序中去，而此种参与就要求作出某种努力。儿童所具有的天然的不服从，教育的强制性，都是这种需要努力的证明。我们完全可以相信，个体实际上赞同了自己全部的义务，尽管他无须对每项义务进行考虑。尽管骑手只消让马驮着他往前，但他也仍需马鞍。个人与社会的关系也是这样。说责任可以自发得到履行，这在某种意义上乃是不真实的，而在任何意义上都是危险的。让我们把这一点确立为一条实践准则：对责任的服从意味着对自我的反抗。

……

但义务的本质是一种与理性的要求很不相同的东西。这是迄今我们力图提出的全部观点。当人们面对的是较不发达的社团和较为初级的意识阶段时，我们相信，我们的描述会愈加符合真实情况。假如我们只局限于正常良知，如今天在一般正人君子身上所看到的那种，那这一描述就仅仅是一个轮廓。但是，正因为我们在此种情形中所讨论的是一种交织在一起的情感、观念和倾向的奇特结合，所以，只要我们手里握有某种抓住了要点的概略（轮廓），我们就应避免虚假的分析和专断的综合。此种概略正是我们力图寻觅的。如果把义务视为对意志的压迫（如习惯一样），那么，每一义务后面都拖有一大堆其他的义务，并因其具有的压力而利用着整体的分量；这里，你从一个简单、基本的道德良知上所看到的乃是整体义务。那就是本质性的东西，那就是可归结为义务的东西，即使在达到最复杂的那些情形中也是如此。

　　这表明，处于基本状态的义务在何时以及在何种意义上采取"绝对命令"的形式。我们看到，要在日常生活中发现此种命令，乃是非常困难的。军事命令是这样一种命令：既不要求理由也不要求回答，它事实上是说："因为你必须所以你必须。"但是，尽管你并未对士兵给出任何理由，他也会想象出一种理由。如果我们需要一种纯粹绝对命令的例子，我们只须构造出一个先验的事例，或至少对经验作某种专断的抽绎。让我们想象一只蚂蚁，这只蚂蚁为一缕反思之光所激发并因此断定它不懈地为别的蚂蚁工作是一种错误。它偷懒的时间的确只延续了很短的时间，正如理智之光的出现那么短暂。在这短暂的懈怠之后，当重新恢复作用的本能将以十足的力量要把这只蚂蚁拖回到它的工作时，那就要沉没到本质之中的理智把这话作为它的告别辞："因为你必须所以你必须。"这个"因为你必须所以你必须"，只是对为这只蚂蚁所知觉到的拖动（这种拖动是这只蚂蚁体验到的）的瞬时感受；那是这样一种拖拉，当其把这只蚂蚁拖回来工作后，绳索短暂的松弛后重又把它往回拉。同样的命令也会在梦游者的耳中响起，这梦游者马上就会醒来，或者实际上也开始从他的梦中醒来；如果他立即陷回某种催眠状态，那么，绝对命令就会代表反思以言辞表达出来，这种反思刚刚出现就立即消失了，即不可避免地沉落了。一言以蔽之，绝对意义上的命令乃是本能的或梦游的，在正常状态下这是由规范所致；而假如反思出现的时间刚好够它成形但还不足以让它去寻找理由，则它就是被描述为这样。那么，这一点难道还不明显吗：在有理性的存在者那里，随着理性行动朝着本能变化，命令也倾向于变为绝对的？但是，一种最初始于理智但随后即走向模仿本能的行为，正是那种我们在人身上称为习惯的东西。而最有力的习惯，即其力量是由所有基本社会习惯的合力构成的习惯，正是那种能最好模仿本能的习惯。下面一点不应使人感到意外：在瞬间之内(该瞬间能把仅被体验为一种生命力的义务与为各种理由所完全认识和证明了的义务分离出来)，义务确应采取绝对命令的形式："因为你必须所以你必须。"

......

从这个观点来看，义务便失去了它的特殊性。它只是存身于最为一般的生命现象之中。当那些构成有机组织的诸要素都服从固定的原则时，我们能否说这些要素都感到自己倾向于服从义务，能否说它们正在服从某一社会本能？显然不能这样说；但此种有机组织几乎算不上是一种共同体，而蜂房和蚁冢则是事实上的有机组织，这个组织的诸要素是由看不见的联系结合在一起的，而蚂蚁的社会本能——我指的是这样一种力量，工作者能凭此力量完成由其构造而指派给它的任务——却不能在根本上与这样一个原因区分开来。凭借这个原因，一个有生命的机体的每一组织、每一细胞都能为整体的最大利益而辛苦工作。的确，严格地说，这在两种情形中都无关乎义务，而与必需有关。在道德义务的基础中，我们看到了这种必需，但它不是真实的而只是类似真实的，仿佛是透过半透明的面纱而看到的。一个人感到某种义务，这只有当他是自由的时候才可能，如果分别加以考虑，每一义务都意指自由。但这一点却是必要的，即这里应当有义务；我们从那些处于顶端的特殊义务出发，往下越是接近一般义务，或者如上所说，我们越接近于作为整体的义务(处于底部)，则义务就越是呈现为由生命领域中的必需所采取的那种形式，为了完成某种目的，这种必要性需要理智、选择和自由。

这里须再次指出，这只适合于非常简单的人类社会，即原始的或初级的社会。但正如我们将在后面指出的，文明人之不同于原始人，首先就在于大量的知识和习惯，这些知识和习惯是文明人由于其意识的最初觉醒而从社会环境(这些知识和习惯就保存在其中)中吸取的。自然的东西被获得的东西大量覆盖，但千百年来自然的东西却差不多能够无改变地延续下来；习惯和知识绝不会使有机组织充盈到被传统改变的程度，就像人们通常所认为的那样。的确，假如自然的东西为我们在千百年文明进程中积累起来的获得习惯所泯灭，那我们在对义务的分析中就可以对之忽略不计。但在最文明的社会中，这种自然的东西却完美无损，非常活跃。对于这种自然的东西，我们所要说明的，不是这一或那一社会义务，而是要解释我们所谓的整体义务。我们的文明社会，无论多么不同于我们最初因自然而命定属于的那种社会，的确显示出与那种社会的基本相似。

因为这些文明社会也是封闭社会。与那些我们受本能驱使而附属的小团体相比，这些文明社会或许是很大的，倘若文明的全部物质成果与精神成果将从它们保存于其中的社会环境消失殆尽，那么，同样的本能很可能会在今天重新恢复这样的小团体；这些文明社会的基本特征依然是在任何时候把某一数量的个体吸纳进来，把另一些个体排除在外。我们说的究竟是什么样的社会呢？代表全人类的开放社会吗？我们尚未解决这事，就像当人们说到一个人对其同伴的责任时并未做到履行责任一样；人们保持审慎的含糊，也尽量不作任何肯定，但却愿意相信这一点，即"人的社会"已是一个完成了的事实。我们相信这一点是不错的，因为如果我们对于人类负有无可争议的责任（尽管这些责任具有完全不同的起源，正如我们稍后将看到的那样），那么，倘若我们在这些责任与我们对于我们自己的同伴的责任之间作一判然的区分，则我们就有取消这些责任的危险。只要涉及的是行为，这是非常正确的。但不强调这一区分的道德哲学则错失了真理，这种哲学所作的分析将因此不可避免地歪曲事实。事实上，当我们作出这样的规定，即尊重他人生命和财产的责任是社会生活的根本要求的时候，我们只需想一下战争时期所发生的事情。谋杀、掠夺、叛变、欺诈与说谎不仅成为合法的行为，而且在实际上成为值得赞许的事情。处于战争中的民族可以像莎剧《麦克白斯》中的女巫那样说：

"公正是邪恶，而邪恶才是公正。"①

假如这真是社会直到那时所一直要求于我们的人对人的一种态

---

① 朱生豪译为"美即丑恶丑即美"。参见《麦克白斯》第一章第一场，见《莎士比亚全集》，第8集，309页，北京，人民文学出版社，1978。——译注。

度，这会成为可能吗？这种转变会发生得如此容易、如此普遍与如此突然吗？我知道社会说什么（我再说一遍，社会有理由这样说），但是，为了知道社会的所想与所需，我们无须太专注于它说些什么，而须看它做些什么。社会说，它所规定的责任在原则上的确是对人类的责任，然而，遗憾的是，在很多例外的情形下，这些责任又暂时无法履行。假如社会不这样说，那么，它就会阻挡向别的道德的前进之路，那种道德不来源于社会，但社会很想迁就它。另一方面，我们心灵的习惯是，把相对稀少或例外的东西，例如疾病，认作不正常的东西。但疾病正如健康一样是正常的，从某种观点看，健康不过是防止或避免疾病的不断努力。同样，和平迄今也一直是一种防卫性准备甚至攻击性准备，即一种战争准备。我们社会责任的目标是社会凝聚；无论我们愿意与否，这些责任为我们构成了某种态度。这种态度相当于在面对敌人时的纪律。这意思是说，无论社会赋予人的东西有多少（社会除了在上千年的文明中所获的那些东西外，还训练人遵守规则），它也仍然需要那种原始的本能，只是这种本能覆盖有一层厚厚的装饰。一言以蔽之，我们在社会义务这一基础上所窥见的社会本能（由于相对不变故为本能）总是有一封闭的社会，无论该社会的规模有多大。该本能无疑为另一种道德所遮掩并因此而支持那种道德，并且还把自己的某种力量即命令的特征赋予那种道德。但该本能本身并不关涉人类，因为在民族（无论多大）与人类之间，其间隔着有限到无限、封闭到开放的整个距离。我们喜欢这样说，公民品德的培养是在家庭中进行的，同样，我们是从爱我们的故乡学会热爱人类的。我们的同情被认为是在不间断的连续中扩大的，一方面扩展一方面又保持着同一，最后以对整个人类的拥抱而告终。这是一种先验的推理，是唯理智论者之心灵观念的结果。我们观察到三种团体的组成人员在不断增加（我们可以加入其中），而且我们得出结论说，情感的不断扩张是与我们热爱的对象的不断扩展相一致的。助长该幻觉的是这样一点，即：由于碰巧情感的扩张与事实相吻合。家庭品德的确是与公民品德结合在一起的，由于这个简单的原因，家庭与社会（它们最初是不可分的）便一直保持着紧密的关系。但是，在我们生活于其中的社会与一般的人类之间，也存在着如同封闭社会与开放社会之间的那种对峙；但这两种对峙不仅有程度上的不同，而且更有类别上的不同。倘若在情感领域内我们将两种情感，即故乡之爱与人类之爱，拿来做比较，那差别将是何等大啊！社会结合在很大程度上乃是起于一个团体反对别人以保护自己的那种必要性，而且，正因为我们反对所有其他的人，我们才热爱我们与之一道生活的人，谁会看不到这个事实呢？这就是原始的本能。这种本能仍然存在，尽管它有幸隐匿到文明的增生物后面，但甚至今天我们也仍自然地、直接地热爱我们的父母与乡邻；而爱人类则是间接的、后天习得的。我们径直走向前一种爱，而只是迂回地走向后一种爱，因为只是通过上帝和在上帝中，宗教才要求人要爱人类；同样，只是通过理性，即通过那种我们具有的理性，哲学家才使我们注意到人性，目的是要向我们表明人的尊严，即所有人要求得到尊敬的权利。我们既不是通过家庭也不是通过民族逐渐走向人类的。我们必须一次跳跃便被带到远远超出人类的地步，而且，尽管并没有把人类作为我们目标，却通过超越它来达到它。此外，无论我们说宗教的语言还是哲学的语言，也无论这是一个爱的问题还是尊敬的问题，一种不同的道德，即另一种义务，在社会压力之上并越过社会压力而一起产生出来。到目前为止，我们论述的只是后一种道德。现在是处理前者的时候了。

我们一直在寻求纯粹的义务。为了发现这种义务，我们已把道德还原为最简单的表达。这种做法的优点是要指出义务的构成，而缺点则是极大地缩小了道德。这并不是因为我们撇在一边的那部分道德不是义务，难道还有不具强制性的责任吗？而且因为这一点是可信的，即假如从纯粹、简单的义务这一原始基础出发，就像我们刚才所界定的，那么，这种义务就应散播、扩展甚至被吸收到某种改变它的东西之中去。现在让我们看看彻底的道德究竟是什么样子。我们将使用同样的方法，并再次向极限推进(但却不是像迄今所做的那样向下而是向上)。

任何时候都会出现体现此种道德的特殊的人。在基督教的使徒以前，人类就已经有了希腊的圣贤、以色列的预言家、佛教的阿罗汉以及其他品德高尚者。人们总是在他们身上寻找那种彻底的道德(我们已最恰当地称之为绝对道德)。这一事实既具特色又具启发性；这一事实提醒我们注意，在我们迄今一直在处理的道德与我们正要探究的道德之间，在起码的道德与最高的道德之间，即在两个极端之间，存在着一种不光是程度不同而且类型也不相同的道德。前一种道德愈是还原为非个人的形式，便愈变得纯粹而完满；而后一种道德为了达到完满，而必须体现在某个特许的人物（为一典范）身上。前一道德的普遍性在于对某一法则的普遍接受，而后一道德的普遍性则在于对某一典范的共同仿效。

那么，何以使徒有其仿效者呢？何以伟大的道德领袖能吸引大众的追随呢？他们什么也未要求，可他们却得到了。他们无须去激励，单是他们的存在就足够了，因为这正是那另一种道德的性质。自然的义务是一种压力或一种推力，而完满的道德则具感召力。

只有那些接触过某种伟大道德人格的人，才能充分认识到这种感召力的性质。但是，当我们通常的行为准则在我们看来已变得不充分的时候，我们所有的人都很想知道，在这些情况下，这种人格会要求我们做些什么。它有可能是一种关系或是一位我们从思想中召唤出来的朋友。但它也可能是一位我们从未遇见过的人，这个人的生平是人们告诉我们的，我们在想象中让自己的行为服从这个人的评判，害怕受到他的指责，以得到他的赞扬为骄傲。它甚至有可能是这样一种人格，这种人格是从灵魂深处被带到意识的光明中来，拨动我们内心的生命，我们感到它后来完全渗透了我们，我们也希望做他的门徒，暂时把我们自己托付给这个人格。事实上，一当我们接受某一典范，这种人格便开始存在；对相似的渴求（它从理想中产生出形式）就是一种最初的相似；那将被我们据为己有的话语，就是我们在自己内心听到其回响的话语。但这个人却无关紧要。让我们径直指出，第一种道德越是明显地归类于非人格的义务便越是有力；相反，对第二种道德——这种道德最初遍布于我们的理智所忠于的一般律令之中，但又并未走到发动我们的意志的地步——而言，如果多数律令越是完全进入一个人的统一性与个体性，则它就会变得越加具有说服力。

这种道德的力量来自何处？取代自然义务或者最后吸收自然义务的那种行动原则是什么？要发现这种原则，让我们先来看那种默默地对我们提出要求的东西。我们迄今所讨论的乃是那些由社会生活施加于我们的责任；这些责任之具有约束力，与其说是来自人类，不如说是来自城邦。你可以这样说：第二种道德（如果我们的确区分出两种）与第一种的区别，就在于它是人的道德而不仅仅是社会的道德。你这样说不会完全错。因为我们已经看到，你不是靠扩大城邦的范围来达到人类的；社会道德与人的道德之间的差异不仅是量的，而且也是质的。前一种道德是这样一种道德，即当我们感到某种自然义务时一般所想到的道德。在这些得到明确界定的责任之上，我们还爱设想另外的义务，这些义务的界限也许有点模糊不清。我们所想到的，便是由忠诚、自我牺牲、隐忍的精神、博爱等文字所表达的东西。但是，一般来说，难道我们此刻还能想到不是文字的别的什么不成？很可能想不到，而我们是充分认识这点的。我们说，有形式存在，这便足够了；这形式将会取得完满的含义，那种将填充形式的观念在需要时便会发挥作用。的确，对很多人来说，这种需要从未出现过，或者，行为被推迟到很晚才作出。在某些人那里，意志的确有所发动，但却是如此的微弱，以至他们所感到的轻微震动在事实上可被认为是对社会责任（被扩大和被弱化为人的责任）的扩张。但是，只要让这些形式带有内容，只要这种内容变得生气勃勃，那么，一个崭新的生命就宣告出现了；我们也才领会到或感受到一种新道德的出现。因此，当这里谈到仁慈之爱时，我所指的无疑就是这种道德。然而，我们却不是在表述这种道德的本质，因为仁慈之爱并不是一种自足的力量，或者说，并不是具有直接功效的力量。青年人的导师们知道得很清楚，靠推荐"集体主义"是胜不了"个人主义"的。甚至会发生这种情况：一种渴求牺牲自己的仁慈天性，在想到它在"为人类"工作时，也会突然感到一种沮丧。爱的这个对象太广泛了，爱的效力太稀薄了。因此我们可以作这样的推测，假如仁慈之爱构成此种道德，那么，它也是以酷似于下述方式构成的：那种要达到某点的意图包含着跨越某种间距的需要。在某种意义上，意图与跨越的必需是一回事；在另外某种意义上，这又是完全不同的事。如果我们只想到这种间距和不同的点（在数目上是无穷的，我们要一个一个地越过），那么，从一开始我们便会感到气馁，就像艺诺的飞箭①；此外，这里也将没有任何对象，没有任何动机。

---

① 芝诺（Zenon，约公元前490—前436）：古希腊爱利亚学派哲学家。这里指他的"飞矢不动"论，即：认为一支飞箭在一定时间内经过很多点，但在每一点上它都必然停留在那一点上，因此是静止的。把许多这样静止的点集合起来，仍然是静止的，故飞矢不动。——译注。

但是，如果我们跨越这一间距，只想到目的，或者甚至还看得更远一些，那么，我们将容易完成一个简单的行动，并在同时克服那种无穷的多样性（这种多样性是与单一性对应的）。那么，在这种情形中，什么是目的、什么是努力的方向呢？一言以蔽之，对我们的要求究竟是什么呢？

让我们首先界定我们迄今一直在讨论的那种人的道德态度。这种人是社会的一部分，他和社会在个人保存与社会保存的相同任务中结合在一起。两者都是以自我为中心的。私人利益是否总是与公共利益相一致，这一点的确值得怀疑；我们知道，功利主义伦理学在提出个人只是寻求他自己的利益、而这种寻求会导致他追求他人的利益时，遇到了多么巨大的困难。一个有理性的存在者，在追求他个人利益的时候，常常会做出某种完全不同于群体利益所要求的事情。然而，假如功利主义伦理学一再以某种形式出现，那么，这意味着它不是站不住脚的；而假如它站得住脚，却正是因为这个原因：在理智活动的下边蛰伏着本能活动的深土，而且事实上不得不在他自己的利益与他人的利益之间作选择，这层土壤是由自然最初埋在那里的，在这一层次，个体与群体几乎是不可分的。细胞为自己活着也为机体活着，它得到生命力也输出生命力；如果需要的话，它将为机体牺牲自己；倘若它有意识的话，那它无疑就会这样说：它是为了自身利益而作出牺牲的。一只能思考其行为的蚂蚁，其心态也许正与此相似。这只蚂蚁会觉得，它的行为把它自己的利益与蚁群的利益结合起来了。我们正是把这种根本的本能与义务相联系；这本能最初所指的是事物的这样一种状态，在这种状态中，个体与团体乃是分不开的。正是这一点使我们能够说：与这种状态相应的道德态度就是只关心它们自己的个体与团体的态度。这里，个体、群体的精神是以圆圈的方式运动的。这种精神是封闭的。

另一种态度则是开放精神所具有的态度。这种态度的内涵是什么？如果我们说，这种态度拥抱全人类，那我们并未走得太远，我们几乎还走得不够远，因为这种爱可以广及动物、植物和全部自然。然而，如此充满此种态度的这些事物中的任何一种，都不足以界定由精神所采取的这种态度，因为严格说来，这种态度可以无须所有这些东西而存在。其形式并不依赖其内容。我们刚才已充满它；我们也可很容易地再次抽空它。"仁爱"可以出现在具有"仁爱"的人的心里，尽管这时并无其他生物的存在。

……

　　人们会乐意接受这样一种说法：我们道德的大部分包含着责任，这些责任的强制性基本上可由社会对个人的压力来加以说明。因为这些责任都是日常实际的事情，因为这些责任都具有一种清楚明确的表达式，因此我们易于在它们完全可见的情况下把握它们，并从而探本溯源，发现产生它们的社会需要。但是，说道德的其余部分表达了某种情感状态，说我们实际上并不是服从于某种压力而是服从于某种魅力，许多人就难以同意了。其原因在于：一般说来，我们在此无法回溯到我们内心深处的原初情感。现有一些表达式，它们是这种情感的残余，已在我们可称之为社会良知的东西中固定下来，同时，一种新的生活观念，或者毋宁说是某种生活态度，也相应地在这种情感范围之内形成了。正因为我们发现自己面对着一种已灭绝了的情感的灰烬，正因为那种情感的驱迫力是从灰中的火焰中产生的，所以，倘若反映社会生活根本要求的更为古老的表达式没有用感染力的方式将其固有的强迫性质保留下来的话，那么，这些遗留下来的表达式一般就无力激发我们的意志。这两种并列的道德，现在看来只是一种了，前者把它的命令性质移交给后者，另一方面则又从后者那里交换到一种社会性较少、人情味较多的内涵。但是，让我们搅动一下灰烬，我们就会发现，灰烬的某些部分还是热的，里面的火星最终还会燃起火焰。这堆火可能还会再烧旺；而如果它烧旺，那就会逐渐蔓延开去。我意指的是，第二种道德的信条与第一种道德的信条不同，不是一条一条地单独起作用；只要其中之一不再是抽象的，而是变得充满意义并获得行动的能力，那其余的信条也会倾向于这么做；最后，它们全都会融于久已离开它们的温暖的情感中，并且还会融于那些过去曾体验过的这种情感，现在重又充满生命活力的人的心中。各种宗教的创建者与改革者、神秘主义者与圣徒、道德生活的无名英雄（我们在我们的生活道路中遇见过他们，他们在我们眼中和那些最伟大的人物同样伟大），这些人都在这里；我们受他们榜样的鼓舞而追随他们，就像参与了一支征服者的部队一样。他们的确是些征服者；他们已摧毁了自然的反抗，把人类提升到一种新的命运上去了。这样，当我们驱散表面现象而达于实在时，当我们把这两种道德因相互交换而导致在概念思维与言辞中所采取的共同形式悬搁起来时，那就会在这二合一的道德的两端发现压力（pression）与抱负（l'aspiration）：当前者变得越是无人格，越是接近我们称为习惯或是本能的那些自然力，它便越是完满；当后者越是明显地由具体人物在我们内心所激起，越是明显地胜过自然，它便越是有力。的确，倘若我们追溯到自然的根处，我们或许会发现同一种力量，这种力量围绕它自身的轴心旋转，在人类刚形成时直接表现出来，后来则通过精英人物这一中介来推动人类前进从而间接发挥作用。

但是，要确定此种压力与此种抱负之间的关系，却无须求助于形而上学。此外，由于不再能找到这两种道德的纯粹形态，故在比较二者时还有一些困难。前者已将其强制力分了些给后者；后者则将其温馨传了些给前者。当我们从道德命令的一端向前走动时，我们所面对的是一系列向上或向下的阶梯；至于这两个极端，则主要具有理论上的意义，因为在实际上它们并不是经常可以达到的。尽管如此，仍不妨对压力与抱负加以分别考察。前者中所固有的是一个社会的表象，该表象的目标仅在于自我保存；由于它只在同一点旋转，故它携带众个体旋转的循环运动只是通过习惯这一中介而对本能的不变性所作的一种模糊模仿。可以用来对这些纯粹义务（姑假定它们得到完全的服从）的意识加以说明的那种感受，可以是个人幸福和社会昌盛的状态，这与伴随生命的正常运作而出现的那种状态相似。这种感受更类似于愉悦（plaisir），而不像快乐（joiè）。反之，抱负这种道德却暗含着进步的感受。我们刚谈及的那种情感是一种向前运动的热情，这种道德通过这种热情先赢获少数人，然后再通过他们传播到全世界。"进步"与"前进"在此与这种热情是不可区分的。为了能对"进步"与"前进"有所意识，我们无须勾画一个我们力图达到的目标或是一种努力接近的完善状态。热情产生的快乐更胜于幸福产生的愉悦，这就足够了。愉悦并不包含快乐，而快乐却意指和包含愉悦。我们感到就是这样，由此而获得的确定性（绝非靠某种形而上学理论获得），就会向热情提供最坚固的支持。

但是，先于此种形而上学理论并且很接近我们直接经验到的东

西的，乃是那些比较简单的表象，在这里这些表象由情感所产生出
来的程度，是与我们对情感的专注成正比的。我们刚才谈及宗教创
建者与改革者、神秘主义者与使徒。姑让我们听听他们的语言；他
们的语言不过以各种表象表达了一颗开放的、脱离了自然的灵魂所
特有的情感，正是自然把灵魂封闭在自身之内和城邦(cité)之内。

　　他们一开始就说，他们体验到的是一种自由感(libération)。幸
福、愉悦、财富，所有这些对一般人来说甚为重要的东西，他们却
漠然视之。在与这些东西决裂时，他们感到如释重负，继而又感到
振奋。自然用牢固之绳将我们紧拴在她为我们准备的生活上，这不
是自然的过错。但我们必须走得更远些，如果我们把那些在家中才
真正舒适的用品带上旅途，那这些用品反而会成为障碍和累赘。如
果说，灵魂的相对不活动性(它在封闭社会中按圆形旋转)，并不是
由自然创造人类之行动把人类分成许多不同的个体这个事实所引起
的，那么，说一个如此具有行动能力的灵魂会更容易同情别的灵魂，
甚至同情整个自然，就会使我们感到惊异了。正如创造物种的一切
行动一样，这也是途中的一次停顿。随着前进运动的重新开始，要
停顿下来的决心被粉碎了。的确，为了获得一种完全的效果，精英
人物必须带领其余的人类与之一道前进。但是，即使跟随者寥寥，
却使别的人认为他们间或也可以这样做，这就已经具有很大的意义
了；从此以后，从开始有一点成就起，就会产生出圆圈最终将被打
破的希望来。总之，我们要不断地重申：我们之所以能够取得成功，
并不靠受邻人的说教。我们能够拥抱人类，并不靠扩张我们狭隘的
感受。无论我们的理智如何有力地使自己相信这就是前进的路线，
事物的发展却并不如此。对于我们理解力来说是简单的东西，对于
我们的意志来说却不一定如此。在某些逻辑断定存在着某种捷径的
场合，经验介入进来，发现那个方向其实无路可走。事实是，英雄
主义可能是通向爱的唯一道路。但英雄主义不是靠说教，它只能显
示自己，只要它存在，就可能激励别人起来行动。因为英雄主义本
身就是向运动的一种返回，它类似于创造行为，是从某种情感(像所
有情感一样有感染力)中产生出来的。当宗教宣称我们是通过爱上帝
来爱所有其他的人时，宗教便以自己的方式表达了这一真理。所有
伟大的神秘主义者都声称，他们能感受到一股气流，这股气流从他

们的灵魂流向上帝，然后又从上帝流向人类。

……

无论我们最初在结果与原因之间发现的相异性有多大，也无论一条行为规则与一种自然力之间的距离有多大，一个人感到，他总是从与人类的生殖原则的接触中吸取爱人类的力量的。我所说的爱，当然是指吸引并鼓舞整个灵魂的那种爱。但一种较温和、微弱而易逝的爱，如果不是对前一种爱的更苍白、更冷淡的再现（此再现遗留在心灵中或保存在语言中），那也只可能是前一种爱的一种放射。因此，道德包含了两个不同的部分，其中之一源出于人类社会的原始结构，另一部分则在其解释这一结构的原则中可得到说明。在前一部分中，义务代表社会各种成分为维护整体的形态而相互施加的压力；这种压力的效果是由一个习惯系统（它可说是要迎合这压力）在我们每个人身上预先设计好的；这个装置——每一分开部分是一种习惯，但其整个又与本能相似——是由自然预先准备好的。在第二部分中，也有义务，但那种义务是一种抱负所具有的力量，或一种推动力，也正是那种在人类中、在社会生活中、在习惯系统（多少与本能类似）中达于极致的推动力的力量。在此，原始的推动力也直接参加活动，而不再通过它所建立并暂时停顿其中的那些装置的中介而活动。把上面所说的概括起来简言之，我们应该说，自然沿着进化的路线把人类安置下来，原本就有意使之成为群居性的存在物，正如它对蚂蚁和蜜蜂的社会所做的一样；但既然有了理智，社会生活的维持就不得不托付给一个几乎是有智力的装置。说是有智力的，是因为这个装置的每一零件都可由人的理智来塑造；又可说是本能的，因为人只要不终止为人就无法抛弃所有的零件，就无法不接受一个自我保存的装置。本能暂时让位给习惯系统，这个系统的每一习惯都变成了偶然性的，只有它们为保存社会而形成的集合才是必然性的，而此种必然性又将本能带了回来。整体的必然性（可在部分的偶然性背后感到）就是我们一般称为道德义务的东西。不言而喻，只是在社会看来，部分才是偶然的；对于被灌输了社会习惯的个人来说，部分和整体一样都是必然的。由自然所设计的这个装置是简单的，正如由自然最初建构的社会也是简单的一样。自然是否预见到我们人类社会的巨大发展与无比的复杂性呢？让我们首先就这个问题的意义来商讨一下。我们并不认为自然曾在严格意义上设计了或预见到任何东西，但我们有权像这样一位生物学家，他在把一种功能指派给一种器官时每每都要谈到自然的意图；他这样谈论也只是表示这器官对于这功能的适应性而已。尽管人类已变得开化，尽管社会已几经变迁，我们仍坚持认为，社会生活中那些器官式的诸种趋向，仍然保持着它们当初的性状。我们能够回溯到它们并研究它们。这种探究的结果是清楚的；人类中原始的和基本的道德结构是为封闭的、简单的社会而建立的。我承认，这些器官式的倾向并不很清楚地呈现在我们的意识中。然而它们却构成义务中最强有力的成分。无论我们的道德已发展到多么复杂的地步，尽管这道德已与并非只是自然倾向的变化形式、其方向也违背了自然的诸种趋向合辙起来，但如果我们想获得一种包含在这流动物中的纯粹义务的积淀物时，我们最终还是要到这些自然趋向中去寻求。道德的前一半的情况就是这样，另一半在自然的安排中并无地位。我们的意思是说，自然曾预见到社会生活通过理智而造成的某种扩张，但这却应当是一种有限的扩张。自然不希望这种扩张发展到危害原始结构的地步。的确有很多例子表明，人就这样愚弄了如此聪颖智慧但又如此心地单纯的自然。自然确实企图使人按照所有其他生物遵循的法则无穷地繁衍下去；她采取了最细致的预防措施，通过增加个体数量的办法来确保种族的保存。因此，当其赋予我们理智时，她并未预见到：理智立即就会找到一种办法来使性行为与其结果相分离，人可以不放弃播种的愉快但又无须收割。人把社会团体放大为人类博爱，这又在全然不同的另一种意义上愚弄了自然。然而人的确在欺骗自然，因为那些社会——它们在人的灵魂的原始结构中是预先规定好的，而且我们在现代人的天生基本倾向中还能看出其构造意图——虽要求团体的紧密团结，但在团体与团体之间仍然还存在着实际上的敌意；我们总要做好或进攻或防卫的准备。当然，并不是说自然为了战争而设计战争。那些吸引人们追随他们的人类领袖，虽已攻陷了这个城市的大门，却似乎的确因此再次把他们自己置于生命推动力的急流之中。但这种内含在生命中的推动力，就像生命一样是有限的。它的道路充满了障碍，相继出现的那些物种不过是这种力量与相反力量的种种结合而已：前一种力量驱使我们向前，后一种力量则使我们回旋打转。刚从自然手中挣脱出来的人类乃是一种智性与社会性的存在物，他的社会性被设计来适应小规模的社会，而他的智性则被设计来推动个人与团体的生命。但智性在通过自身努力来扩展时却取得了意外的发展，它已把人从由他们本性的种种局限所规定的限制中解放了出来。既然如此，那么一些精英人物就有可能把那已被关闭了的东西重新打开，就有可能做（至少为他们自己做）自然绝不可能为人类做的事。他们的榜样最终能带领别人前进，至少在想象中带领别人前进。正如有思想上的天才一样，也有意志上的天才，生命的推动力穿过物质，从物质那里为种族的未来强行夺取当初种族形成时所不敢企望的前途。因此，在从社会团体到普天同爱的过程中，我们与一种特殊的自然分离，却不是与一切自然分离。把斯宾诺莎的话稍加修改，就可以说，我们与被产生的自然（natura naturans）脱离正是为了回到能产生的自然（natura naturum）那里去。

所以，在第一种道德与第二种道德的之间横跨着静止与运动的全部距离。前者被假设为不可变动的。如果它有变动，它也立即忘记它曾变动过，或不承认有过变动。它在任何给定时间所采取的形态都自称为最终形态。而后者则是一种向前的推进，一种对运动的要求；它正是能动性的真正本质。这样，它便可以证明它的优越性，的确，只须这样，它便能一开始就确定它的优越性。若以前者为前提，那你就不能从它之中得出后者来，正如你不能从一个能动物体的某一或某些位置中得出运动来一样。然而与此相反，运动却包括不动性，为运行物体所经历的每一位置都被设想为甚至被感知为一种实际上的停顿。但详细的论证是不必要的：这种优越性在得到表述之前早就被人们经验到了，而且，要是最初未被感觉到，那么事后也不能予以进一步证明。这里存在着一个极为重要的区别。那些恪守城市道德的人知道这种幸福的感觉，这种感觉是个人和社会所共享的，也是各种相互抵消的物质阻力交相作用的外部表征。但那种向外敞开并且无视物质物体性存在的灵魂，却能沉溺在真正的快乐之中。愉悦与幸福（bien-être）是有价值的，但快乐则更有价值。因为它并不被包含在前二者之中，而前二者在实际上却包含在快乐之中。前二者的确意指一种停顿或一种原地踏步，而快乐则是前行的一个步伐。

　　这就是第一种道德而非第二种道德比较容易用公式来表达的原因。因为我们的理智和我们的语言实际上是用来处理事物的，但它们却不擅长于表现各种变化或运动。福音书的道德在本质上是开放性灵魂的道德：我们指出这一点即这种道德在其较为确定的说教中近于似是而非之论甚至近于自相矛盾之论，难道有什么不对吗？如果财富是一种恶，那么我们把我们拥有的东西给予穷人，不就伤害了他们吗？如果一个被打了右脸的人应把左脸也让人打，那还有什么公正呢？而无公正，也就绝无"仁爱"。如果我们考虑到这些格言的用意是要造就灵魂的某种气质，那么似是而非之论与自相矛盾之论也就消失了。富人放弃他的财富不是为了穷人，而是为了他自己；穷人"在精神上"是有福的！美好之处不在于被剥夺，甚至不在于自己剥夺自己，而在于不感到被剥夺。灵魂向外敞开的这一行动，把在现成教条中被封闭起来并物质化了的道德拓展并提升为纯粹的精神状态；于是，在与这种精神状态相比较时，前者就变成有类于某一动作的定格照片。这就是在"登山训谕"①中一对接一对地出现的对比的内在含义："你们听见有吩咐古人的话说，……只是我告诉你们。"②一方面是封闭的，另一方面则是开放的。现行的道德并未被废除，但它显得像是真正进步过程中的一种事实上的停顿。老方法并未被放弃，但却被纳入一种更加普遍的方法之中，正如动态重新把静态收摄进来之后，后者于是就变成只是前者的一个特殊形态一样。严格地说，这时我们需要一种能够直接表达运动和趋向的手段，但假如我们仍然要（这是不可避免的）把运动和趋向翻译成静态的、无运动的语言，那我们就将遇到近于自相矛盾的公式化表达。我们不妨将福音书中某些训导中不合实际的东西与微积分之最初解释中的不合逻辑的东西相比较，就会明白这一点。的确，在古代人的道德与基督教教义之间，我们可以找到存在于古代数学与现代数学之间的那种极为类似的关系。

　　……

---

①　参见《圣经·旧约·马太福音》，第五章。——译注。

②　参见上书。——译注。

在封闭灵魂与开放灵魂之间存在着一种正处于开放过程中的灵魂。在一个人坐着的不动状态与这个人的跑动状态之间存在着站起来的动作，这是他起立时所采取的姿态。一言以蔽之，在静止与运动之间可以观察到有一过渡阶段（道德中亦然）。倘若我们在休止状态中能够产生出使直接跳跃成为行动的必要推动力，那么这种中间状态就会不被人注意。但如果我们突然停顿（这是推动力不足的通常表现），那就会引起我们的注意。让我们换一种方式来说明这种情形。我们已看到，纯粹静态的道德可以称作"理智之下的"（infra-intellectuel）道德，而纯粹动态的道德法则可以称作"理智之上的"（supra-intellectuel）道德。前者是自然的意图，而后者则是人类天才的贡献。前者的特征是一整套习惯，这套习惯是动物的某些本能在人身上的翻版；这是某种低于智力的东西。后者则是可以分析为观念的灵感、直觉和情感，这些观念为道德提供智力表达并生发出无限多的细节；因此，就像一种统一体（这种统一体达到并超越远不能与之相提并论的复合体），这种道德包含了无限多的理智（intellectualité），它是高于智力（intelligence）的，智力本身就处在这两种道德之间。人类灵魂如果从前者跃出而没有达到后者，那它就会在这里停留下来，它就会支配封闭灵魂的道德；它就达不到，或者更加准确地说，它就创造不出开放灵魂的道德。它的状态，即作为跃出的结果，就会把它推举到理智的层面上来。若从消极方面来描述，与它刚离开的位置相比，此种灵魂就会表现出漠不关心与无动于衷，就会处于伊壁鸠鲁和斯多葛派的"不动心"（ataqxy）或"不动情"（apathy）的状态之中。若从积极方面考虑，如果它脱离旧的位置是要寻求达到某种新的位置，那么它的生活便是沉思；它就会符合柏拉图和亚里士多德的理想。无论从什么角度来看它，它的状态都是正直、高尚、真正值得赞赏的，并只为少数优秀人物所拥有。从很不相同的原则出发的诸种哲学都可在其中找到共同的目标。原因是：只有一条路从局限在一个圆圈内的行动通向在自由空间中发展着的行动，从不断重复通向创造，从智力之下通向智力之上。任何停顿在两者之间的人都会处于纯粹沉思的地带，并且由于既脱离了前者而自然地践行那种"半截德性"（demi-vertu），即独立超然的立场。

我们现在谈的是纯粹的智力，这种智力退回到自身并认定生活的目标就是古人称作"科学"或沉思的东西。一言以蔽之，我们现在谈的是作为希腊哲学家的道德之主要特征的东西。但如果我们把智力只作为对物质——有的在智力之下，有的在智力之上——的精心制作或调整安排的执行者来看待（这是我们在本章中一直讨论的），那么它就不再是希腊或东方哲学的问题，而只是每个人的道德问题了。为了确定义务的真正本质，我们事实上区分了对我们起作用的两种力量，一边是推力，一边是引力。这是必须作出的区分，而且，正由于哲学一直未作这种区分，还局限于只讨论今天仍跨在两种力量之间的理智，所以在解释某种道德动机何以能宰制人们的灵魂时就似乎鲜有什么成就。但正如我们暗示的，我们的描述也因此必然只能是粗线条的。抱负这种东西倾向于采用严格强制的形式来进行物质化的工作。严格强制的这种东西倾向于靠吸取抱负来膨胀与拓宽。压力与抱负同意为了这个目的在思想的领域（概念就是在那里形成的）中相会合。结果就产生了一些思想图像，其中很多具有混合的性质，因为它们是由属于压力的原因的东西与属于抱负的对象的东西混合而成的。但也造成了这样的结果：我们再也看不到实际对我们意志起作用的纯粹压力和纯粹抱负了，我们只看到由这两种不同的东西混合而成的概念。影响我们的力量被当作是这个概念；这一误解即是各种严格智力道德体系失败的原因，换言之，亦即大多数关于义务的哲学理论的失败原因。当然，并不是说一个纯粹而简单的观念不对我们的意志产生影响，但这种影响只有在与外界隔绝的情况下才会有效地发挥作用。它难于抵抗相敌对的影响，或者说，即使它能战胜这些影响，那也是因为本已一道表现为一个共同观念而放弃了各自行动权利的压力和抱负，重又表现出它们的个别性和独特性，重大发挥出它们的全部威力所致。

如果我们要对这两种力量——一种是社会的，一种是超社会的，一种是推力，一种是引力（它们将其驱策力注入每一道德动机）——作恰当的说明，那我们就非得插入一段很长的话不可。例如，一个诚实人会说，他的行为出自自尊心，出自人的尊严感。如果他不是一开始就把自己分裂为两个自我，一个在完全随波逐流的情形中所形成的人格（personalitiés），一个由意志加以提升的人格，那他显然是不会那样说的；尊敬别人的自我不同于受人尊敬的自我。那么，后一个自我又是什么呢？它的尊严何在呢？它所激起的尊敬又是从何而来的呢？姑且让我们把分析这种尊敬的任务搁下，在这种尊敬中我们会首先发现一种自我菲薄的冲动，学徒对师傅的态度，或者用亚里士多德的话说，就是偶然性在本质面前的状态。至于那个与一般人格有所不同的更高自我，那就还需加以界定。毫无疑问，首先是我们每个人身上存在着"社会自我"，这一点我们已经触及到了。如果我们只是出于理论上清晰的目的而设定一种"原始的"思想状况，那我们就会从中看到，自尊心是与这样一种情感相一致的，即个人感到自己与团体紧密结合在一起，这种结合很坚固，所以团体始终存在于独立的个人之中，监督着他，鼓励或威胁着他，一句话，要求他接受劝告并服从命令；在社会本身的后面则是各种超自然的力量，团体依靠着这些力量，这些力量也要团体对个人的行为负责——社会自我的压力便是由这些力量的总和产生出来的。此外，个人对命令的服从并不只是出于守纪律的习惯或出于对惩罚的害怕；当然，个人所属的团体必须使自己高出其他团体之上，单单是为了提高战斗勇气也需这样做；意识到这种力量的优越性又为个人提供了更大的力量，同时还一道给个人以自豪感所能给予的全部满足。如果你想确证这一点，只需考察一种已得到充分"发展的"心态就行了。请想一想构成"我是罗马公民"（civis Romanus sum）这句话的全部自豪感及全部道德力量：罗马公民身上的自尊心一定类似于我们今天称为民族主义的东西。但我们无须回到历史或前历史状态中去，也可看到自尊心与团体自豪感相一致的情况。我们只需观察一下发生在我们身边的、在大团体中形成的小团体的情形就行了，那些小团体中的人是靠强调某种真正的或表面的优越性的区别性标记而团结起来的，这种区别性标记把他们同普通民众区分开来。于是，在每一个人作为人而自认的自尊心旁边，又产生出一种额外的尊敬，即那个只是一般人的自我对于一个高出其他人的自我的尊敬。这个团体的全体成员作为一个团体而行动，于是便遵守共同的行为规范，一种等同于"团体精神"（esprit de corps）的荣誉感就产生出来了。这些是自尊心的首要成分。从这个观点（这个观点是我们今天只有努力加以抽象才能脱颖出来的）来看，自尊心是用它所携带的社会压力的威望把我们"捆束在一起"的。如果说自尊心乃是对于一个受钦佩与受敬重的人的尊敬，我们心中怀有这个人的形象，我们渴望成为他那样的人，就像副本酷似原本一样，那么现在这种推动力就已明显地变成了吸引力。但在现实中并不如此，因为，即使"自尊心"一词只引起对自我的态度的观念，这个词都始终是一种社会情感。但那些给历史打上印记的伟大道德人物，却联手穿过千秋万代，在我们人类的城市上空走过；他们结合成一座圣城，召唤我们进入。我们也许不能清晰地听到他们的声音，但他们的召唤仍然在进行，我们灵魂的深处也有应答；我们在思想中从我们居住的社会向这理想的社会飞去；当我们崇敬我们内心的人的尊严时，当我们宣称我们出于自尊心而行动时，我们就是在对这个理想的社会鞠躬。的确，某些具体人物对我们产生的影响总倾向于变成非人格的东西。而且，当哲学家向我们说明那构成人之尊严的正是我们每个人都有的理性(la raison)时，这种非人格的性质就会更加强化。但这里我们必须仔细地弄清楚我们意指的是什么。说理性是人之为人的标志，这没有人会反对。说理性是一种具有极高价值的东西，就像一种美的艺术品之确有价值一样，这人们也会同意。但我们必须说明，它的命令何以是绝对的，为什么会被人们服从。理性只能提出理由(raisons)，我们显然总是可以自由地用这些理由来与别的理由相对抗。让我们切勿只作这样的认定：存在于我们身上的理性用它那至高价值迫使我们尊敬并命令我们服从。我们必须补充说，在理性的背后还有使人类变得神圣从而给理性打上神圣烙印的人们，而这种神圣的印记才是人的本质属性。在我们屈服于真实社会的压力时，是这些人把我们引领到一个理想社会的。

……

生命有可能停留在这一点上而只创造出封闭的社会，这些社会的成员由种种严格的义务而被束缚在一起。这些社会由于是由有理智的存在者组成的，故本来能提供出种种变化，这些变化在由本能支配的动物社会中是看不到的；但这些变化本不会发展到使人梦想彻底改变的地步，社会也不会改变到这样的程度，以至有可能出现一个包括全人类在内的单一社会。事实上，这样的社会不存在，而且也许永远也不会存在；为了满足在团体中生活所必需的道德上的一致，自然很可能为这个族类做了她所能做的一切。但是，正如过去曾有过不少天才人物，他们大大扩展了智力的范围，使个体在某些时候得到了远远超过族类所取得的更多的东西；同样，也出现过某些特殊的人物，他们意识到他们与每个人的灵魂的联系，因此，这些人不是滞留在团体的限度内，不是在由自然所规定的那种一致性上裹脚不前，而是被一种伟大的爱的波涛推向整个人类。他们中的每一个的出现，正如一种新物种的创造一样，都是由一个单独的个人构成的，生命冲力每隔很长间歇才在一个特殊人物身上达到顶峰，这个结果是不可能由作为整体的人类一举获得的。这样，每一个这样的灵魂便标志着生命进化所达到的某一确定的点，而他们中的每一个人，都以一种原初形式表现了一种爱，这种爱似乎正是创化努力之本质。那种创造性情感，使这些特殊灵魂得以升华，它使生命力之流溢从他们那里广泛地扩散出去；由于他们自己满怀激情，他们散发着激情，这种激情从未完全熄灭过，并且很容易被重新煽成烈焰。今天，当我们在想象中召唤这些伟大的道德领袖的时候，当我们聆听他们的话语并观看他们工作的时候，我们都感到他们在把某种热情的东西传输给我们，在吸引我们追随他们；这不再是一种或强或弱的强制，而是一种多少不可抗拒的吸引。但是，像第一种力量一样，第二种也不要求我们解释。因为你不可能反驳这两个事实：一是由习惯所产生的强制或类似强制的东西，这种习惯在人身上相当于在动物身上你称为本能的东西；二是灵魂所产生的某种激动，这种激动你称为情绪。在前一情形中，你得到的是原始义务；在后一情形中，你得到的则是扩展了的某种原始义务。但你在这两种情形中遇到的都不是严格和纯粹的道德力量，因而，去追溯其起源就绝不是道德家的特殊任务。但由于哲学家坚持这样做，故他们便误解了义务在其目前形式中的合成性质；他们受道德家引导，把影响意志的力量归因于这种或那种思想状况或运作：仿佛一种观念能够无条件地追求其自身的实现似的！仿佛该观念在本例中绝不是所有人都共有的一种理智上的抽绎；或者更准确地说，绝不是一整套倾向与抱负（这些倾向与抱负有的处于纯粹理智之上，有的处于纯粹理智之下）向理智层面的投射！重新指出这一二重起源，困难也就消除了。毋宁说，这个二重性本身合为一体，因为："社会压力"与"爱的动力"只是生命的两种互补的表现形式，它们通常旨在一般地保存那从一开始便成为人类之特征的社会形式，但是，在例外的情况下，通过个别的人物（他们每一个人都代表了创化的一种努力，正像一个新物种的出现代表着创化的努力一样），它们也能改变这种社会形式。

也许，并非所有的教师都完全识见到道德的这一双重起源，但当他们力图把道德灌输给他们的学生而不是仅仅谈论这种道德时，他们的确触到了这种起源。我们并不否认这样一种道德教导的有用性甚至必要性，这种道德教导在界定义务并在各种应用中将义务与某个原则联系起来时只诉诸于理性。只在这个理智的层面上，讨论才是可能的，而没有反思、分析以及同别人（正如同自己）的争论，就绝没有完整的道德。但是，如果指向理智的教导在把信任与细致带给道德感时是必不可少的，如果这种教导使我们完全能够实现我们的善良意图，那么，该意图必须首先存在，而且，意图比起理智来同样甚至更多地标志出意志的某种指向。我们怎样能做到对意志的控制？有两种方式可供教师选择。一种是训练的方式，这里的"训练"是在该术语的最高意义上使用的；一种是神秘的方式，这里的"神秘"则正好相反，是在最为有限的意义上使用的。第一种方式是要反复灌输某种由非个人习惯所构成的道德；由第二种方式，我们则完成对某个人甚至某个精神团体的模仿，这是一种多少完满的认同。原始的训练，即由自然所设计的那种训练，就在于对群体习惯的采纳；这是一种自动的训练，这种训练自发地发生在个人感到他自己的一半已融入集体之中的那些场合。正如社会通过劳动的分工而产生分化一样，社会也把训练个人的任务，把使个体与群体保持一致从而与社会本身保持一致的任务，交给在其内部形成的诸团体来执行；但这仍然不过是为了社会的单纯利益而形成的一种习惯系统。毫无疑问，如果这种类型的道德是完整的，则它在紧要关头就能顶用。因此，被严格限定在他的日常任务、把他的生活安排得能够做出最大数量和最好质量的工作的那种人，根据这一事实一般说来就会完成许多别的义务。纪律会使他成为一个诚实的人。这就是第一种方式：训练在非个人的领域中起作用。另一种方式可以补充这种方式，假如需要的话，它甚至还能取第一种方式而代之——我们毫不犹豫地称之为宗教的甚至神秘的方式，但我们必须就这两个词的含义取得一致的看法。人们喜欢说宗教是道德的良友，因为宗教能引起对于惩罚的畏惧和对于奖赏的希望。这或许是事实，但人们还应补充说，在这个方向上，宗教所做的，不过是许诺用神的正义来伸张和纠正人的正义；宗教把另外的东西，即把当我们离开人之城而在上帝之城中给予我们的那些无限更高的东西，附加到由社会所设立但其应用又远不完善的奖惩上去。但我们如此仍停留在人之城的相同层面；宗教无疑被带进来了，但带进来的却不是它的特别的宗教方面。无论这种教导会达到怎样的高度，它都仍然视道德教育为训练，视道德为纪律；结果它仍然附着在我们所说的两种方式的第一种，它尚未跳跃到第二种上去。另一方面，一旦提到宗教这个词，我们通常所想到的乃是宗教信条与形而上学理论这样的东西；所以，当宗教被说成是道德的基础时，我们想到的乃是一组与上帝和世界相关的概念，接受这些概念据信会导致行善。但十分清楚的是，被如此理解的这些概念影响我们的意志和行为，乃是与理论亦即观念所能够影响我们的方式是完全相同的。我们在此处于理智的层面，而且，正如我在前面指出的，无论是义务还是扩展义务的那种力量，都不可能源于纯粹的观念；后者对我们意志的影响只到这样的程度：它使我们乐意接受这些信条或把这些信条付诸实行。现在，假如你认为这种形而上学体系迫使我们同意，从而把它与所有别的体系区分开来，那你可能又说对了，但你这样说时却未想到这种体系的独特内容，未想到那些纯粹、单纯的观念；你引入了某种不同的东西，这种东西支撑着外部表现，给予外部表现某种不可否认的效力，这种东西就是特别的宗教因素。但这时被你与之挂钩的正是这种因素而非形而上学，才成为道德的宗教基础。这里，我们的确关注第二种方式，但这样一来，我们就在与神秘经验打交道。我指的是直接意义上的、与诸种解释无关的神秘经验。神秘主义者有自信心，因为他们在他们内部感到了某种比他们自己更好的东西；出乎那些认为神秘主义不过是幻象、入迷和狂喜的人的意外的是，神秘主义者证明他们是行动的伟人。神秘主义者允许流入他们心中的，乃是一条寻求通过他们而流入其同胞心中的溪流；要把他们所接受下来的东西散布到周围去的那种需要，就像一种爱的冲动那样深深地攫住他们。这是一种铭刻着每个神秘主义者自己人格的爱，这种爱在每个神秘主义身上都是一种全新的情感，能够把人的生活切换到另一状态上去；这种爱因此能使每个神秘主义者由于他本身而被爱，以便别人也通过他并为了他也将对人类之爱敞开他们的心扉。这种爱还能通过这样一个人传递下去，这个人已使自己隶属于神秘主义者或保持对于他们的不朽记忆，并按这种方式来构造自己的生活。让我们再作一点申说。如果说某个伟大神秘主义者或他们的仿效者的一句话，能够在我们中间的某个人身上引起回应，这难道不可能是因为在我们心中本来就蛰伏着一个只等被唤醒的神秘主义者吗？在第一种方式中，一个人使自己隶属于非个人的东西并力图在其中找到自己的位置；而在此种方式中，他应答的则是某个人物的召唤，也许是某个道德生活的启示者，或者是某个模仿启示者的人，甚至在某些情形下就是他自己人格的召唤。

无论采取的是这两种方式中的那一种，不管是从其本身所作的静态的考虑，还是从其来源所作的动态的考虑，人性的基础在这两种情形中都得到了考虑。认为道德压力与道德抱负可以在只作为事实来考虑的群体生活中找到它们的全部解释，那将是一种错误。我们喜欢说群体存在着，因而它不可避免地会对其成员施加某种强制力，而这种强制力就是义务。但是第一，要群体得以存在，个体必须把一整套与生俱来的倾向带入其中。因此，群体不能从本身来得到解释；所以，我们必须深入到群体积沉物的下面去探寻，即深入的生命(la vie)之中去探寻种种人类社会，正如整个人类一样，都不过是这一生命的表现形式而已。但这样做还远远不够；如果我们不只是想懂得群体是如何"强制"个体的，而且还想懂得个体何以能判定群体并且从它争取某种道德转变，那我们就必须沉潜得更深一些。倘若社会是自足的，那它就是最高的权威。但假如社会只是生命的一个方面，那我们就容易看出，生命——它须得把人类确定在它进化过程的某个点上——把一种崭新的推动力灌输到那些特殊的个体身上；这些人重新将自己浸润在这种动力之中，以便他们能够帮助群体沿着自己的道路走得更远。的确，我们将不得不直至推进到生命的原则本身。假如我们只局限于单纯的外部表现，无论这些表现全都不加区别地被叫作群体的，还是我们在群体性的个人身上更为特殊地考量理智这个特征，那么，一切都是晦暗不明的。相反，假如我们超出这些外部表现，从寻求生命本身出发，那一切就会变得明晰起来。就让我们给予生物学一词以它本应具有而且终将具有的那种很宽广的含义吧，让我们最后说，全部道德，无论它是压力还是抱负，在本质上都是生物学的。

选自［法］亨利·柏格森：《道德与宗教的两个来源》，第一章，贵阳，贵州人民出版社，2000。王作虹、成穷译。

［德］舍勒（Max Scheler，1874—1928）

《伦理学中的形式主义与非形式的价值伦理学》（1913）（节选）

《道德建构中的怨恨》（1914）（节选）

《同情的本质和诸形式》（1923）（节选）

《爱的秩序》（1938）（节选）

《伦理学中的形式主义与非形式的价值伦理学》（1913）（节选）

非形式的价值伦理学与善和目的的伦理

　　在讨论康德对含有价值的善之不正确性的判定，以及他的价值是从善中抽象出来的观点之前，我首先要指出的是，从外部来看，康德正确地拒斥了所有建立在虚假根基上的善和目的的伦理学。我将从善伦理学和目的伦理学两方面加以论证。

　　善，就其本质来说，是价值物（Wert-dinge）。康德认为，当我们促成人的善或人的道德堕落时，无论是意愿的行为、功绩，或别的什么，都将依赖于他们与真实世界中存在的善（或恶）领域之间的联系。这使得意愿的善或堕落不仅依赖于它在经验上的可感性，而且依赖于这一善领域的特殊而暂时的存在。无论这些善——比如说，一个团体、国家或教会的福宁，或者国家文明及个人文化发展的特殊水平——如何称谓，康德认为，意愿的道德价值总是依赖于它如何参与对善领域的维持或提升，无论是促进还是阻碍，是加速还是延缓当前的发展趋势。这一善领域的任何变化都是通过感知的变化，以及通过善和恶的含义的嬗变而实现的。由于这种善领域在整个历史进程中发生着连续性的变化和迁移，因此，人的意愿和本质的道德价值也不得不参与到这个领域的命运之中。康德坚信，在善领域消灭之时，也消解了道德价值的概念。因此，所有的伦理学都应建立在能够揭示善领域之变化的历史经验的基础上，只有这样，伦理学才能获得经验上的、可感知的合法性。我们将立刻面临着相对主义的伦理学。更进一步说，每一种善都寓于自然界的真实事物的因果关系之中，并且通过自然和历史的力量被部分地摧毁。如果我们意愿的道德价值依赖于后者，那么它也会受那些破坏的影响，因而它也同样依赖于事物和运动的因果关系的真实过程所体现出来的偶然性。但是，正如康德所正确观察到的那样，此种说法显然是一派胡言。

不仅如此，所有对任何一种现存善领域的批评也会变得匪夷所思。我们不得不躬身于这一领域中所有变化无常的部分，并简单地接受随之产生的任何"发展趋势"。但是，不可否认的是，我们一方面不断地批评这一善领域，比如说，可信的和不可信的艺术，真实的和虚假的文化，当下状态和应然状态等。另一方面，我们将最高的道德判断赋予那些从根本上反对他们所寄身的时代的善领域，并努力用理想的、完全与现存领域相抵牾的新领域取代旧领域的人。善领域的"发展的趋势"或"发展的走向"也面临同样的情况。就"走向"自身而言，它要么是善的，要么是不善的。从宗教精神和神学伦理学，到希伯来式的道德律法主义者和虚构的上帝与人之间感召与交流的仪式的转变也是一种"发展"。但是，这是一种朝向不善的发展，而反对这种发展并最后将其终止的意愿是善的。因此，为了衡量意愿的行为价值（依照行为对于发展过程的重要性的不同来进行衡量——无论这种发展趋势从其特点来说是进步的，也即朝向一种价值增加；还是倒退的，也即朝向一种价值减少），而创建世界、目前的生活、人类文明等的发展走向的尝试，也同样具备了为康德所正确摈弃的善伦理学的特性。

对于所有企图确立一种**目的**——世界的、人类的，以及人的意向的目的，或者所谓的终极目的——的伦理学（这种伦理学反对衡量意愿的道德价值的伦理学），上述观点同样适用。接下来的任何一种伦理学将善与恶的价值降低到仅仅是服务于该目的的技术伦理的地位。这些目的只有在假设或已经假设了他们的意愿是善的条件下，才是合理的。这种说法对于所有目的来说，都是正确的。原因是，无论给这些目的假设了何种主题，它们的本质都是合理的。这一结论同样适合于某些神学目的，即，只有通过道德善，我们才能将上帝的目的与魔鬼的目的区分开来。伦理学必须拒斥所有对善的目的和不善的目的的讨论。因为当我们进行这样的讨论时，目的实际上远离了能够实现对其进行假设的价值，也远离了假设其行为的价值，故无所谓善，也无所谓不善。准确地说，正是由于这个原因，我们才无法衡量与目的相联系的行为的善或不善，无论该行为是促进还是阻碍该目的。一个善的人也会向自己提出善的目的。但是，如果我们忽略了目的被假设的方式和以何种形式实现目的，我们就无法纯粹从它们的内容中发现普遍特征——这些特征使我们得以确定哪些目的是善的，哪些目的是不善的。因此，善和不善概念并非源自经验上的目的内容。如果我们知道的只是目的本身，而非这个目的被假设的方式，那么它可能是善的，也可能是不善的。

我们不用再进一步追问康德的伟大洞见的意义以及更精确的含义，特别是因为本文并没有打算反对这些我们致力研究的东西。

对于我们来说，最重要的是康德从这一洞见中总结出来的结论。因为他相信，他已经有效地证明了——比他已有的多得多——如下结论：由正确的方法所展开的伦理学必须排斥对善和不善的概念的预设以及这些预设本身的建构——不仅包括**善物和目的**，而且包括所有的**价值物**和一种非形式的本质。"所有的实践律令——将一个诉求本质的客体（质料）预设为意愿的决定性根基——都毫无例外是经验主义的，并且能够为非经验的法则提供帮助。所谓'诉求本质的客体'，我是指一个其本质已被诉求的客体。"①

康德已经正确地尝试从伦理学基础的设置中取消事实上的善。不仅如此，他还想排除对"从善物中得以体现其自身**价值物**"的思考。但是，这一想法除非满足下面两个条件才是正确的：首先，可以把价值概念从善中析离出来，而不是发现价值在自律现象中得以实施；其次，可以从作用于我们快乐和痛苦的状态之上的善所产生的实际影响中获得价值。这也就是康德**默认**的预设之一。接下来，进一步得出的结论（即，正确与错误以及善和恶的道德，只关涉到不同目的

———————————

① 《实践理性批判》，第一部分，第一卷，第一章。

之间的形式化联系——作为与矛盾和不调和相反的一致性和协调性）向我们预示着，有一种既不**先验**存在也不**独立**的经验主义的目的被任何形式（即形成意愿的形式，形成过程中，令人置疑的意愿的价值取向是在没有任何关于目的的确定观念的情况下给定的）的一种存在所假设。我们不得不声明，康德在得出这些结论的过程中犯了错误。正是通过这些错误——而不是通过康德对所有善和目的伦理学的正确排斥，产生了上述错误主张的第一个方面，也就是说，第一种非形式伦理学非常有必要成为善和目的伦理学。对这一结论更精确的论证如下：

第一节　善和价值

仅仅与有形事物的纯粹特性相关的各种颜色的名字——尽管能够引起我们注意的颜色的自然属性通常表现在，将这些颜色作为区分各种各样有形物状之整体的手段——标示出价值称谓，而这些价值称谓与构成我们称之善物①的整体物相的纯粹特性相关。比如说，我可以给红色一个广泛意义上的可感受的特质，即它是光谱中的颜色之一，在规定它的这种特性时，我不会把它看作有形事物的表面或空间；同样，可以说红色具备了诸如惬意、惹人注意、可爱、友好、显著、高贵等我可以理解的价值，但是，我不会把这些特点看作从属于物或人的东西。

考虑到从感官一致——显而易见，价值属性与它的有形物之间的关系毫无疑问是能够被设想的——范围里抽取出来的最简单的价值，我们先尝试着举例说明。每一种好吃的水果总是有它自己特有的一种美味。这种美味不在于某一种水果（例如，樱桃、杏或桃子）本身的滋味，而是各种不同感觉（例如，品尝、观察和触摸）的综合体现。但是，如果我们想要从本质上将一种水果的味道与其他水果的味道区分开来，就会发现，决定其本质的决定性因素既不在于水果给人的各种感觉——这些感觉与水果本身的味道相关，也不在于从人对水果的理解中所展现出来的各种特点。在这些情况下，"感觉

①　参见我的论文，《论自欺》（Bibliog. no. 4）。（见《自我认识的幻象》（Bibliog. no. IO），第四节）

一致性"所拥有的价值属性实际上是一种价值本身的真正特征。只要我们有能力掌握这些特性，就能够毫不犹豫地区分出这些水果，而无须借助于视觉、触觉，或者除味道所既定的印象以外的任何其他印象。当然，如果没有味道的功能——比如说，我们已经很熟悉这一味道，想要实现这样的区分就很困难。对于外行来说，让他在黑暗中区分红酒和白酒就有些困难。然而，许多类似这样的事实——比如说，在缺乏线索的情况下无法区分味道——只是表明了，我们所讨论的人有许多不同程度的能力，以及他们对接受和掌握某一种特殊味道的方式有其特殊的适应能力。

在感觉一致性的范围里有效的东西，在这个范围之外的价值域中更加合理。原因是，在感觉一致性的范围里，价值毫无疑问与我们状态的波动紧密相连，也与引起波动的那些事物相连。因此，我们很容易理解，在大多数情况下，还找不到合适的名称来给那些价值性质命名。更确切地说，那些区分它们的用语，要么是根据有形的东西所禀有的气质（例如，玫瑰花的香气给人带来的美好感觉），要么是根据它们的感觉基础（例如，对甜味的美好感觉，对苦味的不美好的感觉）。

可以完全肯定的是，价值——例如，对应于**愉快的、迷人的、崇高的、美丽的**等术语的审美价值——并不是从具备这些价值的事物的普遍特性中生发出来的简单的、概念上的术语。这是一个很浅见的事实，当我们试图确定所谓的普遍特性时，我们会发现空空一片。只有当我们已经根据非价值论的概念对事物进行了分类，掌握这种普遍特性的尝试——例如，令人赏心悦目的花瓶或花，温顺的马——才能获得成功。像这样的价值是不可定义的。尽管它们有不容置疑的质料状特点，我们有必要**首先**将它们赋予一定的事物，目的是为了使这些事物能够被诸如美丽的、可爱的，或惹人注目的等词语所修饰。所有这些词语综合起来形成了一个整体，即一个价值论意义上的概念与一系列本质上不连续的价值现象的联合体。不过，这其中不包括那些显然互不相同的特性，这些特性为了寻求连续性关联而虚构一个孤立的价值客体。

上述结论同样适用于伦理学领域里的价值。当判断一个人或某一行为是高尚的或卑鄙的，是勇敢的或怯懦的，是清白的或有罪的，是善或恶的时候，我们会发现，与洞悉事物或运动的恒常特性不同，我们无法对人或人的行为的特性盖棺定论。同样，我们也无法确切地对**蕴含**在这些特性之中的价值做出判断。在特定情境下，一个单个的行为或一个单个的人，就是我们唯一需要把握的、值得考虑的价值本质。另一方面，如果在尝试建立一个普遍特性时将价值域排除在外，从理论上来看，我们就不可避免地导向认识论的错误，或陷入严重的道德幻想。无论什么人，如果他设想从价值领域的外部将善和恶与一些过分自信的**标准**（无论这些标准是可以通过证明得以体现的精神倾向或人的特性，还是说，它们只是存在于一个阶级或政党之中）联系在一起，或者如果他只是相对地来谈"善和正义"以及"恶和不正义"，就好像这些东西是属于一个可以客观地加以确定或定义的层面，那么，他将不得不屈从于一种"形式主义"，这种形式主义很可能将第一个方面——善和它们的一般特性的载体（即，简单载体），与第二个方面——对**价值本身**的理解，或者价值的本质（其功能就在于作为价值的载体）相混淆。耶稣说过："没有人是善本身，只有上帝是"（也就是说，善是上帝的本质）。耶稣这句话的意思只有一个，即：肯定了上述事实的状态，而不是肯定善和正义本身。耶稣并不是说没有人能获得善的特性，而是说，善本身的永远不会存在于人的可以从概念上加以定义的特性之中。而对于那些依据命令的确定性的真实特征，想要把善与恶相分离——就像把绵羊与山羊分开一样——的人来说，他们恰恰就认为善可以存在于人的可以从概念上加以定义的特性之中。这种建构的方式是恒常的形式主义的范畴形式。如果想正确地确定一个价值，那种企图从不属于价值现象①的特征和特性中寻找价值的尝试永远也无法得到满足。价值本身总是必须**直观地**给定，或者回溯到给这一动作的性质上去。这就像是说，我们从蓝色和红色中寻找一般的特性是毫无意义的举动，因为二者除了分别是蓝色和红色以外没有任何共同点。因此，从善或恶的行为、道德的要义（Gesinnungen）、人等中抽取一般特性也同

---

①　然而，正如评价中形式多样的联系方式一样，也存在一些一致的因素和矛盾的因素。这些因素不是逻辑上的本质，而是从属于价值领域中的自律性规则。并且，这些因素是建立在本质上的相互关联以及本质上的不一致性的基础之上的。

样是毫无意义的。

接下来要说的是，**可信的和真实的**价值本质以及客观性的特殊领域的建立，都有它们各自**独特的**联系和相关性。并且，作为价值**本质**，它可以——比如说——更高级，或更低级。在这种情况下，存在于这些价值本质之中的一种**状态**或**等级秩序**，都是独立于**善领域**的存在之外的。他们在善领域中显现，并完全地独立于善在历史上的运动和变化，**优先**于善领域的经验。

然而，也许有人会反驳说，我们只是证明了价值不是，或者说，至少从本源上来说不是物体的特性。相反地，一个人可以把价值看作力量、能力或意向——他们来自物体内部的**动机**，来自可感知可期望的主体以及某种情感状态或愿望。曾经有一段时间，康德对这个观点非常感兴趣，而约翰·洛克第一个反对了这个观点。如果这个观点是正确的，那么所有的价值经验将毫无疑问地依赖于这些力量所造成的影响以及能力的实现结果，抑或意向的激发①效果。价值中的等级秩序必须是力量、能力和真实意向之间真实连接的结果。如果这是真的，那么康德的下列说法也是正确的：康德假设，所有的非形式伦理学都必定是经验主义的和可感知的。原因有两点：第一，所有对价值的判断依赖于物体(即，具备力量、能力和意向的物体)以某一种真实自然的组织形式作用于我们所产生的结果；第二，所有对价值关系的判断依赖于这些要素(即，力量、能力和意向)。由于一个人不可能倾向于将力量和能力分成"较高"和"较低"，因此，这种区分的建立必须满足两个条件：第一，参照一些特性的标准，或者力量的大小(也就是说，以一些特殊的价值论意义上的力量为依据)，或以物体内部某一种力量的总额为依据；第二，这种区分必须

---

① 这一理论不应与下面将要提到的理论相混淆。下面的理论将价值还原为"永久的可能性"或者是一种情感或愿望动机的特殊秩序，并且将我们所说的主体存在(也即，价值意识)还原成情感、愿望的意向，或者还原成对这一意向的激发——就像是实证主义把对物体的理解还原成感觉显现过程中的秩序，以及(主观地讲)一种预期的关系——价值与现实的感觉相联系，物体与感觉的内容相联系。[关于这句话，请参见 241 页以后，关于文中提及的价值理论(埃伦弗尔斯·冯·门侬)，请参见我的《伦理学》(Bibliog. no. 8)，第二节，91 页]

完全取决于一个主体，如此一来，更高的价值——比如说——就是能更加强烈地刺激人的欲望①的价值。

但是，正如在讨论颜色和秩序——洛克曾设想将这一理论应用于秩序上——所犯的根本性错误一样，这个理论对于价值来说也是错误的。如果一个人想知道力量、能力和意向到底由什么组成的，他得不到任何答案。那么我们是在打算承认一个特殊的"价值论意义上的力量"吗？而这些力量除了自然科学所描述的诸如支撑、凝聚、重力等以外，是不是就什么都没有了呢？显然，在第一个假设中，必须首先引入一个纯粹的隐藏的本质，一个 X，而全部的重要性（即，通过"作用"被给予的重要性）在于，这个 X 要被说明——就像是 Molière's vis dormitiva。如果我们将价值看作作用（即，某种自然力量对欲望或对有感觉的生物体的作用——由于自然科学家无法检测到这样的力量，因此这样的力量在构成物体之间的作用中无法被观察到）的简单而特殊的情形，那么这个论题也同样会失败。在这种情况下，价值不是上面所说的力量，而更像是作用本身，是愿望和情感本身。然而，这就会把价值理论导向一个非常不同的新的理论类型。② 同样的情形也适用于对能力和意向的假设。价值是意义**明确的感觉现象**，而不是意义不明显的 X——它只有通过其他的众所周知的现象才能获得意义。然而，如果根据我们在这个过程中找到的可感知的资料而接受这个过程的价值，那么——如果用不太精确的术语来说的话——我们会把价值看作这一过程的动机（也许这一动机并没有完全被分析清楚），而过程**并非**价值的动机。因此我们会经常提到食物、饮料、肥肉、蛋白质等的营养价值。可见，我们并不关心晦涩难懂的力量、能力和意向，而只是关心化学上一定的物质和能量（从化学和物理学的意义上来说）。在此，我们不仅接受了营养价值，而且接受了食物的价值——这一价值的既定是由于食物能满足饥饿。而且，食物的价值截然地与满足饥饿本身的价值以及进食过程中的快乐感觉（不过，进食过程并不总是快乐的）区分开来。

---

① 至于说到情感，应该说是一种更强烈的兴奋程度，这种兴奋与情感的紧张是两回事（即，前者是令人快乐的，后者是令人不快乐的）。

② 我将在本书第二部分第五章的第一节讨论这一理论。

只有经过了这个清晰化的过程以后，一个人才能问：通过哪一种化学特性的功效使某一特定的成分(也可能这一成分对于其他动物来说是有毒的)承担了这个食物针对某个正常的(也就是说，这一成分对这个有机体是无毒的)有机体(比如说，人，与消化力相关的条件，新陈代谢)的价值？拥有多少这类物质才能使食物的价值具备这样或那样大的量值？这就等于说，营养价值存在于化学物质中，或者说营养价值存在于食物中这些化学物质的各种特性之中。如果这样来判定营养价值，那就完全错了。一个人绝对不能把事实(在事物中或人体中，存在针对价值——或者说得更好些，即针对价值的载体，例如食物的价值载体——的特性)与完全不同的各种论点(即，这些事物的价值，就其本身而言，除了是一种特定的特性和能力以外，什么都不是)相混淆！

所有的价值(包括善的价值和恶的价值)都是满意程度(具备一种确定的关于"较高"和"较低"的等级秩序)的非形式**特性**。这种秩序独立于存在的形式。不管怎么样，如果这些价值以绝对客观的特性呈现在我们眼前，那么它们是可以进入到存在的形式之中的，比如说，作为价值构成的成员(例如，一些事物的"是令人愉快的"和"是美丽的")，或者作为"一个物体所具备的"价值。

价值存在(关于物体、善以及事态)的最终独立性清楚地体现在一系列事实中。在掌握价值的过程中(在这个过程中，除了价值**载体**的给定之外，客体的**价值**已经清晰地并最终地给定了)，我们只是阶段性地进行认识。兹举例说明：对于我们来说，一个人可以是使人痛苦的，令人讨厌的，令人愉快的，或富有同情心的，而这一切都无须我们解释这些特点是**如何**产生的。同样，我们尽可以花最长的时间去品评一首诗或一支曲子的优美或陋俗，独特或平庸，而根本不用知道这些作品的内容特性是如何展现出来的。并且，一所房屋的风景或它的一个房间可以给人友好或压抑印象，当人在一个房间里逗留时会体验到这些特点，我们不需要知道这些价值的**载体**就能体会到上述特点。这同样适用于身体的和心理的现实。显然，无论以何种方式，价值经验及其充分性和显著性的程度(完全充分意义上的充分性与显著性共同构成价值的自足性)，都不会依靠价值载体的经验。更进一步说，一个关于它是什么(比如说，一个人更像是诗人或哲学家)的客体意义，会在价值本身不发生变动的情况下发生任何程度的变化。在这样的情形下，程度清楚地显示出自身，而相对于这种程度的价值——就其**本质**而言——**独立**于它们的载体。上述观点对物体和事件的状态同样适用。对酒的价值的区分绝不需要预设一种对酒的成分的知识，或来自于何种葡萄树，或榨取葡萄汁的方法。"**价值状态**"(Wertverhalte)也同样不仅仅是事件状态的价值。对事件状态的掌握并不是他们被给定的条件。比如说，我可以得到的是：去年八月的某一天非常美丽；但我无法得到那一天的那一时刻。又如，我去拜访一位特别想见我的朋友。确实，似乎一个客体(无论它是被记起，被预见，被表现，或是被感知)在**价值论上的细微**差别成为我们遇到的**第一个**因素，似乎是整体(其中的客体是构成价值的成员或部分，或者说是一种媒介物)的价值发展了其自身的内容或(概念上的)意义。价值先在于它的客体，成为了其特殊本质的第一个送信人。一个客体有可能是含混不清的，而它的价值已经是明显而清晰的了。在所有对我们环境的理解中，比如说，我们立即掌握了未经解析的整体和它的价值，但是，在整体的价值中，我们只是掌握了部分的价值——其中安置着单独表现出来的图像对象(Bildgegenstände)。

我们可以不用再往下追问了。如果是为了弄清楚所谓的感情价值是怎样与给定其他性质(更确切地说，是内容的特性，比如说：单色调、声音，或者其他合成物)的**墓础**相联系的，那么，细致的考察是必须的。在这里，我们主要关心的是，可能的价值理解独立于价值载体的重大意义，同时也关心价值关系的重要性。我们能够理解一些东西相对于另一些东西的更高价值，而无须对这些事物(他们符合对各自的价值的理解)有准确而清晰的认识，也无须具备什么意识，仅仅需要知道预设的物体，这样，我们可以将它与我们眼前的这一个相比较。①

接下来，我们可以清楚地看到，**价值属性**并不随着物的变化而变化。一片蓝色变成了红色，并不意味着蓝颜色这一概念就变成了红颜色的概念。同样，当价值载体发生变化时，价值本身的秩

---

① 其后的观点获得了所有的关系。

序不会发生改变。食物还是食物，毒药还是毒药，而不是针对什么样的有机体来说是食物或是毒药。友谊的价值并不因为我的朋友变成了虚伪的朋友或背叛了我而受到影响。精确的性质上的价值差异也不会因为经常难下决断（即，难以从性质上断定哪种价值是属于某个事件状态的，哪种价值是属于一个物体的）而受到影响。①

但是，价值属性和价值构成又是怎样与**物**和善联系起来的呢？

价值不只是像善那样区别于情感和愿望（当情感和愿望产生时，我们是能体会到的），这些价值在最初始的**性质**方面就已经各不相同了。除错误的理论——把物仅仅看成逐渐显现的序列中的一个状态——之外，还有一些实证主义哲学家所犯的错误——这些哲学家试图将价值与事实上的意愿和感情联系起来，就像把事物与它们的表象联系起来一样。就价值现象（无论是显现的状态还是真正的现实）而言，价值是**真正的客体**，并且与所有的情感**状态**不相同。在单个情形下，一个毫无关联的令人快乐是与其本身内蕴的快乐完全不同的。单个情形——不是一系列的情形——下的令人快乐中的快乐对我们来说，足以辨别快乐与是令人快乐的之间的区别。如果价值被看作与物的对应物（正如 Cornelius 所假设的那样②），那么，想要弄清楚如何区分善与**价值**，同样是困难的。价值是物的第二状态吗？这样假设将意味着什么呢？

对于这个理论，也许有人会接着说，有两种假设是不真实的。第一种假设是，在对世界的自然感知中，感觉的内容是第一个既定——原因是，物既定，只有把物看作显现在人们眼前的承担着这种或那种意义的载体，内容才能是既定的，并且是以一种特殊的显

---

① 通过上面的称述，我们可以见出，仅仅是因为价值判断在同一个**事件状态**下经常相互冲突，而将价值看作"单纯主观"的价值，此一说法是完全没有根据的。与此相关的争论也同样是没有根据的。例如，发生在笛卡儿与赫尔巴特之间的一场非常著名的关于颜色和声音的争论，以及那些在讨论基本颜色的整体时武断地以"人在区分光谱中的颜色时经常犹豫不决，也就是说，分不清一个颜色的结束位置以及另一个颜色的起始位置"作为立论根据。

② H.Cornelius，《导入哲学》（莱比锡：Teubner，1911），以及《作为经验科学的心理学》（莱比锡：Teubner，1897）。

现模式（从本质上来说，这种模式从属于**物状体**的结构）被既定的。第二种假设是，在对世界的自然的观点中，一个纯粹的价值属性是第一个被给定的——原因是，只有价值属性表现出一种善（就像是善的一个种属），并且具有从属于善的整体结构的特殊价值差异，纯粹的价值属性才能被给定。每一种善代表了价值的一个微小的层级。①进入这种善的价值属性是以它们可感的所是来区分的，而不是以属性的特性来区分。比如说，一件艺术作品的好坏要看历史上对它的不同评价，依据是基本审美标准的取向变化，这不同于我们客观的对善的评价，针对不同的时代，这种评价也会呈现出不同的**价值方面**。然而，这样的价值方面由这件艺术作品的有形本性及其价值的内在结构两个因素所共同决定的。一个人不能将这两个因素加起来以达到所谓的总的简单的价值属性。但是，当我们以一种特殊的情感态度，根据这个作品价值整体中的这个方面，特别关注**什么被给予我们**时，甚至是，当我们在方面和内容的改变过程中体会到对这种善的即刻的判定时，一件事实——这些方面（即，情感感受到的价值内容仅仅是方面的或简单设定的"内容"）——便呈现到了问题的台面上来。例如，当我们弄清楚了古老的善领域在历史上非常不同的价值方面时，就会遇到上面的情况。

正如一个物体与填充它的特殊属性相关一样，一种善也与一种**价值属性**相关。这就表明：我们必须在善（比如，**价值物**）与纯粹的价值（比如，物拥有的价值，什么价值属于物，即**物的价值**）之间作出区分。善在物中没有基础，因此，如果想要是善的，必须首先是物。进一步说，一种善代表了一种含有价值属性和价值联合体的物状结构（该物状结构是建立在一个特殊的价值基础之上的）。是**物状**（而不是"物"）代表了一种善（如果我们干预一个**质料善**，除了**物质性**的现象出现以外，并不涉及问题的实质）。一个可感知的自然界的物体可能是某一价值的载体，从这个意义上来说，该物体是一个有价值的物。但是，如果这个有价值的物的整体不是由价值属性的整体建立的，而是由我们偶然在物中发现的一种价值建立的，那么，这

---

① 由于价值首先根据高低来进行区分，在讨论善的情况下，用"层级"一词比用"结构"一词要好，因为"结构"通常是针对物来说的。

个物的整体还不能说是一种善，它可以称之为一种**实事**（Sache），我们用这个词来指明一种事物，即该事物是一种现存的关系中的客体，该关系本身是建立在价值中的，与一种以意志力处理此事物的能力相关。因此，这种特性的概念预示出的，既不是纯粹的物，也不是善，而是**实事**（Sachen）。也就是说，一种善就是一种**价值物**。

当我们认为一种善是可以破坏的，比如说，善从代表同一个真实客体（例如，褪了色的一件绘画艺术作品）的物的损毁中被分离出来，那么物的整体与善之间的差异就变得清晰了。并且，一个物体可以被分割，但是相同的真实客体作为一种善没有被分割，而是被消灭了。或者说，当这种分割只属于非本质的因素时，并不影响客体的善性质。因此，善的变化并不与作为物的同一个真实客体的变化一致，反之亦然。

只有在善中，价值才变得真实。而价值在有价值的物中还不能称之为真实。因而，在一种善中，价值既是客观的（无论这个价值是什么），同时又是真实的。价值在含有新的善的真实世界里有真实的增加。价值的属性是**理想客体**，正如颜色和声音的性质是理想客体一样。

也可以用另一种方式表达：善和物有着相同的原初性既定。根据这个观点我们反对两件事：首先，我们反对任何想要将物本身的本质（即，物自体）还原成一种价值，或者将**物的整体**还原为**价值整体**的企图。通常有两种人有这样的企图。第一种人总是想把物的整体还原成一个纯粹的经济意义上的感觉内容的合成物（例如，马赫），或者是还原成一个可用性、可控性和相似性联合的整体（例如，柏格森）。第二种人坚信自己的做法是正当的，即把一个物体设想为纯粹"命令"，并将其作为一种公认的东西（带有或不带有移情作用的情感内容）。根据上述理论，简单的直觉——不依赖于特殊种类的价值——根本没有**物状**结构，它只有通过综合性（综合性本身反过来由价值所引导）才能获得这种物状结构。在这里，一个**物**只是一个纯粹的**价值整体**。除了其他错误（即，能在这个理论中找到的错误）以外，在对世界的自然观点中，**特殊**的物的**整体**形成显然是与整体形式的本质（即，物自体）相混淆的。当然，一个人能够在对单个物的形成的解释中使自己获得价值，而不是在对物自体的解释中获得价值。

从最初产生的观点中，我们可以得出这样的结论：在世界的自然视阈中，真实的客体首先**既不是**纯粹的物也不是纯粹的善，而是**联合体**（比如，拥有必要的和有用的价值的事物）。另外，从这一中介领域出发，朝着纯粹的物（即，**排除**了所有的价值的物）和朝着纯粹的善（即，**排除**了所有物状的善）的汇聚运动就开始了。①

其次，根据上面提到的，我们否认善可以被视为有价值的物的说法。原因如下：根据善的本质，善的价值并没有被设置在物当中，相反，善通体**充满**着价值。一个价值整体导向其他所有善的特性（即，其他价值属性，以及那些并不代表这些特性的价值属性，例如，在质料善中的颜色和形式）的综合。一个善的整体建基于价值领域（该领域中包含着物状的位置，但并不表现它）。因此，在一个充满着**相同特性**的世界里，**物**会变得与物之所是非常不同。在**善的世界**里也存在同样的情况。在任一善领域中，自然的物的世界永远不能在善的形成过程中被规定或限定。世界是**发端**，物的善也是。进一步说，善的世界的发展从来就不是自然物发展的延伸，也不会就自然物的发展方向所决定。

与之相对照的是，所有**善的世界**的形成——无论它是如何出现的——都由**价值等级的秩序**所指引（就此情形而言），例如，某个时代的艺术作品的价值等级。**起支配作用的**等级秩序在善的等级秩序中（或者在每一种单个的善中）被反映出来。尽管这种价值等级秩序并不是意义明确地决定着我们所讨论的善的世界，它却描绘出可能的领域，在这个领域之外，善的形成无法进行。就这个意义而言，价值的等级秩序是一种与善的世界相关的先验存在。要想使善**真正地**形成，需要四个条件。一是作用于形成过程的能量，二是促使其形成的人类能力，三是质料的②和技术的进步，四是成千上万的偶然性。但是，单是这些因素还无法解释善的世界的形成，也就是说，

---

① 不能把这种说法等同于规律意义上的"事态"的概念，该概念预设了善与物之间的截然相分。

② 所有的事件都是"质料的"，只有被它用于善（独立于物结构）的形成。

没有一个公认的价值等级的秩序(作为一种特性，以及一种朝向这些特性的活动)的帮助，这些因素是无法解释善的世界的形成的。当下存在的善已经在这种秩序的**控制**之中了，它既不是从善中抽象出来的，也不是善的结果。但是，这个价值等级的秩序是一种**非形式**的秩序，也是一种价值**属性**的秩序。这样的价值秩序不是绝对的，而是**支配性**的，它在规则(这个规则从某个既定时代中激发出的价值属性中被提出)中被表现出来。在审美价值领域里，我们将这种规则系统称为风格；在实践价值领域，我们将这种规则系统称为道德。①这种系统表现出增长和发展的态势。但是，这里所说的发展与善的世界的发展完全不同，是一个变化多样的独立系统。

综上所述，我们想要强调的是：首先，正如康德在他的命题中所正确而尖锐地强调过的那样(也是我们在此强调的)，**没有什么价值哲学理论**(比如在伦理学或美学中的价值)能够**预设善，更没有价值哲学理论能够预设物**。但是，如果确实有可能按照其秩序找到一系列非形式的价值，而这一系列的非形式的价值完全独立于善的世界及其变化形式，并且是这种善的世界的**先验存在**，那么，价值的哲学理论将会变得清晰。从上述的第一个康德的伟大洞见出发，我们可以进一步总结出下面的结论：关于非形式的(和非审美的)的价值，它们的**本质**内容以及等级秩序都不是**独立于**经验(就这个结论本身而言)的。并且，在道德(和审美)价值中，只有**形式上的**合法性(排除所有作为非形式特性的价值)才是**明显错误的**。这样，价值的哲学理论就变得更加清楚了。

第二节　价值善和恶与其他价值和善之间的联系

康德曾尝试将价值词——善和恶的意义——还原成应当的内容(即，理想的应当："它应当是"，或祈使语气的应当："你应该")，也曾尝试表明：没有应当就不可能有善或恶。不仅如此，他还尝试将这些价值还原成行动(或意愿)的合法性，或者更确切地说，还原

---

①　参见我的论文《怨恨与道德价值判断》(Bibliog. no. 5)。若需要更多信息，请见《道德建构中的怨恨》(Bibliog. no. IO)，也可参见韦尔夫林的《造型艺术风格》，《普鲁士科学院论文集》(1912)。

成行动与律令(或者是"正确的"东西)的符合。① 关于康德的上述三种尝试的谬误，我们将在后文进行讨论。我们在这里所关心的是，确定价值善和恶对于其他价值的特殊本质，以及确定他们之间在本质上的相关性。

康德正确地将善与恶和所有其他的价值相分离，尤其是将它们和善物与不幸相分离。他说：

> 非常幸运，德语有合适的表达方式能够使我们避免忽略这种差异，单词 bonum(善)的拉丁语名称包含了两个非常不同的概念和两个非常不同的表达。因为，德语单词 bonum(善)同时使用了善(das Gute)与福宁(das Who＝"weal")；德语单词 malum 同时使用了恶(das Böse)与不幸(das Übel＝"woe")。只要意愿是由推理律令(使一些东西成为其对象)所决定的，那么，善与恶总是会表示出一种与意愿之间的联系。②

但是，康德的尝试并没有彻底否认善与恶的**价值**本质(他的目的是，用符合律令和背叛律令来取代善与恶)。而且，康德的主张——在这些价值和所有其他价值之间，**完全不存在任何联系**——也没有任何合理性。

当然，如果价值仅仅是作用于我们**可察觉的情感状态上的物的影响**结果，那么，善与恶就不会有价值；同样，之所以称某种东西为善或恶的理由无法以其自身与其他价值之间的关系作为立论的条件。并且，对于一个理性存在或上帝来说，根本没有"价值"存在，这是因为他们完全依靠**可感知**的情感本质的存在，自然也就无所谓价值的"较高"和"较低"。进一步说，除非一个人想要断言，对于可察觉的快乐的价值来说，善与恶只是技术价值，否则，他将不得不坚持任何非形式价值的意愿(无论是积极的还是消极的)。非形式的价值是指，这种价值永远都不可能使意愿成为道德善或道德恶。因为，在这种情形下，是善或是恶将完全独立于非形式的价值实在。

---

① 见第四章。
② 《实践理性批判》，第一部分，第一卷，第二章。

而且，这的确是康德的主张。对于他来说，关于是善或是恶，是完全不同的另一回事，无论我们想要实现高贵或庸俗，福宁或不幸，有用或有害。这是因为语词善和恶的意义在**符合律令的或不符合律令的形式**中被彻底掏空了。并且，依照这个形式，我们被告知根据一个价值内容与其他价值内容之间的联系来设置该价值内容。

这种主张的谬误是不容置疑的，它忽略了一个事实——魔鬼的目的并不比上帝的目的更缺乏系统性。这即是康德在否认善与恶是非形式价值时所犯的第一个错误。但是，无须多加解释，它们自身显然是可感的非形式价值。当然，在这里也无须定义，因为所有的价值现象都已经具备了。只需要知道一件事：一个人想精确地看见在感受善或恶时直接经验到的东西。我们还可以问，这些主要的价值形式出现的条件，价值等级与必要的价值载体，以及当它们被给定后的特殊反应。

让我们仔细考察一下这个问题。

康德声称，某一非形式价值的实现本身无所谓善，也无所谓恶。这一主张肯定是正确的。如果等级**秩序**不存在于非形式的价值中，也不存在于这个价值的本质中，甚至不存在于偶然承担这些价值的**物**之中，那么，一个人最有可能坚持康德的观点。但是，确实有这样的价值等级秩序存在。如果有，善与恶和别的价值的联系就十分清楚了。

绝对地来讲，价值善是在**实现**价值的行动中以根本而必要的方式得以表现出来的最高价值（相对于实现价值的那个存在的认识尺度，这一价值是最高的）。[①] 绝对地来讲，价值恶则是在实现价值的行动中表现出来的最低价值。在以实现较高价值和较低价值为目的的行动上体现出来的价值——从每一种情形下原初的价值经验的角度来看——是相对的善或恶。相对于既定的其他价值，一个价值的较高体现在先置的行为中[②]，一个价值的较低体现在后置的行为中。

---

① 从绝对意义上来说，"善"与无限认识中的"善"并不相同。后者只适用于上帝的观念。只有在上帝那里，绝对的最高价值才能被看作可以理解的。

② 这里不是指先置于或后置于善或恶的行为，因为，它们是认识行为，而不是意愿行为。（见第二章，第五节）

上面这句话的意义如下：首先，根据价值内容的意图，我们可以得出以下两个判断：道德的善是与先置价值相一致，与后置价值不相一致的价值实现行为；道德的恶是与"先置"价值不相一致，与后置价值相一致的价值实现行为。尽管善与恶中并不包含这种一致与不一致，但是从本质上来看，这种一致与不一致都是判断善、恶存在与否的必要标准。

其次，在较高（或最高）的价值等级水平内，价值善是与实现**积极**价值而不是消极价值的行为紧密相关的价值。价值恶是与实现消极价值行为相关的价值。①

因此，尽管康德否认了这一点，但是确实存在一种善与恶和其他价值之间的连接。也有可能存在一种**非形式伦理学**，这种伦理学在规则的等级和其他价值的基础上决定哪种价值实现是善，那种价值实现是恶。

对于每一个能够认识的非形式的价值领域来说，都存在一种意义明确的**非形式伦理学**。在该伦理学中，根据各自的价值内容建立了**价值最优规律**：

非形式伦理学基于下述公理：

A. a. 积极价值的存在本身即是积极价值。

b. 积极价值的不存在本身即是消极价值。

c. 消极价值的存在本身即是消极价值。

d. 消极价值的不存在本身即是积极价值。

B. a. 善是在意愿范围内与积极价值的实现相连的价值。

b. 恶是在意愿范围内与消极价值的实现相连的价值。

c. 善是在意愿的范围内与较高（或最高）的价值的实现相连的价值。

d. 恶是在意愿的范围内与较低（或最低）的价值的实现相连的价值。

C. a. 在这个范围里的善（或恶）的标准包括：价值与先置价值实现之间的一致性（或不一致性），以及与后置价值的一致性（或不一致性）。

---

① 由较高与较低的价值形成的秩序与价值的积极本质或消极本质完全不同，因为在每一个层面上都能找到积极的价值和消极的价值。（见第一章，第一、三节）

　　康德在这一点上是对的。善与恶的价值内容本身是实现行为(或意愿)的内容,这在本质上是可能的。举例来说,一个人没有打算对同伴行善——他更关心怎样实现同伴的福宁——但是,他实现他人福宁的行为正好抓住了成为善或为善的机会,而不是说他的行为本身是善的,也不是说他的行为本身就行了善。这个人诚然是个伪君子的例子,他只希望对自己表现得善。当我们实现一个较高的预先给定的积极价值时,价值善才出现。价值体现在意愿行为上,正是由于这个原因,价值永远都不会是意愿行为的内容。也就是说,价值被定位在行为的背后,这样的方式有其本质的必要性,价值因此也参与到行为当中。那么,康德否认存在一种非形式的善也能成为意愿之内容的说法就是正确的。因为这样的内容总是且必然是一种非形式的价值。然而,康德试图用义务内容以及与符合义务的东西来确定善。并且,他宣称,一个人必须去做为了实现善而使其本身成为善的事,他必须在自己的义务范围以外完成自己的义务。这样,康德就成为形式主义的受害者。

　　作为对他的主张——善与恶的非形式价值——的充分证明,康德宣称,这些价值与福宁和不幸完全不同。如果一个人从福宁与不幸中辨别出价值属性——就像我们曾经做过的那样,那么这种证明就是无效的,善和恶是非形式的价值。但是,正如康德正确指出的,它们本质上是不同于所有价值**物**的。只有带有或通过非形式的价值,善与恶仍然同福宁与不幸相关联。在这些价值内部,它们还是与事实相关联的。所有是善或恶的东西必须与在(可能的)**预置行为**的前提下发生的实现行为相连。但是,我们不能根据"没有**选择**,意愿就不可能是善的或恶的"以及"如果没有取向价值内容(这样的价值内容不只一个,而且是多样的,是在情感中既定的)的行为,意愿也不可能是善的或恶的"这样两种说法,而认定善与恶有必要与选择行为相关联,实际完全没有必要。相反,**最纯粹的和最直接的善**(恶)在意愿(即,直接发生的,**没有**一个关于预置先在的选择的意愿)的行为中被给定。而且,在选择发生的情况下,"有能力产生不同意愿"的现象也会发生,不管预先的选择是什么。毫无疑问,想要避免已有选择的意愿行为仅仅是一种冲动,这种冲动只在没有前提预置的情况下才能实现。然而,一个实现价值的行为——无论执行行为的本质是什么——永远都不是价值**物**。**因此，善与恶和价值物**之间是相互排斥的。

我们强烈反对康德的"善与恶**最初**只与意愿行为相关"的主张。可以被称为**原初的**善或恶的东西（例如，具备非形式的价值——善与恶先在并独立于所有个体的行为——的东西）是人，是**人自己的本质**。因此，我们能够依照信息——**善与恶是人的价值**——给出如下说明：第一，显而易见，任何将善与恶还原成对应然律令的履行的尝试，将会使这一洞见立刻变得不可能。因为，下面三种说法都是毫无意义的：一个人的本质等同于对律令的履行；或者等同于符合某种规范；或者等同于正确或错误。康德并不把善与恶看作非形式的价值；并且尝试将它们还原成行为的**合律令性**或不合律令性。这两点导致了康德做出如下结论：他把意愿的行为看作善与恶的原初载体。对于康德而言，一个存在 X 只有通过进行非个人的理性活动（最重要的是，实践的理性行为）才能是一个人。这样，人的价值是由意愿的价值最终决定，而不是意愿的价值由人的价值来决定。①

第二，特殊的道德价值的载体绝对不是人的有形行为，而是他能够去做（其前提是，一个人能够实现理想的应然领域，应然与基本的价值属性相区分）的道德**取向**。从道德价值的角度来分析，这个领域是**美德和邪恶**。②（能够去做与"既定的倾向"完全不相干，尽管根据倾向的不同取向，有所谓既定的倾向或针对倾向的既定。）能够去做先在于所有的义务观念，它是义务的可能性条件。因为，在存在的能够去做的范围之外的东西仍不得不根据理想的应然服从于存在，它永远也无法形成一个对存在和所谓义务的律令。③

第三，善与恶的载体是人的行为，包括意愿行为和契约行为。

————————————

① 见第六章，第三节。

② 这可以很典型地体现出康德的特点：他并没有将美德恰当地赋予一个理论。"美德"只是个人义务行为的沉淀。这些义务行为本身原本就是"善"。但是，实际上，美德（邪恶）是所有特殊行为的道德价值的基础。美德理论先在于义务理论。

③ 参见第四章有关形式和义务，能够和应当的区别的论述。

我们将在其他地方进一步讨论作为特殊道德价值载体的契约行为。在此，我们只是指出，排除其他行为的意愿行为仅仅是康德理论结构中无根据的片面性产物。毫无疑问，有大量行为是意愿行为，但是，它们仍然是道德价值的载体——诸如原谅、命令、服从和许诺等行为，则很少提及。

经过上面的陈述，我们已经清楚地从本质上将善与恶与所有非形式的价值（这些价值存在于福宁与不幸之中）区分开来。由于人不是物，人也不拥有物自体的本性，这对所有价值物的场合都很必要。作为一个有形的具备所有可能性的行为整体，人是存在于所有可能的客体**领域**（包括感知范围以内的和以外的**客体**，例如，精神的或物质的客体）之外的。人首先要在整个**物自体**领域（这个领域是客体领域中的一部分）之外，他单单存在于对他的行为的履行之中。①

由此可以看出，康德想要提出的关于语词善与恶的意义的办法是完全没有根据的。他说：

> 如果善的概念不是源自于实践律令，而仅仅是作为后者的根据，那么，善的概念只能是一些东西的概念——这些东西的存在保证了快乐，并因之决定了主体的因果关系，其结果是，决定了意愿的能力。在此，既然不可能发现一个先验存在（观念与快乐或不快乐相伴随），那么直接辨别出善或恶将是一件非常简单的经验问题。②

只有通过无须任何根据的预设——所有**非形式的价值**是可以还原成物与我们的感觉状态（康德错误地认为，这些**感觉状态**本身只具有意义明确的本质，后面会论述到这一点）之间的**因果关系**，康德的办法才是可能的。这些预设正好将康德引向了"自相矛盾的方法"："也就是说，善与恶的概念不能被定义成先在于道德律令（概念显然是服务于道德律令的，甚至是它的基础）。更进一步说，概念的定义

---

① 参见第六章，文中将人的概念进行了详细的阐发。

② 《实践理性批判》，第一部分，第一卷，第二章。

必须在道德律令之后，或通过道德律令来定义概念（就像我们在这里所做的）。"①

第三节　目的和价值

我已经说过，康德的伦理学中还有无可争议的优点——他摈弃了伦理学的所有形式。他将善与恶的价值看作由特定的目的决定的，甚至是由所有将"人、行为或意愿与目的（最终目的）的关系"看作"对善与恶价值的有意义的应用的构成条件"的伦理学决定的。如果一个人能够从目的的内容获得非形式的价值，或者说，如果价值只有在它们被看作任何目的的手段时才是有价值的，那么，任何想要证明非形式的价值伦理学的企图一开始就应该被摈弃掉。原因很简单，这样的目的（比如，一个团体的福宁）不能再继续拥有任何道德价值，因为后者的起源只能**因由其自身**，并且只可能从对服务于目的的手段设计中得到意义。这只是一种对目的概念与价值概念间关系的精确分析，从中表明康德的"所有非形式的价值存在于与**设置目的**的意愿的关系之中"的主张是否还是正确的。②

欲求，价值，目标。当一个人谈及目的时，与欲求（Streben）之间的关系就没有必要给出了。③反过来说，只要有欲求（无论何种形式的欲求）出现，就无法谈及目的。从大多数形式理性看，目的只是一些东西（例如可能的思考、表现或感知）的内容，它以将要被实现的形式被既定，无论被什么东西或被什么人。无论与目的（关于理性或条件的逻辑关系）的内容实现（说得更好些，就是现实）相关的东西是什么，从形式理性来看，就是为了目的的手段。根据这个关系的**本质**，手段与目的之间没有那种暗示的**暂时**区别，实现因素是否是欲求，意愿，或者说得更宽泛些——**精神的**东西，这并不重要。而且，当我们将目的施用于一些东西上，或者当我们将有目的的某个

---

① 《实践理性批判》，第一部分，第一卷，第二章。

② 见《实践理性批判》，特别是第一部分，第一卷，第一章。

③ 这里所说的"欲求"指出了最一般意义的经验基础，正如经验来自所有的感受（Fühlen）一样，经验显然来自所有拥有客体的东西（表达，感觉，理解），例如，情感（Gefühlem）等。

东西的一些部分看作目的，这些都不是明确的目的性活动。然而，有两点对于目的来说非常重要：(1)相关的内容属于(理想的或直觉的)**内容图景**(相对于无图景的价值)的范围；(2)这个内容以"将要被实现"的方式给定。这并不是说它不能同时为真。与将来的联系并不属于目的的本质。因为，一个真实的构成物(Gebilde)也是可以有这样或那样的目的的(这个目的可以设置在结构内部或外部)。但是，只要内容从属于目的，它必须出现在理想且应然的既定模式中。至此，这种将要被实现不是反对那些正被实现的东西，而是反对所有外在于整个应然与非应然领域(这个领域只能被看作存在的或不存在的客体)的内容。因此，对于所有目的概念的每一种应用，以及一些东西的应然与非应然等，一种应然的事态是基础。

我们经常听到的两种主张是没有根据的。一种主张是，目的的概念只有在精神的领域或人类的意愿中才能被基本实现；另一种主张是，运用这个概念的神学推理，可以超越这个领域之外。一个人可以在"对精神客体的内在理解"缺失的情况下谈及目的。顺便讲明，这也是康德的正确观点。他将形式理性的"有目的性"看作"其理念形成其现实基础的东西"。其中没有错误的限制。但是，这种定义并不包括有关的有目的性(它并不属于自己的本质)的因果关系。因为，即使当我们知道作为现实基础的理念被排除在外，我们仍能意义充分地谈及目的。

无论何时，当我们提及**意愿的目的**(或者意愿的人的目的)时，我们关心的只是一种目的观念的特殊**应用**，而不是它原初的、唯一的存在和显现的领域。意愿，人等倾向于实现既定，同时也是因为它们被给定一种应然才能被实现。当我们说意愿为其自身设置了目的，我们为自己设置了目的(以及所有类似的表述)，这个设置从来就不属于目的的本质(针对这个特定的目的而言)，而只属于这个特殊内容(即，目的通过我们被实现)本身。

当我们发现，目的只出现在我们欲求的一个明确的**水平**上，情况就十分清楚了。

在欲求中，目的和目的的内容并非都是既定的。

首先，在一些东西从我们的内心向上涌出的现象出现的情况下，无法提及目的。在此，以一种完全直截了当的方式，我们体验了欲求的运动，而与此同时，并没有体验到一种特别的从状态中游离出去或朝向某个东西的运动。因此，比如说，一种纯粹的运动的冲动，在这种情况下，运动不可能变成一个目标或努力追求的东西，同时，没有给定一个目标，而是给定一个先验存在。关于这种情况，我认为，这种情况是欲求分离的点，它没有必要首先被理解为流行观念不愉快或不满意；另外，也没有必要为了所谓的涌出（这个涌出直接指向我们的自我而呈现，而不是从其自身滋生出来）而去体验一些特殊的情况。有这么一类情况，在这种情况里，涌出所具有的原初的不安首先将我们的注意力引向了我们的状态，并使它令人不愉快的本质显而易见。但是，它是状态的客观条件（就像是发霉的空气和黑暗开始充满整个房间），是接着要做的。

第二种类型的欲求在其原初状态之后被更加鲜明地确定了，它首先被描述成一种游离的状态。让我们称之为欲求游离（Weg-streben），或者欲求逝去（Fortstreben）。这种状态与欲求抵触明显不同。后者的状态已经由抵触的客体给定了。这种游离或欲求游离的原初运动中，没有目标取向。在它自己的路径上，它找到一个，就说一个，发展过程中并没有在原初设定朝向哪一个方向发展。

还有一种很不同的欲求，它从外部展示出一个清晰的方向（不是从自我而来，而是接近它）。但是，这个方向既不拥有图像欲求（即，它是有意义的、具有代表性的本质，例如，营养或一个可见的水果）；也不拥有价值欲求，例如，令人满意的某个特别的细微差别。所以，这个欲求仍然无法表现这样的内容。更进一步说，这类欲求在那些被非个人的、语法的形式（在德语用法中）描述的情况下清晰地展现出来，其语法形式是："它饿了我"，"它渴了我"。这样的取向在最初就是属于欲求的。因此，一个人无法宣称，通过所谓的目标呈现，所有的欲求获得了方向。欲求自身拥有它自己的本质的、显著的方向差异。并不是简单地存在一种欲求（或一种运动），它可以从表达内容的多样性中将自身分割出去，或将自己区分出来。这种一般的假设完全是一种**武断**的解释。这些欲求的经验是由它们的方向——以一种完全独立于这样的表达内容的方式——严格地决定。每当欲求遇到一个与它的方向符合或者冲突的价值，这个方向就会确定地、清晰地变成一种特殊意识中的一部分。在我们体验的过程中，首先，它是欲求的填充；其次，它是自己方向的对立面，这个方向被非常明显地区分出来。在同时发生的多种情况中的某一种情况里，以及在连续的欲求体验（它包含着完全不同的**图像**内容）中，也有一致的方向性。

这种欲求的方向主要并不是朝着特殊的**图像内容或意义内容**的，更重要的是，它是一个价值取向，比如说，指向一个特殊价值（不需要作为一个可感知的本质而被给定）的可经验的本质取向（该本质取向有一个特殊的明白无误的本质）。根据这个特征，欲求带上了一种色彩——它被术语意愿所表达。表达的方式是：对某个东西有意愿或有爱好，而这个东西是一种完全不同于所有的乐于某事的事件状态，在乐于某事中，一种确定的**图像**内容已经在我们眼前萦绕。对于一个安静的、相对持久的和可感知的设定状态，这种欲求的水平也被表达出来，即朝向某物而被设定。

有另一种类型的欲求与前面所说的欲求在填充欲求的**目标**的概念方面不同。欲求的目标与意愿的目的有很明显的不同，其目标就潜藏在欲求的过程之中。它不是以表达行为为前提，就像内容是表达所固有的，目标也是欲求所固有的。我们发现，这种指向目标的欲求已经朝向一个在我们之前的目标，不需要我们通过内心的、从自我的中心产生的意愿（或希望）来对这个目标进行设定。这样的指向目标的欲求，或力求（Erstreben），还能够对自身做出是否是目的性的判断。[①] 这就是本能的欲求的情形。那么，这种有目的性就是**客体性**。为了维持物种或人种的延续，动物的器官也可以拥有同样的有目的性。但是，它因此就不是积极的有目的性的事件。

关于目标，有两种组成必须加以区分：**价值组成和图像组成**。二者的关系在欲求中是这样体现的：图像组成能够以各种程度的分明和清晰完全缺失或显现，与此同时，价值组成以非常清晰和分明的方式给定。因此，二者在本体意义上的关系是价值组成找到图像组成。也就是说，图像组成的区分依据是，它与价值组成实现了可

---

① 例如，当我们将它们看作"关于物种保存的目的性"。

能的相配性。至于谈到的第一个观点，一个已经拥有了内在价值的欲求经常无法获得任何图像内容，因为它的图像内容的过程和发展被更强大的欲求的前行所阻断了。这样，比方说当我们遇到重大事件，我们会感到被拉着朝向我们的环境（Umwelt）中的某个特定方向。但是我们不会跟随它，所以，我们努力追求的那个东西的图像内容没有出现。另一种可能发生的情况是，朝向清晰的、可感的价值方向，无法适应我们当前欲求的结构或系统。欲求无法进入不同欲求的相互联系之中，并且被这种相互关系的价值所抑制。因为这种相互关系释放出一种反欲求，致使图像内容的展开变得完全不可能。上述情况在欲求指向这种价值时经常发生，就在它展开的那一点，给我们明示不当或恶。另一方面，在价值组成的基础上，当图像内容依然向着很高程度或变化进行变更时，欲求从我们的中心自我那里接收到许诺。在这种情况下，我们所体验的东西是**准备**做出牺牲或对他人慈善。但是，我们的眼前并没有那些我们想要为之牺牲的客体，我们的脑海里也没有牺牲或慈善行为的内容。在这种情况下，对于努力追求价值的坚决心态与是什么和为了什么（在图像感觉中的）的犹豫不决的心态被清晰地区别开来。

让我们先撇开此类型的更加诡谲的情况不谈。仍需解决的问题是：价值或价值组成怎样或以何种方式内化到欲求。价值首先在感受（Fühlen）中给定。① 但是，从感受的内在价值来考虑，感受是欲求的基础吗（就像感觉是感觉判断的基础）？我们是首先体会到努力追求的价值呢，还是在**追求**的过程中体会到价值？还是在追求过程之后体会到价值？抑或是通过回忆的方式体会追求到的价值？不管怎样，并不是情感状态影响欲求，这样的情感也没有形成欲求的目标。

无疑还有两种情形：第一，情感状态或情感状态的一个典型过程，它们由于内心被感动（也称为影响）而散布开来，并决定了——比方说——行为。第二，**原初的追求行为**根本就不出现，影响因之转变成一系列没有价值取向的运动（作为一种纯粹的冲动行为，这里所说的价值取向很可能不是以它在经验中的纯粹形式出现），或者

---

① 在第五章第二节将详细论述这种"感受"的本质。

"影响"释放出几种欲求。但是，在后一种情形中，欲求从来不是意义明确地被影响所决定的。因此，有类似的情感状态的人们，会根据他们各自的欲求去做完全不同的事。

　　然而，如果一种感受——比如说，对某种食物的**愉快**心情——是欲求的目标，那么，它只能是针对某个人的价值优点(或者说，如果吃某种食物会使它有罪感，那么它就具有反面价值)。目标的内容是感受的价值，而不是快乐。

　　我们必须坚决拒斥所有享乐主义(即，人从原初意义上去追求快乐甚至是自我的快乐)的预设，这一点与康德的立场相同。实际上，没有什么欲求原初就异在于人，人也得不到这种欲求。欲求的这种少有的(并且基本上是病态的)失常与颠倒(这种情况也许已经在社会精神运动中到处发展)，不应成为一种基本的规律(因为在失常与颠倒状态中，所有的事物、商品、人等，仅仅是作为一种可能的、与价值无关的快乐的刺激者而被给定)。我们不用使自己关心这个错误，因为在那些将快乐作为欲求目标的情况中，快乐按照价值和反价值表现出倾向。由于这个原因——比方说——俄狄浦斯的真正的(原初的)快乐主义，并不是基于命题——"人努力追求快乐"(许多现代人就是这么想的)，也不是基于"这样的追求指向快乐"的命题。另外，无论是从起源的角度还是从分析的角度，快乐主义也不能建立在"将价值、善或善物还原成快乐"的企图之上。快乐主义是建立在相反的观念上的。这些相反的观念不仅是自然人追求某种福宁(Güterdinge)(例如，财产、荣誉、声望等)，而且精确地存在于人的念头之中。享乐主义认为，最高的价值——在这里与至善(summum bonum)无异——包括由财产、荣誉、声望带来的快乐，不包括这种福宁自身。只有拥有价值洞察力的聪明人，才能有办法使自己摆脱幻想(这些幻想会使我们宁愿选择事物而不愿选择其中的快乐)。并且只有这种人才把快乐看作最高的价值(这个最高价值是一个预设的概念，它并不源于快乐)，只有这个最高的价值才是值得追求的。这种伦理学的内容是错的，但它的方法至少是有意义的，并且没有完全具备我们所拒斥的预设。因为，价值中的快乐感受无疑是快乐本身的价值；说价值是积极的或消极的，也即是说价值中的快乐的感受是积极的或消极的价值。

排除这些错误之后，我们回到"欲求中价值如何被给定"的问题上来。

价值的给出绝不是**依靠**欲求。从两方面看：第一，积极的价值与努力追求相一致，消极的价值与"努力反对"相一致。第二，价值只能在欲求内部给定（当然，除非它们是欲求本身的价值，在欲求的行为中被感知，这与追求的价值完全不同）。即使价值不被追求或者价值内在于欲求，我们也能感受到价值。因此我们能够选择某个特定的价值而不选择别的价值，也能够将某个特定的价值放到别的价值之后，与此同时，并不在给定的、与这种价值相关的欲求中做出选择。因此，价值的给定和选择不需要任何欲求。还有一点也是毫无疑问的，即：只要我们紧贴事实，而不是跟随空洞的结构，就能放弃积极的价值（即作为积极价值被同时给定的价值），也能追求消极的价值。① 这就排除了"价值只是追求或反追求的 X"可能性。在"我们将积极的价值赋予某个东西，是因为该价值是以积极的欲求被给定的；我们将消极的价值赋予某个东西，是因为该价值是以消极的欲求被给定的"这样的说法中常常有价值欺骗。我们倾向于过高评价那些"我们对之持有积极欲求"（说得更好些，对之体验到能够去追求）的价值，也倾向于低估那些我们无法追求但仍能感受到的价值。在一些特殊情况下，我们通过欺骗的过程使那些价值变成了负面价值，这个过程在贬低善和价值的作用中扮演了一个非常必要的角色。② 对实际的欲求系统（该系统以虚假的顺从和禁欲主义③为特征）的价值判断的每一次调整，都是根据价值欺骗的基本形式。由此可见，这个理论是彻底错误的，其中价值欺骗的形式功能是正式的名

---

① 欲求与反欲求和价值与反价值之间的相关性并不比"真"与"假"和正面与负面之间的相关性多。因此，认为负面的判断只是关于真判断的"错误的声明"的说法正好是一个相似的错误。负面判断和正面判断可以是有着同样本源的"真"和"假"，依靠它们对相关的事态的同意与否。相似地，反欲求可以是"善"，与欲求可以是"恶"有相同的本源，正欲求或反欲求的价值是积极的或消极的。

② 参见我的论文《怨恨与道德价值判断》。

③ 真实的顺从存在于对价值追求的放弃。对价值的追求被认为是积极的，并且它本身可以被积极地感受到。

副其实的价值理解形式，甚至是生产性的价值来源。①

如果"拥有价值毫无疑问要依靠欲求"的说法是清楚无误的，那么我们有两个问题要问：(1)每个欲求是不是根据本质规律的特点，建立在一种目标内容的价值组成的情感基础上？(2)价值能否最初出现在欲求中，又能否被看作后续结果的价值？无论在何种情况下，根据本质联系的特点，在情感中拥有这个价值的可能性依然从属于所有在欲求被给定的价值。因为价值所追求的理性被精确地看作感受中同样的价值。另一方面，价值情感必须在事实上以根本的方式成为每个欲求的基础，就像——比如说——感觉是感觉判断的基础一样。上述说法对我们来说未必整全。我们经常在追求价值的过程中领会价值，而且如果我们不这么做就无法体会到它们。因此通常是欲求的满意程度首先澄清了我们所追求的价值的高低②，但是并没有使这种满意与价值同一，就好像价值只是满意或不满意的象征。类似地，我们可以问：我们更愿意选择哪种价值(善)，或者哪种价值高于另一种价值，哪种善更具有价值。我们可以通过思考体验的方式来回答这个问题。在思考体验中，我们问自己，在听从欲求——在对象征性价值的反应中产生——的时候，我们更想追求的是什么。例如我们可以问以下的问题："两个人中哪个人对我们更亲切"，"谁正处在道德危机中，我们必须首先拯救之"，或者"在同时给出的两种饮食中选择哪一种"。但是，这种实践性的选择并不包括价值的高低，也不包括价值理解中的更喜欢。它只是一个主观的方法，是为了使我们清楚哪种价值更高。

意愿的目的，欲求的目标，价值。我们来首先检验一下这些因素与意愿的目的之间的关系。③

正如我们所见，必须对欲求目标作出判断。这同时属于价值组

---

①　例如斯宾诺莎的理论。我们要的是善；憎恨的是恶。因此，善与恶是统一体。

②　常常是某一种满意，例如，"我们并不期望见到某个人的出现"，或者(从反面的情况来看)"我们希望死亡"，上述情况首先使我们意识到自己在追求一些东西，而我们不会向自己承认，我们拥有"恶"的愿望。

③　因为这一节处理的是意愿的目的、欲求的目标和价值三者之间的关系，已经加入了副标题。它与上面这句话相同。见 30 页。

成和图像组成。目标是在欲求自身中被给定的，或者说，在同时发生的或先发生的价值组成的情感中被给定。并不认为，欲求的图像内容必须根据客观的体验（感知、表现、思考等）首先给定。欲求的目标在欲求内部被体验，而不是在欲求之前。原因是，首先并不是表现内容区分这个或那个欲求（例如，对食物的欲求，对渴的缓解）。其次，可以通过三种方式确定和区分欲求：（1）它们的**取向**；（2）目标的**价值组成**；（3）从价值内容中生发出来的图像内容或意义内容。在上述三点中并没有表现行为的介入。① 当然，从另一方面来看，目标的内容可以成为表现或判断的客体。然而，内心的意动（Regung）——现在去散散步，或者现在去工作，没有预设去散散步的表象，对其他类似的情况也是一样。我们总是持续不断地追求或反追求那些我们从未客观地体验过的东西。现有的欲求内容、范围和区别绝对不是清楚地依靠表现和思考的心智活动的内容、范围和区别。后者有其自身的本原和意义水平。这就暗示了，欲求的图像内容并不是欲求的主要内容，正如我们已经展示的那样，而是欲求的次要内容。根据价值内容，从某事的觉悟（尚未被欲求和表现区分出来）的可能的内容中选择出欲求的图像内容。只有那些图像内容能够变成这种价值内容——作为一种图像组成而进入欲求的目标——的载体。

与之相对照的是，意愿的目的首先是欲求**目标的表现内容**（有些多样）。也就是说，目标内容（即，作为欲求的一个目标被给定的内容）在一个特殊行为中被表现出来的事实，将目的与目标（该目标已经在欲求自身和欲求取向中被给定）区分开来。只有在现象"脱离欲求的意识"②，倾向于对意识的表现；同时又倾向于表现对目标内容的理解"③中，目的意识才能实现。所有被称之为意愿目的的东西预设了一个目的图景！如果目的不首先是目标，那么就没有什么东西

---

① 没有注意到这一点的人（例如，布伦坦诺，他在表现行为中为每个欲求行为寻找根据），会根据与相似的目的性生活的错误对比而将欲求性生活知识化。

② 因此，要把欲求性的意识与"欲求的意识"区分开来，无论后者是否被看作一种欲求的反映，甚至是欲求的"内在知觉"（其中"意识"又是"客体化的意识"）。

③ 对这个过程的各个层面的详细论述，请参见第三章。

能够变成目的！没有目的，目标仍能被给定；但如果没有先在的目标，就没有目的可以被给定。我们不能从无中创造出目的，或者如果没有先在的指向某物的欲求，就无法设定一个目的。

当目标内容（即它的图像内容）以**将要被实现**（即，绝对应当被实现）被给定时，（或者说，当目标内容被意愿时）这种被表现的目标就变成了我们的意愿（或任何东西的意愿）的目的。反过来看，欲求能够停留在目标的意识水平上，意愿（即目的的意识）的种类总是图像（或意义）明确的某物的意愿，也是一种"类图像性质（Bildhaftigkeit）内容"的意愿。

目标内容的表现，以及具体应当成为的东西，这两个方面的因素必定一起呈现在意愿的目的中。如果只有第一个呈现，就仅仅存在一个希望（希望也预设其目标的表象，这与欲求相对照）。但是，目的永远都不可能仅在希望中给定，也不可能被希望。我们可能有能力去希望"我们能设定某一目的"，或者"我们可以朝着目的表达希望"或"想要"。然而，目的不能被希望，它只能被意愿。希望得到某物就预示着欲求得到某物，然而，从现象上看，希望缺少关于现实的应然。另一方面，被意愿的东西以及意愿本身的表象在意愿的领域里被明确地区分开来。这样，所有目的的意愿都已经以表象的行为为根据，但只是在**欲求目标**的内容的表象中，而不在其他任何表象中。恰恰不应在欲求中寻找这种分离。

上面的论述足以为我们提供如下**洞见**：对非形式的目的伦理学（该伦理学宣称，一些图像内容或它的表象是善）的拒斥，并不意味着非形式的价值伦理学必须同样被拒斥。因为价值既不依赖于目的，也不是从目的中抽象出来的，而是欲求目标的基础，也是目的（即，在目标中发现的目的）的基础。当然，正如康德正确指出的，对目的的每一种设定以及每一个目的，都必须满足道德正当的要求。这种道德上的正当不仅依靠非形式的价值和它们的联系，而且也依靠价值（该价值已经成为欲求行为之目标内容的组成成分）。由目的的目标内容产生的意愿，能够并且应该服从于目标内容，而不仅仅是服从于纯粹的、执行意愿的律令。因此意愿被非形式条件化了，尽管它不是以目的为条件的。（就像在所有技术性意愿的情形中一样，意愿成为实现目的的手段。）

由于欲求（反欲求）的图像内容服从于**价值**（该价值主要是欲求的内容）的特性，任何伦理学（即，非形式的价值伦理学）都不会预设任何类型的经验，也不预设这种经验的任何内容。只有目的有必要获得这样的图像内容。充分的客观经验的行为（例如，一种表象的行为），只进入目的的意愿，不进入目标取向的欲求。非形式的价值伦理学完全独立于一般的客观经验（尤其是客体对主体的影响的经验）。然而，这样的伦理学是非形式的实质或质料（material），而不是形式的。对应于整个经验的图像内容，非形式的价值伦理学是一种先验存在。因为欲求的图像内容以及它们的关系都服从于非形式的价值以及它们的关系。

有一点很重要，说明如下：意愿中的目的起源于选择行为。而选择行为的出现是建立在既定欲求的价值目标的基础上的，并且通过在价值内容中的优选行为，获得了在这些价值内容中的基础。所有我们已经区分为各种类型的欲求的情况是在内心意愿适当的范围里的。康德以可互换的口吻称呼倾向领域和冲动领域。他在进一步论述中预示了所有倾向（也可称为欲求的经验）的道德价值差异。他用混沌或感情的"混乱的大杂烩"来形容直觉内容。这其中，只有理性（根据它的内在的功能性律令）能将隐蔽在所有经验下的形式和秩序带入混沌或感情的混乱的大杂烩。他也同样用一种混沌来定义——或者是说明——所有倾向和冲动。这其中，作为实践理性的意愿，根据其自身的律令将秩序（他相信，善的理念可以被还原成秩序）带入混沌。

从这种观点来看，我们能够拒斥关于倾向的道德价值差异的预设。原因是，人类最基本的道德价值差异不能被设定为关于选择的目标。这种差异更在于**价值内容**，也即，在于根据动力（并且是自动地）给定了的价值内容的结构性联系。在这个结构性联系中，单个人必须进行选择，并且根据结构性联系设定目的。价值内容以及价值内容之间的关系形成了可能的用于设定目的的场。当然，一个人不可能直接要求得到倾向、欲求，以及从我们的感觉中涌现出来的善。这是意愿的行为，在既定的价值（即，这种价值是在所有称为善的欲求中被给定）中选择（感受出）更高的价值。但是，这种价值在欲求自身中已经是最高的价值了，并且这种高度绝不是起源于价值与意愿之间的关系。

只有我们的意愿选择了隐蔽在倾向中的更高的价值，意愿才是善。意愿并不服从内在于它的正统的律令，不仅如此，意愿服从于理解（这种理解是在优选行为以及选择更高的价值的行为中给定的）。

承上文所述，显然，可能意愿的道德价值依靠用于选择的价值内容的种类，依靠价值所表现出来的价值高度（以客观的秩序）。类似地，它也依靠价值的丰富程度以及价值之间的差异。[1] 隐藏在这个因素后的人的道德永远都不可能被自愿的行为所取代，也不会转变成自愿行为形成的结果。[2]

此外，可能性意愿的道德价值还依靠优选（欲求进入中心意愿的领域）的**秩序**。

原因是，假设欲求（该欲求自动产生，例如，人类感兴趣的所有东西）构成整体混沌（也就是说，内部发生的事总体上产生了机械联想的合并规律，理性的意志和实践理性必须形成一种秩序和一个有意义的整体）的说法是完全错误的——正如康德所做的那样。相反，它描述了，人性的很高的道德立场（内在欲求的偶然和自动的出现）和非形式的价值（即欲求所瞄准的价值）依循优选的秩序，并且这样的欲求已经是实质上形成的意愿内容的综合体——对非形式的价值等级的客观秩序的测量。这种情况下，选择秩序变成了欲求自身自动的内在规则，以及欲求**如何**进入意愿（以及所有针对不同非形式价值领域的不同程度的意愿）的内在规则。

现代的精神心理学[3]已经表现出巨大的优点。这种心理学表明：正常表达的自动过程（它的发生独立于判断行为、推断行为，以及**自愿**的关注行为，也即独立于整个知觉领域）在联合的法则基础上是可

① 当然，它是一种 petito principii（"法规性原则"），它主张，一个道德的人的"丰富性"不能由他的意愿的道德价值共同决定。原因是，由于它不是通过意愿"自得"的，所以他不得不拥有它。问题是意愿的内容是不是与他的道德价值不同。关于"自得"，参见我的论文《怨恨与道德价值判断》（以下 78 页之后，另见我的论文《道德建构中的怨恨》，第五节）。

② 在"受益于祖先自得的特性的遗传转变"方面，这也不可能成功。

③ 参见 O. 卡普：《精神哲学》（莱比锡 1918 年版），以及 H. 李普曼的《论幻想》（哈尔 1904 年版）。

理解的。例如，我们已经说过，表现的过程处在超表现①（它决定了意义整体②和一种特殊的调节意识）的控制之下，或者说，这个过程是处在一个任务或其他精神目标的控制之下。在这里我不想分析这种说法的价值。我们只能在幻想的意念漂流（ldeenflucht）的征兆中，找到这些事实继承性的不足以及一种机械联想的近似。但是，在这种情况下，我相信，这样的机械联想是无法实现的。在这种特殊情况以及在白日梦或夜梦的情况下，对表面上的机械合并和联想的合并的精确调查表明，合并是由上面提到的事实决定的，即使这些事实对于正常的生活来讲似乎有些异样，或者似乎只能构成很低的程度。③

偶然欲求的事实表现出完全相似的情形。在这里，同样地，欲求涌现的简单动力包括感觉和较高或较低的秩序（根据客观的价值秩序），以及一些少见的情形（指对欲求部分地曲解，以及对意志的病态影响）下的感觉的或多或少的丧失。欲求相互增进，并且根据目标取向相互跟随。当然，这会在程度、强度和结构方面发生巨大的变化，不过，它总是存在的。

如果一种伦理学，就像康德的伦理学那样，忽略了这个事实，并且以倾向的混乱（其内容和结构在自身的价值自由中，它的形式和秩序被假定为从属于理性的意志）作为起点，那么，这种伦理学自然就会导致**原则**上的错误。

选译自［德］马克斯·舍勒：《伦理学中的形式主义与非形式的
价值伦理学》，弗林斯英译本，第一部分，第一章，芝加哥，
美国西北大学出版社，1973。 牛冬梅译，万俊人校。

---

①　这是李普曼的观点，见其《论幻想》。

②　但并不是在既定意义的意识中。

③　在现代心理学中，也是同样的情况，联想的规律变得越来越像现象学的东西——我们精神生活的理解规律。这种精神生活是建立在本质联系的基础上的，有着纯粹的理想的意义，它们永远都不会被基于观察的经验所填充和统一。（见第六章）

《道德建构中的怨恨》（1914）（节选）

一、怨恨与道德的价值判断

近代伦理学的最重要的结果之一是：世界上并非只有过一种、而是有各种"伦理"。① 人们通常认为，这都是老生常谈，与对所谓的人伦"历史相对性"的认识一样陈旧。这种看法大谬不然。恰恰相反，所谓伦理相对主义的各种哲学思潮，比如现代实证主义者孔德、穆勒、斯宾塞等人的观点，在对各种伦理实际状况的认识上，才是极其错误的。相对主义者不过指出：不同的行为对于"人类的福祉"或"生活水平的极大提高"，或者，对于相对主义哲学家自己看作"好的"东西是否有促进作用，是依人们看问题的角度，依实际的、文明生活和文化生活的状况而确定的；比如，在一个以军事为主的社会之中，战争为获取之源，英勇、果断之类便是于"公益"有利的德行，而勤奋、信实这类实干精神则在工业社会中享有优先价值；在军事社会中劫掠被认为是轻于盗窃的微末犯罪（在古代日耳曼人的社会里便如此），在工业社会中却相反。但他们同时又宣称，那些德行的基

---

① 我在《伦理学中的形式主义与实质的价值伦理学》（本书中译为《伦理学中的形式主义与非形式的价值伦理学》——本书编者）一书（请特别参见第二部分）中曾详尽论证此处设想的一种绝对伦理学，并提供了伦理学价值评论的历史变异性的诸阶段和各类的学说。

本价值没有变化；他们只把历史的生活条件的差异性作为变量，那种基本价值（比如福利）便成为生活条件的要素。可是，价值和价值评价的变化并不同于这一历史的生活现实及其变化。认为有过各种伦理的见解恰恰包含了如下断言：除了生活现实的相对性之外，**诸价值本身**（撇开其不断变换的实际事物载体不谈）**之间的优先法则**亦是各不相同的。一种"伦理"便是诸价值之间优先法则的一种体系。一个时代和民族的具体评价作为这一体系之"伦理结构"，只有从这些具体评价的背后才能找到这一体系，它能够形成一种演变，这种演变与评价和行动在现存伦理占统治地位时不断适应变幻莫测的生活现实毫不相干！各种行为、信念、类型各异的人是按该伦理（比如按一种指向公益的价值判断倾向）得到评价，不仅如此，**伦理本身**针对一切单纯的适应性（与上述情况无关）先行有了改变。所谓的伦理"相对主义者"事实上不过是**他们**所处时代的绝对主义者而已。他们只不过把各种变异伦理作为向当今伦理"发展"的各个阶段，然后错误地将当今伦理假定为过去时代的标准和目标。此时，最初的变异，即价值本身之间优先法则，评价方式的变异，在他们那里便全然不见了。认识到并应当承认伦理价值评价的这一深刻得多的相对性的，正是伦理上的绝对主义，即认为存在着鲜明的永恒法则、在价值内部存在着一种与之相应的永恒级别的学说，伦理与那种不失效的伦理学的关系有点类似于托勒密宇宙说和哥白尼宇宙说等对天文学所寻求的理想宇宙说的关系。与此相反，在伦理学上出现了那种自在地有效的体系。但占据统治地位的伦理**已决定了**形成中的各种生活现实。对它们的形成过程施加影响的，是最初的评价和意愿；这一意愿自身的改变不可理解为由适应生活现实引起的。① 艺术史晚近开始审视审美表现的观念和变迁以及文体格调，它们并非如森培尔②所言，是单由物质和技术的变化，或由不

---

① 这一论题的论证在于意愿和价值评价之级别的现象学之中；这里无法详及此论证。我在前面提过的那本书中已论及这一论证和此处提出的所有命题的论证。

② 森培尔（Gottfried Semper，1803—1879），德国建筑学家、艺术理论家；其理论观点颇受实证主义的影响；其《技术艺术和构造艺术中的风格，或实践美学》一书直至 20 世纪还有影响。

断变换的能力技巧决定的，而是由于"艺术意愿"①自身之变幻；伦理史同样逐步掌握类似的变迁。举例来说，希腊人之所以缺乏技术文明，并不是因为他们做不出或"尚不能"做出技术文明，而是因为他们没有做技术文明的意愿，在优先法则的精神中这种文明还无一席之地——他们的"伦理"是由如此优先法则构成的。这样，我们对"伦理"的理解就是：它是时代和民族**本身**占支配地位的优先法则，而不是哲学上和科学对优先法则的"描述"和"系统化"——这些仅仅把"伦理"当作一个对象罢了。

怨恨完成自己最为重要的功绩的途径是：它成为一整套"伦理"的决定因素，"伦理"中的优先法则出现反常，先前为"恶"者如今成了"善"。若我们考察欧洲史，我们就会看到，**伦理建构**中的怨恨惊人地活跃。这里应该提的问题是：怨恨在**基督教伦理**建构中、随后又在**现代市民伦理**之建构中起了什么作用。在此，我们的论断与尼采的判断**相去甚远**。

我们认为，基督教价值很容易、也常常被视为怨恨价值，然而，**基督教伦理的核心并非源于怨恨的土壤**。另一方面，我们又认为，**现代市民伦理的核心植根于怨恨**。从 13 世纪起，市民伦理开始逐渐取代基督教伦理，终于在法国革命中发挥出其最高功效。其后，在现代社会运动中，怨恨成为一股起决定作用的强大力量，并逐步改变了现行伦理。

基督教的伦理是否从怨恨中汲取过营养、受过怨恨的哺育呢？我们先来探讨这个问题。

二、现代道德中的怨恨及其价值位移

在近代道德中，奴隶的反抗基于怨恨。现在，不仅是依地位、工作、职业去实现价值的人，而且，一切价值赖以确立的、最终**质料的本质价值本身**，都进入了一种偏爱秩序，与价值的真实级别秩序不但不符，而且使价值**颠倒**，本末倒置，其势头有增无减。正是

---

①　参见沃林格尔(Worringer)的《抽象与移情》一书中基于里格尔(Rigel)的研究作的阐述。

在这种情况下，才发生了奴隶造反。

这一事态不仅出现在近代的道德观之中，也出现在这些价值观之理论上的世界观①和科学之中。这种情况的结果是：近代道德可与同时代的"科学"相关而且一致，甚至被"科学"事实和理论掩盖，在这一知识观念的范围内得到"证实"，即使这种"知识"观念本身——可惜——基于怨恨评价。一种理论就这样在支持一种实践，而实践本身就是该理论的源泉！

这整个过程基本上是统一的、具体的；现在，我们从这一全过程的道德与实践方面开始探讨。

在种种本质价值（Wesenswerten）中，有**两种**属于中间价值领域；在这两种本质中，**必有一种明证地优于另一种**：这便是**有用价值和生命价值**。我们也可以说："维持"的价值和"展开"的价值；"适应"的价值和"获取"的价值；"工具"价值和"器官"价值。②

这一优势在于这两种价值的**本质**。有用价值由生命价值奠定基础，就是说，只有生命价值在某种程度上存在了，有用价值才可感受到。每一有用价值都是"对"一种生物"有用的"价值。倘若某种"善"具有令感官惬意的价值，而实现这一"善"同一种可支配的原因有关系，则具有这一关系的事物便是"有用的"。对一惬意物的感觉不仅以某一精神的本质为条件，而且仅以一种特定的精神为条件：这种精神由**生命**的某种形式和组织而显出活力，生命组织本身又体现为某一生命**价值**的**整体**。这一生命价值并不依赖于惬意事物的价值类别，因为减少生命价值的行为和事物也可能是"惬意的"。③

不带惬意的生命价值，是完全可以想象的，反之则不然。惬意事物对不惬意事物的优势价值是明证的。但是，惬意事物和不惬意事物

---

① 我们在洪堡（W. V. Humbolt）的意义上使用"世界观"一词，它意味着从种族、民族、时代等来理解世界的**理解方式的结构**。具有此世界观的人对这一世界观一无所知。世界观足以划分、强调世界现实。一个时代的"科学"总是由这一"世界观"所限定的。参阅洪堡的《比较语言研究》。也请参见拙文《论哲学的本质》，见本文集。

② 在英国，尤其是战争伦理的价值被置于商业伦理的价值之上，这是由颠倒"高贵"价值和"有用"价值的位置所致，我在《战争与天才与德意志战争》一书中有详论。

③ 在这里，我没有引用一大堆已有人描述过的事实，它们指明生活促进者同感官在惬意事物上感受到的欢乐不成比例——全部主题是"毒药甘甜，良药苦口"。

的价值**本身**乃根据它们是否同时可以**提高**生命价值来确定。若一件惬意之事同时是不利于生命的事，它就是坏事，就没有生命价值。惬意事物的价值与其惬意程度无关，由感到惬意的生命体自身是否具有价值以及具有何种价值决定。所以，对生命体有较充分价值的惬意事物，与价值较不充分的惬意事物相比，必然处于优势地位。**每一**种濒于灭亡的生命也可表现为：在生命的**灭亡**过程中促成一种进步（这样的事物和行为令人感到惬意）；这种进步是该生命意向所指，与其明确意愿无关。欲望和感觉若产生反常，"正常情况下"不惬意的就变得似乎惬意；这种反常是感到生命走向灭亡的**结果**。因此，惬意事物的价值，确切说，具有这种价值的事物、状况（比如财产状况），作为惬意的源泉并不应该依"公义"平均分配给所有的人，而应据其生命价值按大小不等的需求进行分配。惬意价值的任何"平均"分配（甚至任何这种意向）都会"不公正地"伤害较高生命价值；所以是"糟"的，这种分配会伤害生命**本身**，使不断增强的意向转为感官感觉的反常，使本质上对生命有害的事物和行动被视为惬意的东西。

事物之所以"有用"，是由于它与惬意相关；惬意本身在其优势值上取决于**生命力**的价值。倘若如此，则可以说，事物之所以"有用"，并非因为导致惬意的每一个原因都有用，而是因为只用可受意愿支配的原因才有用。但是这一**支配**只能由生命体施行。受生命支配的程度部分地是惬意原因的**有用**程度。这就是说，为产生惬意原因（手段）的活动基本上用来为这些手段服务，结果，这种活动的范围和方式便与（用于某些充满生命活力价值的目的的）手段之可能的**支配**无关；倘若如此，这种活动本身就是"糟的"，这种活动构成的整个系统就是生命走向灭亡的一种反映。因为，惬意原因的每一增长如果在生命力上不再**可支配**，也不依原因的支配性的程度、由其具体支配者之力而分配给这些支配者，就是坏的；这是首要的优先法则的一个结果。

总而言之，生命只"应该"在生命位于生命价值系列中的更高位置时，并在能自由支配有用事物的程度上制造有用事物，享受惬意事物。

但是，现代道德不仅从一种关系上，而且从整个系列的关系上推翻了这一自在地有效的价值序列，使其朝反面转化。①

(a)有用的和惬意的

一切可有意义地称为"有用的"东西，都只成了产生舒服的手段。惬意事物是基本价值，有用事物是导出价值。只要文明在产生有用事物，该文明的意义，每一使用这一文明的意义，就是享用惬意事物。所以，有用事物的最终价值也由它们的占有者的享受**能力**来决定。生产这些事物的劳动倘若使享受能力降低，则是不"**值得**"的。能够、且**必须**使享受从属于更高的价值，从属于与生命相关的价值，从属于精神文化价值，从属于"神圣事物"；将享受从属于**使用**是荒谬之举，因为这意味着使目的从属于手段。②

有用劳动胜于享受惬意事物，成了现代道德的一条优先法则。

但是，一种现代特有的禁欲主义在这里显露出来了，中世纪和古代都对此陌生；它的推动力是导致了现代资本主义产生的内在力量的一个极为本质的组成部分。③ 它在某种意义上体现了另一种"禁欲主义"生活方式的**反面**，即新教的生活方式——这种生活方式的目

---

① 在今天，欧洲有效的刑法已还原到法定**财产**的序列，该序列在刑法法则中本是前提条件。这种还原表明：在这一序列中，与生命相关的价值无不隶属于使用价值；较为严峻的刑罚主要不在于损害前一种价值，而在于损害后一种价值。比如，人们所看的只是伤害身体与偷盗的关系。在世界大战中，价值观的这种反常滑稽得很。当时，欧洲国家对各自公民的血肉身躯提出的要求远大于对他们的财产的要求，而他们在触及财产制时又是何等小心和迟疑！

② 参见拙著《伦理学中的形式主义与非形式的价值伦理学》（第一和第二部分，尤其是第一部分2.5)关于客观序列和与之相应的价值的优先秩序的论述。至于这一法则的具体运用，请参见拙著《论怨恨意志仇恨的原因》，第2版，莱比锡1918。

③ 现代特有的劳动欲（其结果是毫无限度、不受任何需要约束的赢利欲）绝对不是肯定世界和生活的思想与感觉方式（大约在意大利文艺复兴期间出现）的结果；它首先在阴郁的、敌视享受的加尔文主义的土壤里形成。加尔文主义为劳动定下了一个超验的、因而**绝对无法**达到的目标（"为荣获上帝而劳动"），同时，又麻醉信徒，竭力消除他们的犹豫和怀疑，让他们相信自己"受召呼"，是"主拣选的人"。

韦伯和特洛尔奇论述现代资本主义起源于加尔文主义的著作已指出这一点。参见我论述资本主义精神的文章，亦参见《论德意志仇恨的原因》。

松巴特视"犹太精神"为资本主义社会生活方式形成的一个主要原因，亦是怨恨这块土地的最早的世袭佃户，它也在其中起了很大的作用；这与我的论题完全相符。

标正是**提高**生命功能，其中包括提高享受能力。

现代禁欲主义表现在：与一切有用事物相关的惬意事物，**一旦**终归隶属于有用事物，就会一延再延对它的享受。对较高享受**能力**和艺术享受的怨恨，对较丰富、要求享受能力较强的生活的嫉妒和仇恨，亦是现代劳动者和有用者的动因。在有用事物——对惬意事物的单纯"指示"——面前，这种人彻底翻转对惬意事物及其享受的评价：说它们"坏"。由此制造出一种极为复杂的、用于产生惬意的机理；一种无止境的劳动缠上了他——最终根本谈不上享受这些惬意。在心理上已从一种较低的享受能力中产生出无束缚的欲望——有用事物所需的劳动。此外，既有的享受能力因这种欲望日渐扭曲；于是，有用劳动干得**越多**，就会越加强对外部手段的享受，因而能享受的就**越少**。相反，为了实际的享受，生活较为丰富的人日益缺乏增进享受能力所需的手段，因为他们不允许自己同他人的劳动竞争，以便充分地享受。由此，现代文明面临这种趋势：最终**谁都**得**不到**现代文明生产的不计其数的惬意事物的好处。人们要问：渴念惬意事物，为之憔悴，并占有惬意事物的那种人，其实就是不能享受它们的人，本可享受它们的人又并未占有它们，那么，无休无止地生产这些惬意事物到底有什么意思？

带着劳动狂热，人们不断重新生产出惬意事物；在这种生产活动中，态度日**显**认真，精力投放日**多**，生命力的牺牲日**增**。享受如此艰辛地生产出来的事物，却被斥为"坏"，以同样猛烈的狂热弃置它们。这使现代文明显得特别"可笑"和"滑稽"。

古代禁欲的理想是：以最低限度的**惬意事物**、然后才是**有用**事物去获得最大的惬意**享受**。应该**提高**从最单纯的、**随处**的事物中（如大自然中）获取最高享受的能力——这种提高带来安贫、顺从、贞洁、冥思世界和神性事物的诫命；这样一来，借助于惬意事物、尤其有用事物——"舒适机理"的一个颇小的尺度，就获得享受的程度，较弱的生命只有借助于同样事物的更大尺度才能获得同样的程度。正如有用事物在此只作为享受的一个辅助手段，用**最少**惬意事物就能获得别人要用较多惬意事物才能获得同样享受的人，就具有最大的享受能力。不管古代的**禁欲**是否本身情愿，它事实上提高了享受能力，从而也提高了生命。①

现代禁欲塑造出另一种理想，就理想之伦理意义而言，它恰恰是古代理想的**反面：在惬意和效用达到最大程度时获取最低限度的享受！**所以，我们看到，哪里劳动强度、劳动量最大（比如在柏林以及北德的其他大城市）②，享受能力和享受艺术就降到可以想见的**最低**程度。不计其数的惬意刺激恰恰在扼杀享受的功能及其文化；周围环境越是五光十色、活泼欢快、嘈杂喧闹、充满刺激，人显得越少欢乐。面对快活事，悲戚戚的人根本不知从何快活。这便是我们大城市的娱乐"文化"的"意义"。

(b)有用价值与特殊的生命价值

在现代道德中价值有一定的序列。价值序列**最为深刻**的转化是**生命价值隶属于有用价值**；在转化过程中，这种隶属的程度日增，随工业精神和商业精神战胜军事和神学——形而上学精神日益深入到最具体的价值观中。或者，如我们在马上要总结的"高贵"概念中的品质（它构成活机体中的生命价值）时谈到的："**高贵**"隶属于"**有用**"。13世纪以来，市民阶层不断涌上政治舞台；在法国革命中，第三等级要求解放，由此展开了政治民主运动——在这一系列历史事件中形成的社会的新结构，是价值位移的**外在**的政治经济的表现形式；价值位移植根于由若干时代、尤其是权威性的生活支配的时代聚积起来的怨恨（并因**怨恨**价值的取胜和扩展）的爆发。随着商人和工业家掌握国家政权（尤其在西方国家），随着**他们**的本质和判断、**他们的**趣味和爱好变成选定的规定理由（包括精神文化生产的理由），随着他们关于终极事物的形象和象征（这必然随其活动出现）战胜古

---

　　①　P. W. V. Keppler 主教在《更多的欢乐》一书中极为机智地表达出这种对立。对"我怎样才获得更多欢乐？"这一问题，他的回答看起来像同语反复，实际上意味深长："你欢乐吧！"这里显明的是：自我欢乐、享受的**功用**与惬意与非惬意的感性数量以及相应的刺激**完全**不相干，因而得以归于**一种特殊的**文化和教养。靠寻求和制造新刺激手段不仅不能**促进**这种文化和教养，还使其转化为对立面。

　　②　大城市的特征从"消费城市"（照松巴特的看法，参见《奢侈与资本主义》，一切古代大城市共有这一特征）过渡到"生产城市"的过程是长期的，最根本的因素；在这一过渡中，舒适价值转为替有用价值效力的过程便告实际完成。

代宗教的象征形象，他们的价值样式变为形构"道德"的样式。①

怨恨也是这一巨大过程的一个根本原因。

价值评价的颠倒首先表现在：商人和企业家的职业价值、**这一**类人赖以成功并搞事业的禀性价值，被抬高为**普遍有效的**道德价值，甚至被抬高为这些价值中的"最高价值"。机敏、快速适应能力、计算型智力、对保障生命"稳妥"和八面玲珑的意识——确切地说，能够创造**这些**条件的特有能力，对各种情况的"可测性"、对连续工作和勤奋、对签订和遵守合约的详略等意识，现在都成为基本品德；勇气、英勇、牺牲精神、冒险乐趣、高贵意识、生命力、征服意识、对经济财富的等闲视之态度、家乡恋情、对家庭与家族的忠心、对领主的忠诚、统治力、恭顺等都隶属于上述基本品德了。可是，当它们仍然沿用**原有**名称时，则**概念**上的重构就更为深刻。② "仁爱"表明了这一点。诸如"公义""涵养""忠诚""真诚""节俭"这些词语也获得了**新的**意义。过去的**公义**观是：人人都一样才会有权利；**只有**人平等，才会如古代日耳曼格言所述："让人得其所应得'，"两人做同样的事，已经有所不同"；所以，只有同样的人才可能公正地裁判同样的人。现代的公义概念与事实上的"人人平等"的新观念结合；此一概念使每一立法对某一特定的集团**本身**成为"不公正的例外立法"，要求在外在情况相同的条件下一律平等对待**一切**人和集团，在利与害、财与灾上对谁都一视同仁——根本不考虑他们的**天性**和**禀赋**方面的价值差异。③ 由于这种公义概念，"同样的人只应由同样的人来裁判"这一原则，在立法中自然日益见弃。**"涵养"**本来的意思首先是：人的精神对感性冲动混乱的控制；有涵养还表现为骑士般的对"偏爱"的支配意志，以对上帝和在上帝"之中"的恭顺为主遵的浩

---

① 赢利欲原本受与身份等级相应的生计观引导；**如果自动增长的"业务"**趋势令人满意，这种获利欲就过渡到另一种赢利欲——一种本身漫无边际、毫无目的的获利欲，它最终只不过要使"生计"得到剩余的所获财富。这一过渡即资本主义"经济伦理"的形成，它只是重构主导性的伦理的一个局部过程。参见拙文《资产者》。

② 参见拙著《战争天才与德意志战争》，第二版，1918。

③ 与之完全相似，支配着现代国际法的公正观可能使法庭仲裁书的公义变得同各参与国的价值无关。

然之气感，感到自己一无所"憾"，对有用目的方面的要求并不计较。如今，涵养变成一种纯粹手段：人靠"明智""踏实""有分寸"成功地搞业务、尽可能击败竞争对手；倘无这一目的，涵养就得不到肯定评价。以前，"忠诚"是爱与信任伦理的自然延伸；其承担者视一切束约性的"诺言"和需接受的"契约"的要求为一种**侮辱**，因为那无非是对忠诚的怀疑，要求提出**人为的**保证。现在，"忠诚"纯粹变成恪守诺言和契约的素质。以前，对"**真诚**"的评价首先是认信的勇气、不屈从他人价值评价和利害关系，说谎者至少是暂时屈服于他人的价值评价和利害关系。现在，真诚日益具有这样的意义：在社会道德和公共舆**论**面前所不能**说**的，也不应想、不应作！"**节俭**"原本被视为体现"自愿清贫"——出自牺牲观——的福音理念中的倾向的表露，亦是为**穷人**的一种生活才干（不是"德行"）的形式；并被这些穷苦人所看重；现在，节俭被抬高为"德行"，不再与牺牲观和福音理想相关；至关紧要的是：节俭被抬高为**富人**的德行——自然，基督教的热情在字面上仍保留下来。松巴特在论述阿尔贝蒂时尖锐地指出：

> 这真是闻所未闻：某人有了手段，**却**将之存而待用！节俭观已然入世。但并非被迫的节俭，而是自愿的节俭，不是迫不得已的节俭，而是出于德行的节俭。富人一旦成为"市民"，节俭的小店主就变成他们的理想。[1]

我只举公义、涵养、忠诚、真诚、节俭为例。但所有类型的德性在名称上都发生了一种类似的变化。即使有价值的特性看起来依然如故，旧词语**所指**的含义已截然崭新了。在财富序列方面也出现了类似的重构。

个人、家庭、家族、民族的生活，他们的纯粹**生存**，应首先由为一**更大**的群体带来的利益获得正当性。单纯的**此在**不足以充当由此利益所体现的更高价值的载体，这一此在本身先得去"侍奉"。古

---

[1]   松巴特：《资产者》139 页，1913。

代道德在"自然法"下领受了生存与生活的权利；这一权利现今在理论上和实践上都被否定了。实际起作用的是：谁**不能适应效益文明的机智**，**不能适应效益文明对人类活动的各种"需要"**，无论他代表了何种具有生命力的价值，他都**"应当"**灭亡。在生命的无目的的**表达活动**及其种种形式中，在生命的纯粹**"呼吸"**及其特有的内在过程中，生命已在体现诸多**自身**蕴藏着的价值；所有的效益行动都注定是为这些价值**服务**的；通过种种机理，这些价值的实现只应是**越来越自由**的；对死亡世界而言，生命是**天生的主人和国王**，生命并非先凭借适应死亡世界而得的益处、凭借它创造效益能力才升为生命。这种观念在现代人的感觉和观念里变为：生命的表达只是累赘和糟糕的奢侈，是原先有用的活动能力和行动能力的一种"返祖现象"。

按照这一基本观念，一种对待生活的感觉——自身价值在理论和实践中便告消失；随之**生活技艺**的意识也告消失——无论是繁殖技艺，还是社会和个人用以提高生命力的技艺，这些几乎是贯通了所有古代文明的技艺：用以择优，用来提高德、智、体诸方面遗传价值的社会等级制度，具体方法是通过一种固定的、看似自动起作用的文化财富的分配制度，通过禁欲和训练的各种形式，通过比武和骑士训练的各种形式。无论印度的苦行和种姓制度，希腊的等级制度、赛马场、竞赛和竞技训练场，中世纪的等级制度、禁欲、骑士竞技和比武，日本的武士教育，还是古代中国的等级制及其教育方式，都有这一观念在起作用：无生命的机械的技艺须紧随于生命活力的技艺之后，生命本身（与一切有用的职业工作这一意义上的"为何""为什么"毫不相干）就值得形成，更何况生命有着巨大的力量！现代文明不仅实际上缺少这种生命力的技艺，而且连这一技艺的纯粹观念也已经丧失！① 为了能改善生计，为了自由地发挥此处所需的力量，作为有意义地取精择优的社群等级秩序的最后残余，这一在整个活生生的自然界中占支配地位的贵族体制的影像被铲除掉，社会原子化了。身份等级概念意味着：高贵的血统决定着群体的统一；现在，"阶级"（通过财富和某些外在时髦道德和所谓"教育"

---

① 但需指出，我们的"青年"正重新赢回这一观念。在这里，我看到逐步克服现代市民观念的一个确切的特征。

而统一起来的集团）取代了等级。身份及其力量的一切形式的训练都只被视为工作之余的"休息"，或为了重新做有效益的工作而积蓄力量；身体训练本是对生命有益的力量运动，是**本身**就有价值的纯粹游戏，如今不再被认为本身有价值。为生命而训练生命机能（如古人辩证地认为，为了思维而训练思维）不是为了工作而训练。这种训练生命与精神的一切形式的禁欲，按群体禀赋有目的地分配传统教育资源和已获得的精神财富，在现代都丧失了意义。这一切都受机理性的偶合支配。这一切都不过是"玩耍"而已；业务和工作才是"正经事"。现代"体育"只是工作之余的休息，而不是生命力的自由表现——其实，工作才应视为为此表现服务的。①

　　但现代生物学理论以"事实和根据"为价值序列的这一首要变种辩护。这种情况发生的背景是：在自笛卡儿以来形成的新世界观的核心中，"生命"不再是**本原现象**，而只是机理过程与心理过程的综合。当从机理上理解生命，活的生命体被看成一架"机器"，生命"组织"被视为一批有用的机件——同人造机件只有程度差别。假如这被视为正确的，当然就再不能赋予生命以独立的、与使用价值有别（亦即与这一"机体"的使用价值数有别）的**价值**；同机理技能具有根本差别的独立生命技能的观念也就变得毫无意义了；不错，这一观念多半会要求培训与适用于最佳机器技艺的能力完全相反的能力。与此观念一同出现的还有在现代生物学已被视为不言而喻、普遍为人接受的下述基本看法：生物的一切外在表露、运动、行为，只有当"有用"时，只有当其具有为保养身体机器所需的某种保养价值时才会产生，为产生那些表露、运动、行为所需的器官和神经分布机理才会繁生。不带偏见地看，卓有成效的有用运动是按其成效从"尝试型运动"中精选出来的②；表现型运动③并不涉及（客观上的）"目的"，纯粹"表现"生命的丰盈或贫乏；"本能型"的运动超出了维持个体生命的范围，本来就是为种属服务的；上述种种运动和纯生命力的嬉

---

①　请见前注。

②　参见 H. S. Jennings：《论低等动物的灵魂生活》，莱比锡，1910。

③　参见 O. Kohnstamm：《目的活动与表现活动》，载《心理学文献全集》，第 29 卷，1913。

戏表现，都在理论上被还原为"有效运动"——这些"有效运动"或是曾经有过而今失去了自己的使用特性的运动，或是其用处在科学上还未弄清楚的运动，或是这类运动的萌芽和发轫。

我在此不能论及这些生物学观点的原则性错误，需要指出这些观点在**文明**和**文化**之形成的理论中也有影响。按此总是有用动机导致了工具的产生，导致了科学、语言的产生，导致了艺术、宗教的产生。①

生活实践与理论就是如此紧密结合在一起的；理论似乎在证明生活实践的正确，而实际上理论又取决于生活实践的价值位移。

现代生命观有四个**基本特征**，它们（尤其在英国）并非如人们误认为的那样，是自培根以来的功利主义哲学和机械论哲学的根源，而是这种哲学的一个可证实的分支，并占据主导地位；而且，或多或少征服了文化世界。

(1)在现代生命观看来，每一个生命整体（无论是个体、器官、种、类等）都是部分之**和**；部分才在其共同作用中产生生命过程，比如个体就是个"细胞王国"。

(2)现代生命观一开始就从"工具"的图像来考察"器官"；这是由死物构成的图像，起初才称得上"有用"；所以，现代生命观在技艺性的工具构成中看到了器官生成过程的"直接延续"（斯宾塞的看法就是一个典型）。

(3)现代生命观将所有"发展和生长现象"还原为"维持"的趋势，结果，这些现象变成维持过程的伴随现象，变成"对环境的适应"。按照现代生命观，个体在为同时的生命类献身的一切趋向，以及为后代作出牺牲的一切趋向，都源于个体或不可悉数的个体因而得以存在的趋向，换言之，现代生命观认为，生殖过程是个体的活动，所必需的材料和力量是个体的局部功能和个体功能(Individual funktionen)。

(4)现代生命观把"生命'和"机体"的概念带入如下关系之中：不仅身躯机体是生命现象的载体和场所（生命现象本是由独立而统一的

---

① 对这一看法的原则性错误的批驳，请见拙著《伦理学中的形式主义与非形式的价值伦理学》，第一和第二部分，尤其第一部分中的意志理论。

力量产生出来的），而且"生命"也只是人体固有的一种综合特性，它组合成机体的材料和力量，并随由材料和力量组成的机体的消失而消失。因此现代生命观大谈所谓的"生命的实体"。

只有从这些原则出发，工业主义的主遵伦理的价值观才可以让人弄明白，有用价值和工具价值优先于生命价值和器官价值是透入最细小、具体的价值观中的优先法则；这一优先法则的根源在于怨恨——生活能力弱者对强者的怨恨、局部死亡者对于充满活力者的怨恨！这些原则的共同根源可归结为：按**图像**和**范畴**来把握生命过程及其整个方式方法，按此，人作为一个类，在自己的发展中已定型、作为生物已再不能发展，只是可加工的死材料；就是说，按人的效益文明的结构来透视自然的生命界。① 然而，这只是"拟人论"②的一个变种，是人类特有"智力"的拟人观；智力在其范畴和思维形式的某一特定部分中只体现为一种生命的机能，即已**稳定**了的生命机能。这种智力"能理解的"是：宇宙显得是让这把钥匙来开启的锁，即显得是"机械的"宇宙；于是，作为生命"环境"的宇宙就成了整个生命的基础。各种机体组织的种种差别并未被理解为**构成**各种不同环境的因素，而是被理解为仅在程度上有差别的对人类环境的适应；实际的具有本质差别的意识形式，植物、动物、人所具有的形式，都只不过是通向人的"智力"的一些阶段和前阶。使生命现象从属于力学原理，只是这一方法的最终的科学表达而已。因为，这些原理描绘的并不是纯理智或"理智"的实质，而是已经在为人类的制造工具服务的实质。③ 任何哲学的理性主义都把力学原理视为一种纯粹的理性立法，把力学原理的相关体（即结构上缩小了的宇宙）视为环绕一切生物的"世界"；这样一来，理性主义就暴露出其本来面目：

① 参见拙著：《战争天才与德意志战争》，第一章。

② 拟人论（Anthropomorphismus）：把人类的特性和特点加于自然界事物，使之人格化。

③ 在这些问题上，柏格森的《创造进化论》看到了极其正确的东西。只是，我们相信能够指出：他在理智的推导时犯了错，没有区分纯逻辑学的原理与应用于机械物理学的逻辑学原理。这样，他就必然会去进行无谓的尝试，要从生命趋势中推导出"纯"逻辑学的原理。然而，纯逻辑学原理还远远没有给出力学原理和力学的因果原则。参见《伦理学中的形式主义与非形式的价值伦理学》，第二部分最后一章。

"拟人观"。机械的宇宙其实就是选择原理的最纯正、最完善的表达；按照选择原理，人把各种现象加工成自己周围环境的统一体。这就是说，机械的宇宙是**一种符合族类的偏爱的表现**：对可活动的固态事物（它体现"人"之本己的先验性）的偏爱。机械的宇宙其实就是宇宙"u"的一个小小的部分"u"，而宇宙"u"是整个生物界的相关体，生命界本身作为整个精神个体的相关体又只是宇宙"u"的一个小小的部分。"u"仅仅是"人类的劳动世界"。①

关键在于，必须根据其得出的价值观来考察上述原则的蕴含，并指出：如果上述原则是错的，则其本身就基于犯此错误的心理之源——怨恨。

评原则一：生物——部分之和

假如这一观念原则上是正确的话，那么，我们所发现的生命统一体，如个体、器官、组织、细胞，以及族类、变体等，就该是结果；就是说，无论是个体内部的统一体还是超个体的统一体，都只体现偶合的组合体。由此看来，它们的统一就该是一种在物理化学力量作用下的统一——除此之外便只是意识中的一种**主观**的综合，为了使细胞彼此联结成**一个**生物的统一体，就必须回过头探究那个有意识的"我"。这样产生出来的图像是一种巨大的、连续性十分紧密的关联体系的图像；这个体系是种种运动（从我的肺和脑直至太阳和恒星）的体系；这些运动的有机统一体得以确定，是由于理智的自我（res cogitantes 思维之物）在运用这些运动的某些局部体系。哪里找不到这个自我，按这一观念，我们就只有复杂的运动过程（我们作为观察主体就会错误地在心理体验上"移情"到其中）！换句话说，我们便处于一架硕大无朋的机器中的思维点上！

从这幅特殊图像之中可以看到，凡能称为生命和生命世界的一切都被排除了。这一世界是逻辑学家的总和；他们处于一间巨大的机器房中，没有热血、没有欲望，没有爱和恨。

这是巨大的象征，现代人的漫画！

---

① 拙文《现象学与认识论》详论了上述情况。

由于这所有的统一体都只是部分之和，所以，整体的价值取决于部分的价值之和。一个健康人是具有尽可能多的健康细胞的人；一个健康的民族是具有尽可能多的健康个人的民族，如此等等。一切进步便基于下述情况：一切活动的目的都在于生命统一体的最大**数量**及生命统一体的生存可能性。

涉及人时，这一原则无疑也包括**民主主义**。按我的理解，民主主义①的原则是：一切有价值的积极活动的目标只是为了使人口保持尽可能大的**数量**。这就是说，它排除了人类各部分之间存在的一种本原的**休戚与共**。按此，部分的命运同时涉及**整体**，不同的个人、民族、种族也在**不同的**程度上与整体休戚与共。先于部分而出现、并处于部分之中（尽管强度不同）的生命统一体是简单体。

这种"休戚与共"可能亦与如下情形相关：② 因此，数量总和原则就与休戚与共原则相矛盾。③ 根据民主主义的基本观念，个人与群体的关系无论在感情上还是观念上都与受休戚与共原则支配的关系相距甚远。在休戚与共原则的支配下，每个人都感到并懂得自己处于群体这一**整体**内部，都感到自己的血循环于这一群体的血液之中的，自己的价值是群体精神中的价值的组成部分。共同感觉、共同愿望——**负担**着全部价值：个人是群体的器官、也是群体的代表，群体的荣誉也就是个人的荣誉。民主主义的情形是，群体整体并未寓于每个人身上，它表明的是下述观念：群体只是一种基于个人同个人之间**交互作用**的形态，群体价值只是投在个人身上的价值之和，这些价值只靠有意识的传达和教诲（确切地说靠有意识的承诺和"契约"）在各个枝节间转来转去。或者，说得更简单些："社会"——恣意的、

---

① 我不把这个词理解为某一时代的政治上的民主。政治上的民主有可能是某种价值贵族主族（Wertaristokratismus）的载体。参阅拙文《资本主义精神三论》，第三部分。亦参见拙著，《战争与建设》中《论伟大民族的民主精神》一章。

② 此处中译本似有遗漏，本书编者。

③ 在生物学的基础上，与休戚与共原则相应的基本观点是：从原则上讲，一个受精细胞的**每一**部分都可能变为**任一**器官，而且，只要这一部分还没有因已然成形的器官而获得某一特定的任务，它就有可能接受任何的任务。关于伦理学的休戚与共原则，请参见拙著《伦理学中的形式主义与非形式的价值伦理学》，第二部分，以及《同情现象学》。

人为的、基于诺言和契约的人际关系取代了"群体"及其结构。[①]

"群体"是由生活的历史、传统、血缘统一起来的；"社会"其实很难说是包括"群体"的大概念，一切"社会"多半只是各群体内在的**分解过程**之后的**残余**和**遗迹**。若群体生命统一体再无足够的活力、也无法为其肢体构成各个有生命的器官，"社会"就出现了，它是一种只基于相互接触的统一体。倘"接触"停止、接触的效用消失，就产生无组织的，只靠一种临时意识刺激和相互感染结为一体的"群众"。现代道德从本质上讲是"**社会道德**"，它的大多数理论都建立在这一基本观念之上。每个人都只对自己、自己的行为和功过负责，否定原来的"**共同负责制**"原则；一切形式的"**契约论**"更是这样；此外，下述学说也如此：国家、语言、习俗基于发明；对他人心灵生命的认识基于自己的切身体验的类比推理；同情从属于自我保养倾向，是由此才可理解的一种感觉和行为；凡此种种，不一而足。

通过上述种种因素，经抛弃旧的"群体"而冒出来的肢体(旧"群体"中的**贱民**)以其基本感觉和观念决定了人及其结合样式的普遍典范。[②] 婚姻和家庭与其他一切社群的关系有如小宇宙与大宇宙的关系；在婚姻和家庭中，一种可能的群体生活的所有因素形成了，并在最细微的尺度方面实现了，人为地越来越贬为民事契约的事。

只要地球上还存在"社群"，我们就总可以发现，一种**超越**个人之一切利益和主体伦理及其意愿的价值，赋予了群体生活以**基本形式**；对这些"形式"的任何破坏，无论个人的主观意愿如何，亦不论个人是否因此更幸福还是更不幸，个人都将受到惩罚或被革除社群生活。本来，无论婚姻如何缔结，它都被视为客观而神圣的"纽带"；这条纽带并**非**因夫妻的幸福或不幸才具有正当性，作为一种神圣的

---

① 我在滕尼斯(F. Tönnies)的《社群与社会》一书(第二版，1912)的意义上运用这些术语。在陌生的我(fremdes Ich)的实际的种种现象的给予性基础上，重新解释人际联系的基本样式如"群体""社会""群众"是拙著《同情现象学》力求完成的任务。亦请参见拙著《伦理学中的形式主义与非形式的价值伦理学》，第二部分。

② 谁想了解这一论题的历史证据，请见松巴特的《资产者》。他提出了多得惊人的证据；他指出：海盗、冒险家、设计员、犹太人、殖民者、外地人、异教徒等基本态度日益规定着**正常**经济的经济伦理。

形式，它使个体传宗接代，绝非是为**个人之幸福和快乐**而设的，如教会语言所谓之"圣事"。如今，婚姻纽带神圣与否，却要依夫妻的幸福或快乐，依彼此的意愿和对对方的感觉而定。本来只要有群体存在，生活的种种**形式**本身就有一种自身价值——并不取决于利益评价的程度，不取决于个人之幸与不幸。在开始形成的"社会"中这一自身价值消失了！正如现代哲学把自然界的一切"形式"都解释为意识的纯主观综合（自笛卡儿以来），否认它们具有客观实在的意义，照现代哲学看来，"群体形式"的价值取决于这种形式为个人创造出的幸福**之总和**，按这一前提，便要时时刻刻改变和"改革"群体形式，"**随意**"便取代了对群体形式的**敬畏**。

在国家和政治中，由于上述基本观点的同样结果，多数原则是支配原则。国家意愿应当体现大多数人的意愿，而不应当体现在出身和传统上"高贵者"的意愿，此意愿首先表明、反映在群体中起支配作用的群体**整体**的意愿。

上述一切都宣告了**怨恨在道德中的胜利**。谁都不愿意被看成是"这种人而且只是这种人"（如边沁这位民主的经典作家所要求的）：他心中只有某一种价值，而他在这点上优于别人。只有那些自感最无价值、从而竭力要使别人也同样没有价值的人才提得出这种要求。"这种人"如除了是"一个人"之外**什么也不**是，毕竟总还是"一个人"！

评原则二：器官与工具

倘若机体是机器一类的复杂机械，那么机体的器官便应当、也必须被看作工具一类的东西；这种工具同人为了自己的需要而造出的工具（人造工具）尽管有区别，但不是本质上的，只是复杂程度上有所差异。由此看来，则手与刀（或斧）就没有本质的差别了。可以说：对天然的组织而言，工具根本上只是一种"延长和扩展"；同一类别、天性和高度的价值既可通过组织的延续、也可通过工具来实现；从原则上讲，工具生成的法则与组织生成的法则成了同一种法则；工具与借以达到"适应周围环境"的东西毫无二致！这就是——例如——支配着斯宾塞生物学与社会学的主导观念。①

---

① 我在《战争天才与德意志战争》一书中指出，斯宾塞由此如何必然被引向和平主义。

　　不过，这里可轻易看到的是：一种图像与实事本身混淆起来了；至于这是如何设想的，是想到器官的形成方式依一种可选择和安排的、目的明确的智力得以实现，还是基于纯机械过程，都无关紧要——在两种情况下都会如此：器官由具有**一定**空间的机件组装而成；在这两种情况下，赋予器官的都只是一种工具意义，让机体"去适应"一种被设想为稳定而自成一体的环境——我们在物理、化学中可见到的那种无生命的自然环境。然而，两者都不切合"器官"。从形成、生长、再生等来看所有器官的生成，结果都**不同于**我们的做法，假如我们要解决育成器官这一无法解决的任务的话。这就是说，我们对死的事物的理解程序被引入生命形式的实际过程；这便是"拟人观"，如果将这运用到生命以及人（人是生命界的一个部分）本身的话。① 这里无法表明的是：所有器官的生成并非基于多数（由材料组成的、具有一定空间和质量的多数）的各部分之组合，而是基于动因的生成效力；这种动因并不属于空间的多样性，其效力又进入了空间，并且，在材料的化学与物理成分未受破坏、能量原理未受损害的情况下（但与熵原理的形成方向相反），一直透入到材料的最深处。无论何种情况，器官形式只有在下述条件具备时才可理解：设想在每一器官中统一的生命**整体**都在活动，如康德正确地规定的机体本质，不仅是"部分为整体"，也是"整体为部分"的活动；另外，如果一切生物器官的生成原则被假定为最高原则，那么，除了已生成器官给统一的生命活力和于该活力本质中定下的活力方向所划出的界线之外，已形成的生命体之任何器官都**能够**从胚胎之**任何**具有一定空间的部分中生长。② 不过，根据这一生物学原理，器官生成与所有的工具产生**有本质差别**，从性质上说，只有在生命动因再**不能**生成新的器官，就是说，一种类别已经定型，相对而言已经不可能在纯生命力方面发展之时，工具才会出现，工具才"值得"生产出来。其次，器官生成绝不是对给定的无生命自然环境的"适应"；器官生成的过程也决定着"环境"或"自然"的本质和结构，"环境"

---

　　① J. von Üxküll 在《一种生物学世界观的建筑材料》(1914)中对此作了绝妙的讲解。

　　② Oskar Hertwig 的《遗传学论集》提出了一个同样重要的原理。亦参 H. Driesch《有机体的哲学》(1908)为生命过程的非机械性提供的证据。不过，我们不能同意他的实证结构。

或"自然"可以通过工具而成为适应的对象。人靠自己的工具、靠自己的全部技艺文明适应了自然环境；对人身上充沛的**生命活动**而言，自然环境并不是"给定的"，亦即并不是生命活动得去（被动）适应的东西；自然环境是由这一生命活动的活动方向从众多的现象中**挑选出来的**。这些现象本身不具备由人类智力和观点的基本形式决定的结构。柏格森基本上发现了机械的生命学说的根本错误。这一根本错误是：应以概念并以观点形式来理解和阐释生命现象；这些概念和观点形式都是"理智"本身固有的，但理智本身只在为人固有的生命活动**效力**的过程中形成，而且完全取决于生命活动的方向。①

类别各异的生命活动，其形式和方向在现实中不断发展，**涌向**一种浩瀚的大全（All），犹如勇敢地朝地理学家尚未知晓的大海驶去的海员和探险家；大全紧紧地拥绕着"自然"（由时、空和机械因果性决定的、具有种种不同现象的整体性意义上的"自然"），犹如可"预感到的"存在紧紧拥绕着我们眼睛的视界。只有当生命活动**凝滞**，环境靠新的器官形成再**无法**获得真正的**扩展**时，才会靠工具去"适应"，而这一适应也才有意义。在上述两种情形中，其观点源于相对已死者对充满生机者的怨恨，它想从一开始起就把生命局限于生命在自身发展过程中给自己划出的**界线**之内，把器官生成理解为"适应""环境"（基于器官生成和生命活动的多少处于持久的停滞状态的环境）。人使用自己的工具去适应环境；环境事实上不过是人的生命组织在大全这一整体中给自己选定的一个角落，环境并不是把人和一切生物都同样地围住，而人和一切生物都去"适应"的整体。

受怨恨支配的现代世界观将事情颠倒了。正如一切感到生活压抑的思想那样，现代世界观谋求贬抑（à baisse），竭力像理解死物那样去理解所有的活物，把生命干脆理解为一种机械的世界进程

---

① 参见柏格森《创造进化论》。在组织和环境的关系方面，J. V. Üexküll 的《动物的环境和内部世界》一书提出了较为中肯的见解；请参见他在《一种生物学世界观的基石》中提出的"特征世界"的学说，关于器官与工具，请参见 Lloyd Morgan 在《本能与习惯》一书中的阐述。

中的偶然事变，把生命组织理解为对一种凝固了的死的环境的偶然适应：像理解眼镜、铲子、工具一样理解眼睛、人手和器官！机械文明只是相**凝滞**的生命活动的一个结果，因而是代替缺少的器官生成的**代用品**。毫不奇怪，在机械文明中，现代世界观反过来只盯着生命活动的发展、延续、胜利，只在其无限的"进步"中看到一切生命活动的真正"目标"，只在计算型理智的无限的培训中看到生命的"意义"。

工具的特殊的使用价值既被置于"生命价值"之上，又被置于"文化价值"之上①，这只是器官与工具之关系这一基本观点的一个结果。的确，这种价值位移说到底不是结果，而是这一错误的世界观的**根基**。同样，把工具置于生命价值之上的，是生命力较低、本质相对停滞的人，是"落魄者"，这种人恰恰缺少生命价值！近视眼赞美眼镜，跛子赞美拐杖，蹩脚的登山者赞美登山铁爪和登山绳，以便优秀的登山人好拉他一把。这样说并不是在信口雌黄，我们的意思并不是：人不应该制造什么工具，文明只是个"过错"。作为生物学意义上**最坚强的**动物，人必须创造文明；只要高贵的力量能靠属下的力量以及无生命的自然力量提供的效力而减轻负担，就应该创造文明。但这是被限定在一个**界限**之内的，即工具为生命、为伟大的生命**服务**。不是对工具价值的肯定评价，而是把工具与器官齐观的假定，才是怨恨的结果！

当今时代的善思之人和明达之士或许在以下几点上意见一致：在现代文明的发展中，**人之物、生命之机器**、人想控制因而竭力用力学解释的自然，都变成了**随心所欲地操纵人的主人**；"物"日益聪明、强劲、美好、伟大，创造出物的人日益渺小、无关紧要，日益成为人自身机器中的一个齿轮。

然而，极少有人清醒地意识到下面一点：上述众所周知的事实是**价值观**被彻底**颠覆**的结果，其根源在于人类的贱民、最卑劣者、生命活力最低者的价值观获得了胜利，因而**其根源正是怨恨**！整个机械论世界观（只此世界观具有形而上学的真理意义）只是道德中的

---

① 在我看来，文化价值"高于"生命价值。不过，这里不拟考虑整个的价值领域。请参见《伦理学中的形式主义与非形式的价值伦理学》第一、二部分。

奴隶造反的一堆理智的象征。① 只有当生命对材料的支配，精神、尤其意志对生命的自动机制的支配被削弱，而且是在本质上被削弱，才最终会有机械世界观及与之相应的价值观（该世界观源于此价值观）的形成和扩展。②

倘若克服了器官与工具之关系的基本观念的谬误，那么，当今时代的一切基于这一前提的一大堆现象才会变得清楚。

它首先是一种片面的工业主义的一切不良后果的现象。谁把工具文明当作器官生成的完善，自然就必定希望工业主义能无限制地发展。工业主义带来的一切对生活的迫害，比如女工、童工、家庭的解体趋势、大城市的形成以及因居住条件带来的有害健康的后果；因技艺过程产生的毒气而造成的对整个（工作）职业生命力的结构性破坏、人在机器使用活动中的专门化（直至变成一颗齿轮）、联姻甚至生育机缘同财富和金钱（与生命力质量不相关）的联系日益紧密、民族统一的解体，都将或多或少被视为"暂时的损害"——工业主义再一次更大的增长，就会消除这种损害。斯宾塞为带来严峻而惊人的不良后果的工业主义辩护的方法，就是一例。

如果可以**消除**这一根本错误，情形就完全不同！那时，工业主义的每一次推进不是没有条件限制的，这种推进只当在并非长久地损害生命价值的**条件**下，才有充分的价值。那时，人们比如就会说：维护种族的和种族中群体的健康，维护其充沛的活力和富有生命力价值的"高贵"品质及力量，相对于他们的有效益贡献而言，本身便是一种**自身价值**，即使工业的发展速度会因而受到影响，这值得首先加以考虑。民族和家庭的统一需要维护和支持，哪怕这已被证实会减慢工业进步和文明发展的速度。当不按为生产日用品和享用品的贡献大小，而首先依**历史政治**的意义（为建设和维持在民族中富有

① 这里当然不是怀疑机械自然观的价值**本身**；我只是认为：倘若机械的自然观被形而上学地接受，或者被还原到一种"纯"理智的先天性，则该观点的错误认识论的尊贵性值得怀疑。关于这一自然观的真正意义，请参见拙著《现象学与认识论》一文。

② 怨恨在近代的最大功绩（法国革命与机械世界观的空前势力同时出现）是偶然的么？在德意志仇恨的形成过程中怨恨也起了作用，拙著《论德意志仇恨的原因》（1917）与此文衔接，并分析了这一点。

生命价值的统治关系而具有的意义）的大小，来分配财富和荣誉，民族解体后形成的集团应该获得一种优待。同工业和商业相比，农业是一种自身价值更为丰富的活动；由于农业给人带来一种更健康、同等利用一切力量的生活方式，值得继续发展、促进农业；又由于农业能使国家在不依赖外国的条件下保待统一，即使工业化过程中的进步纯粹以经济观点看确实更具**价值**，也依然应当维护农业。保存动物种类、植物种类、森林、风景胜地，使之免遭工业主义之害，不受其摧残，同样重要。

从器官与工具的关系（作为整体）的评价转换来看，现代文明的精神并不如斯宾塞认为的那样，在体现一种"进步"，反而在体现人类发展的一种**衰微**。这种精神体现的是弱者对强者、机智者对高贵者、巨大数量对质量的支配！这种精神意味着人身上起**主导作用**的、对抗自身自然欲求之无序的**核心力量**在**减弱**，意味着忘记了目的高于单纯手段的施展——就此而言，这种精神显明自己恰是一种没落现象。的确是没落！

选自［德］马克斯·舍勒：《道德建构中的怨恨》，
见刘小枫编：《舍勒选集》，上海，上海三联书店，1999。

《同情的本质和诸形式》（1923）（节选）

同情现象的差异

本文不拟从分析爱与恨入手来展开我的论证，而是首先考察人们称之为同悲同乐的过程，即首先考察这样一些过程，在其中，他人的体验似乎直接为我们所"理解"，于是我们便也"参与"这些体验。我之所以如此进行论证，是由于这类行为方式在伦理学史上（尤其是英国人以及卢梭、叔本华等人的"同情伦理学"）往往被认为比爱与恨**更具有原初性质**；有人自认为可以把爱看成是同感行为的特殊形式或后果。而且，我采用的这种论证方法对于从**伦理学**上深入阐明这些问题的现状也是极其重要的；众所周知，这类行为方式近来又面临着完全不同的伦理上的价值判断。在这里，请人们回忆一下叔本华和尼采有关怜悯的观点和评价。

（一）所谓同情伦理学

在开始我的考察之前，首先简略阐述一下我提出的根据，以便说明，一种视同感为最高道德价值并试图由此推论一切具有道德价值的行为的**伦理学**无法解释道德生活的事实。

同情伦理学基本上总是以它希望推导的东西为前提，因为它不是原初便使道德价值依附于**存在**和人格之行为方式，依附于人格的人格存在和本质、行动与意愿等，而是首先试图从**观者**（即从对另一个人的体验和行为作出感情上的反应的人）的行为中推导出这种道德价值。举例来说，一个人对恶所表现出的欢乐或者对他面临的善所感到的悲痛，抑或他所怀有的恨、他的狠毒心计、他的幸灾乐祸之感，等等，肯定是不应从道德价值上寄予同情的。难道对于甲对乙的灾祸所怀有的欢乐之同感——在这里是同乐——是一种有道德价值的行为吗？显然，只有对于**本身含有**道德价值的欢乐之同乐，只有对于为其**赖以**形成的价值内涵所要求的欢乐之同乐，才可能是具有道德价值的。在这里，人们会立即发现同感与爱之间存在着**一个本质性差别**。外来的爱往往要求和造成我们为另一个人因"某物"而可能产生的欢乐感到悲痛，比如假定此人生性残忍，以折磨他人为快；而纯然的同感本身对于它的体验之价值完全是盲目的。与此相反，在爱与恨的行为中却存在着一种根本的价值或者非价值；至于其表现方式，容后叙述。总之，同感不论以何种可能的形式出现，原则上对价值是盲目的。①

　　有人认为，**每一**伦理判断为实现其自身必定贯串于同感的始终。这种看法是完全错误的。首先，伦理上的**自我判断**是完整的一个大类，难道在这里会发生一种同感？比如在所有"内心痛苦"、在"悔恨"、在关于自己本身的一切肯定评价中会发生一种同感？亚当·斯密认为，这是可能的。在斯密看来，人自身永远不可能**独自直接地**在其体验、意愿、行动、存在之上碰到伦理价值。只有当他将自身置于**观者**对他的行为之赞赏性和谴责性的评价和态度之中的时候，只有当他最终以"局外"看客的眼睛观察自己的时候，也就是说，只有当他通过同感直接参与针对他的恨、怒、仇、义愤等情感的时候，**在他身上**方才产生肯定和否定意义上的自我判断倾向。他举例说，"良心痛苦"便是一种对观者各种谴责行为的完全直接的参与。对此，我们可以说，我们在我们对自身的评价中诚然往往会受到他人对我们的态度的感染，并似乎为其所取代；**他们**关于我们的价值观似乎被推到固有感觉中所发生的直接价值之前，而且似乎将

―――――――――

　　① 尽管同感本身可能即为价值载体，它**无须依赖**外来欢乐或者外来悲痛借以形成的价值内涵；但这样一来，价值本身便也无法从中推导出来。

它隐藏了起来。例如，在中世纪巫师审判中，许多巫师自己承认施妖弄鬼**有罪**，并感到被判死刑是罪有应得。然而，这些不正是对自己良心的欺骗吗？不正是社会感应作用对发生于他内心的价值的遮蔽吗？按照亚当·斯密的说法，一个世人都认为有罪的，受到不公正的判决者也必然感到有罪；他甚至因此（姑且不论事实方面的错误）而"有罪"！——当然，事实绝非如此。我们的良知对社会的这种无上威权一无所知。而且，从另一方面看，一个因"无良知"而感觉不到他的意愿之无价值的人却又表现出一副天真的、"似乎什么都未曾做过似的"样子，这种人可能最终也会以这种"无礼"所具有的必要的心灵力量将他的无罪感传染给他人，以至后者也认为他是无罪的。按照斯密的说法，他必定**是**无罪的了。当然，他**不可能**因此而成为无罪者的。

同情伦理学之所以走上歧路，还由于它从一开始便违反明显的优先法则①：一切具有正面价值的"自发性"行为都应优先于单纯的"反应性"行为。所有同感本质上都是反应性的——而爱却并非这种情况。

下文的论证将说明，不仅自然评价可以在没有同情行为的参与下独自完成，即便外来评价也并非贯串于一种同感的始终。

(二)同感现象中的差异

与本来的同感区别开来的首先应是所有用来**领会、理解**以及——有时用来——**体察("再感知")**另一些人之体验——其中也包括他的感情状态——的行为。这种种行为往往被毫无道理地与**同感**等同了起来。移情式的"体验感知"理论尤其造成了这种混淆，它自称可以同时解释两者。

现在(在我们考察这一系列行为之前)，我们已经注意到，任何一种同乐或者同悲都是以对于外来体验以及对于这些体验的本性和品格之某种形式的认知**为前提的**，这个前提中当然也包括外来灵性生命的生存体验，因为后者制约着这种可能认知。对我而言，另一

---

① 关于"明显的优先法则"的本质，参阅拙著：《伦理学中的形式主义与实质的价值伦理学》，2，Aufl，Niemeyer，Halle 1922。

个人的悲痛首先并非**因**同感而发生；这种悲痛必然**已经**以某种形式发生了，这样我才能够针对它而**共同悲痛**。将一个因嚎叫而面色青紫的孩子的头只看成是人体的一部分（而不是痛苦、饥饿的**表情现象**）和将它视为这类**表情现象**，这就是说，尽管看到但并没有"与孩子同悲"，这两者是完全不同的事实。可以说，同悲体验和同感总是施于已经理解、已经领会的另一些人的体验的。这些体验本身之已经发生绝对**不是**基于同感或者共同感知；当然，它们的价值也不在此，更不能说，另一些自我的生存有赖于斯了（克立福德语）。① 这并非只是完全针对"甲有痛苦"（这也可以传达给我）或者"甲正在忍受痛苦"这类在判断中发生的认知而言的；他人的体验也可能以特殊的"再体验"形式成为**全然**的现实，不过这只是在**并未**因此而假定产生某种**同感**的情况之下。最恰当的说法是："我能够深切地再感知到您的情况；但我并没有与你抱有同感！"可见，"再感知"仍然停留在**认识行为**的范围之内，它并不是具有重大道德意义的行为。重要的历史学家以及小说家和戏剧家必须具有"**从自身再体验**"的禀赋；然而，他们却根本无须与他们的对象和人物抱有**同感**。

由此可见，我们必须将"再感知""体验性生活"与"共同感知"严格区分开来。前者是对他人感情之**感知**，而不是对它的单纯认知，也不是一种对于他人怀有某种感情的判断；同样，它也并非将现实感情作为一种状态加以体验；我们在自身的再感知中以感觉的方式领悟着他人感情的**品格**，而后者却并未转移到我们身上来，或者说，在我们身上并没有产生同样的现实感情②。举例来说，他人的感情事件在这里**犹如**这样一个事件，它有着一种我们在回忆意识中主观地"看见"的光景，或者它有着一种我们同样"听到"的曲调；这种情况同我们仅仅回忆到那光景和那曲调的情况

① 里尔(A. Riehl)在这一点上也追随他，见他的《批判主义》，Ⅱ. Bd，S. 156；参阅克立福德(W. K. Clifford)，《观察与思考文集》，2. Vols.，1879；另请参阅屈尔波(O. Külpe)在他的《实在化》(Ⅱ Bd. 40 页，1920)中对里尔和克立福德的立论所进行的部分中肯、部分超出为文本意的批评。另请参阅本书《论他者的我》一章。

② 我们感知着他人悲痛的品格，却又不为之共同悲痛；感知着他人的快乐，却又不为之共同快乐。参阅 Edith Stein：《体验感知问题新论》，Freiburg，1917，5. 14。

（也许会同时产生对于"它们被看见和被听到"的情况的回忆）有着十分清楚的差别。在这里也发生了真正的**看和听**，不过那被看见者和被听到者却没有被感知并作为当前现实发生。已成往事者只是"被想象为现实"。同样，再感知和体验性生活也不包含对于他人体验的某种"参与"。我们可以在自身再体验中完全"冷漠地"面对这种再体验的主体。

在这里，对于那些产生外来自我及其体验的生存的行为还没有详尽地加以考察。①

应该强调的只是，这种接受和理解既非通过推论（"类比推论"），也不是通过移情式的体验性感知和模仿冲动完成的（李普斯）。② 一般而言，当我们发生一场体验的时候，便产生一个自我，其依据直接在于自我和体验的本质联系，这种联系是可以观察得到的；它无须为此而要求本己自我的体验性感知；所以，我们可能也会意识到，另一个人有着一种不同于我们的自我的、**具有个性的**自我，而对于这种蕴含于每一灵性生命之体验中的**具有个性**的自我，我们永远不可能达到完全等值的理解，而只能够认识此**一具有个性**的自我所具有的、同时又为我们的个性本质所共同规定的方面。"另一个人"——像我们自身一样——也有着其自我之绝对内在的领域，它**永远不**可能被给予我们，这是由本质联系所规定的。然而，"体验"是以表情现象——而不是通过推论——"直接地"在我们原初的"察觉"之中发生的。我们从脸红察觉到羞惭，而从笑容察觉到欢乐。所谓"最初给予我们的只是身体"，这是完全错误的。只有在医生或者自然科学家看来才是如此，这类人**故意地**不去看那些原初发生的表情现象。为外在察觉行为构成身体的**同一些**绝对感性现象也能够为内在的对异体之察觉行为构成表情现象，在这些现象中，体验似乎行将"终结"。因为在这里存在着的是**象征性关系**，而非因果关系。③ 只要我们了解另一些人的身体，将它看成是他们的体验的**表情域**，我们

---

① 参阅本书《论他者的我》一文。

② 参阅李普斯（Th. Lipps），《他人的我的本质》。

③ 我们也可以说，这并非一种单纯表示在推论中实现的"某种东西"之存在的"表征性"关系，而是一种真实的原初"符号"的关系。

便能够**"内在地察觉"**他们。比如，在合十的双手这类肉眼可见的现象中所表示的"祈求"，完全像视觉现象中的身体一样，当然后者作为物体（另外，它还有内在的一面和背面）也为我们看到了。

表情现象的品格（即所在）和体验的品格，这两者构成固有的**本质联系**，这种联系并不是建立在对于我们自己的实际体验和外来表情现象的事前理解之上的；所以，只有对所看见的动作的**模仿**倾向才有可能重现我们以前的体验。模仿即便作为单纯的"倾向"，也是以对于外来体验的某种程度的占有**为前提的**。因此，它无法解释理应在这里解释的东西。举例来说，如果我们（不自觉地）模仿恐惧或者快乐的表情，这种模仿绝不单单是以这种表情的可见图像进行的；**只有**当我们已经完全理解表情，将它看成是恐惧或者快乐的表情时，模仿冲动才会来临。假定这种理解——如李普斯所认为的——应通过模仿倾向和由此种倾向所重现的以往体验过的一种快乐或者恐惧（以及对于重现的东西所进行的投影式的体验性感受，即置身于他人情况之中来感受）来完成，那么我们便活动于一种明显的**循环圆周**之中了。这也可以用来说明对某些动作"不自觉的"模仿。这类动作的前提是对内在行动意念的模仿，它可以以身体某些部分之各不相同的动作来完成。[①] 处在非有机界的直观环境中的——比如处在不可能有灵性生命体验之表情现象的——**死的**自然中同一类或者相似的动作，我们也**不会**去模仿。此外，下述情况也说明李普斯模仿理论站不住脚：我们能够理解动物的某些体验，尽管从单纯"倾向"的角度看，我们无法模仿它们的表情动作，如狗通过叫声和摇尾巴、鸟通过啾啾鸣声来表达它们的欢乐。

体验和表情之间的联系具有**天然**的联系基础，这种基础**并不依赖人所专有的**表情动作。在这方面似乎存在着一种**普遍语法**（eime universale Grammatik），它适用于**一切**表情语言，它是理解生命之各种表情和手势的最高基础。正是由于这个缘故，我们才能够**察觉出**他人表情动作与体验所有的**不等值现象**，甚至能够察觉出一个动作**所表达**的与它应表达的东西之间的矛盾。即便所有这一切姑且不

[①]　关于行动和动作模仿的差别，参阅 Koffka,《心理发展基础》，219 页以下。

论，单就对他人表情动作的模仿而言，它肯定也不可能使我们明白他人的**理解行为**。什么东西能够使人理解对类似于表情动作所表示的体验之本己体验的模仿和重现呢？据说，这就是在我自己身上发生一种客观上**相似的**实际体验，犹如发生在我正对其表情进行模仿的另一个人身上那样。不过应指出，相似**意识**却并未因这种体验的客观上的相似性而产生，更不会产生"理解""体验性感知""体验性生活"这类有目的行为。因为在我身上正在展开着与另一个人身上相似的体验，这与"理解"毫无关系。这种模仿理论还认为，重视自己的体验必须有个条件，即对他人体验的"理解"应以理解者身上（短时间）发生的相似的实际体验为前提，这就是说，在感情上应以随时产生**现实感情**的感情重现为前提。但是众所周知，一个**理解**溺水者的死亡恐惧的人却无须去**体验**现实的、已经缓解的死亡恐惧。这就是说，这种理论与现实现象是矛盾的，事实上我们在理解过程中绝不会去**体验**那被理解者的。

显然，如果说这种理论还能够使我们理解某种东西的话，那也恰恰是真实"理解"的**反面**。这个"反面"即他人激情所引起的**传感**，比如以最本然的形式存在于动物群和"人群"的行动之中的那类激情。在这里，实际上首先是参与完成表情动作，由此**第二步**方才在进行着模仿的有关动物群或者人群之中引起类似的激情、追求和行动意念。例如一个动物群因发现带头动物的恐惧行为而受到恐惧传感，人的行为中也有类似情况。这种现实情况的特点恰恰是，完全缺乏一种相互"**理解**"。而且，这样一种情况愈是纯净，一种不健全的理解行为愈少参与其事，这种特殊现实情况在这里表现得便愈清楚，即参与动作者将因他的参与而把在自己身上产生的体验**视为发端于自己的体验**，这就是说，他完全没有意识到他所受到的传感。情形便是如此，已经完成的、以"后催眠术方式"诱发的意志行为（区别于"命令"和"顺从"，因为在完成后一动作时，我仍然意识到了他人的意志，将它看成是他人意志）很少被我意识到它之为诱发行为，恰恰相反，我将它视为**我自己的**意志行为，同样，因参与他人的表情动作而产生的相似体验，也恰恰不是表现**为他人**的体验，而是自己的体验。由于这个缘故，在日常生活中便将对他人（"他咳嗽和吐痰的样子"）的**模仿**与对他人的"**理解**"区别开来，并使之相互对立。

　　由此可见，为了使人明白理解、再感觉和体验性生活这些同感的首要成分，既无须投影式的"体验性感觉"，也不必进行一种"模仿"。而且，一当这类行为参与其事，不但不会产生理解，反而会引起可能的错觉。

　　现在让我们来考察同感。同感的首要基础是迄今为止所讨论过的进行再感觉的理解所包含的各个成分。首先，应区分四种完全不同的事实，即：（1）直接的同感，如"与某人"共同感受同一种悲伤。（2）"参与某种情境的同感"："为"他的欢乐而同乐和"与"他的悲伤而同悲。（3）单纯的感情传感。（4）真正的体验性感觉。

　　父母伫立于他们可爱的孩子的遗体旁，他们互相感觉着同样的悲伤、"同一种"痛苦。这就是说，并非 A 感觉到的悲痛，B 也感觉到了；而且，他们也知道，他们在感觉着同样的悲痛。不，这是一种互相感觉。因为在这里，B 的悲痛对 A 而言，绝非"客体性的"，绝非像他们的朋友 C 那样，后者加入父母的行列，"与他们"怀有同悲或者"参与他们的痛苦"。不，他们并非只是在对"同一个"价值，而且也在对基于这种价值而产生的同一种感情冲动之互相感觉、互相体验的层面上"互相"感觉到这悲伤。作为价值的"悲伤"和作为功能品质的悲伤感觉，在这里是同一个东西。在这里，我们当立即注意到：人们能够感觉到的只是一种心灵上的悲伤，而并非肉体上的痛苦和感官上的感觉。不存在任何"同疼痛"。各种感官上的感觉［即施图夫（C. Stumpf）所认为的感觉上的感受］本质上不可能具有这种同感的最高形式。它们必须以某种方式"客体化"，它们只能引起对另一个人之痛苦感受的同悲和参与后者的悲伤。对于一种使感官得到满足的同乐也是同样的情况，但这绝不是"同满足"（从对同感的感受意义上看）。可能也有这种情况，即 A 首先单独感觉到这种悲伤，然后 B"与他"产生同感。然而，这种情况——下文将说明——是以爱的最高形式为前提的。

　　第二种情况完全不同。在这里，悲伤不单单是造成他人悲伤的原因；一切同感都包含着对另一个人之悲伤和欢乐的感觉意向。同感本身作为感觉——而不是借助对于"另一个人在感觉到悲伤"的判断或者想象——便是"针对着"这个意向的。它的发生不仅由于它面对着他人悲伤的缘故，它的"意之所瞩"也包括他人的悲伤，而且认为后者即感觉功能自身。① 不过，在这里，B 的悲伤作为属于 B 的东西，首先在于一种作为行为而被体验的理解或者再感觉的行为之中；而针对这种行为之客体的便是 A 的本然同悲，这就是说，**我的**同悲和**他**的悲伤从现象学上看是两个不同的事实，而并非像第一种情况那样是**一个**事实。与一般同感截然不同的是为**传感**所限定的感觉。在第一种情况中，再体验和再感觉的功能与本来的同感交织在一起，以至根本体验不到两种功能的**差别性**；而在第二种情况中，两种功能即便在**体验**之中也是清楚地区别开来的。那（本然的）同感，即事实上的"参与"，表现为一种反应，即对于在再感觉中所发生的他人感觉之事实和属于此一事实之**现象**中的价值的反应。所以，在这种情况中分别发生的两种功能应该严格地区别开来。对于同感的一系列描写之所以不全面，便在于缺乏这种严格区别。②

　　下述事实清楚地展示了两种功能的基本差别：第一种功能不仅可以在缺少第二种功能的情况下发生，而且也存在于在后者基础上发生的与（同一意义上的）同感行为完全**相反的情形**的地方。比如，专以暴虐行为取乐便是这种情形，以"粗鲁"为乐也是如此，只是程度较轻而已。暴虐者所造成的痛苦或者悲伤完全是在他的**再感觉**功能之中**产生的**。他的欢乐恰恰在于他对他的受害者的"折磨"和受害者的痛苦。他在再感觉行为中**感觉到**的受害者的痛苦或者悲伤在加剧，他那本然的满足和对他人痛苦的兴味便随之**增长**。可见，暴虐性并不是说，暴虐者对他人的悲伤"毫无感觉"。因此，这种暴虐是人身上所有的完全不同于同感缺陷的另外一种缺陷。"毫无感觉"往往出现在病人③身上（如抑郁症患者），它在这些人身上表现为因一味沉溺于自己的感情而不可自拔所造成的后果，因此，便根本不可

---

　　① 维塔泽克（Witasek）在他的《审美观的心理学分析》一文中认为，我们所称之为理解和再感觉者只是"对有关体验的直观想象"。斯泰因（E. Stein）对这一论断作了中肯的批驳，见她的《体验感知问题新论》中 §4"想象观和现实观之间的争论"，19 页。

　　② 李普斯的移情式的体验性感知理论尤其如此。

　　③ 本文所表述的同情体验之现象学为医学和哲学博士施耐德（K. Schneider）从病态心理学方面进行了论证，部分得到证实，部分得到增补，参阅他写的非常有价值的论文《爱和同感心理现象学的病态心理分析》，Kölner Diss. 1921。

能以感觉**接受**他人的体验。与暴虐不同，"粗暴"只是对于他人的、但同样在感觉中发生的体验"不予顾及"。谁如果将一个人视为一块木头并如此对待他，便不可能"粗暴地"对待他了。另一方面，一种尚未被解析为个别**体验**的**生活感情**事件，甚至（犹如对待人对之无法施以"暴虐"的树木、植物的粗暴态度那样）得到升华的生活现象和生活倾向的事实，也可能使人将对这种倾向的强制性中断看成是"粗暴"的，这恰恰说明了"粗暴"的特点。

　　与这些情况完全不同的是那种根本没有真正的同感现象存在的情形，而且往往被与同感混为一谈。这种混淆造成了实证主义者们（如斯宾塞）关于同感发展的错误理论，也造成错误的评价，尤其对于同悲的错误评价。在这里，我指的是单纯的**感情传感**。我们当会注意到，小酒店或者节日上的欢快气氛会**传感**那些走进来之前还处在悲伤之中的人们，他们被"卷进"欢快气氛之中。当然，这些人与第一种或者第二种类型的共同欢乐保持着同样的距离。笑的"传感作用"同样如此，特别对儿童而言，而那些感觉欠敏锐但反应却更强烈的小女孩尤其容易受到这种传染。同样，当一群人受到其中一个人的哀诉声的传感时，也会出现传感，如在老年妇女中经常会有这类情形，其中一个人在诉说自己的悲痛，其他人随之动情，以至泪流不止。不过，这与**同悲**毫无关系。在这里，既不存在对他人欢乐和悲伤的**感觉意向**，也没有参与后者的体验。传感的特点毋宁说，它只是发生在诸感情状态，即情绪之间，它并不以对他人欢乐的认知为前提。所以，举例来说——一个人可能只是事后才察觉到，他在自己身上所感受到的哀伤，是因为他在数小时前参加的一次聚会上受到传感而产生的。而哀伤本身之中并没有证明其由来的东西；只是通过推论和原因上的思考才弄清楚了它的来由。受到这种传感并不绝对需要他人的**感情体验**。在这个意义上，附丽于自然对象或者某种"环境"并因之而产生的一些感情的客观品质，诸如春日风光的欢快气氛、阴雨天气的昏黑低沉、居室的简陋等，都可能使我们的情绪受到传感。①

---

　　①　这表明，**传感过程并不**在对他人表情性体验的模仿，尽管这种表情性体验在为人和动物的外来体验所传感的**情况下**，有可能将这个过程中介化。

传感过程的发生具有任意性，它的固有特点在于它一再返回其出发点的倾向性，以至有关的情感通过表情和模仿的中介**再次**产生传感，从而使传感着的情感加剧，后者又产生传感，依次类推、永无休止。在一切群体兴奋的状态之中，包括所谓"公众"舆论的形成过程，尤其如此。相互影响的**传感之相互性**造成了情感总体运动的膨胀和下述特殊情形：行动着的"群体"轻易地超越所有个体的意向，做着没有任何人"愿意"和"对之负责"的事情。实际上，正是传感**过程**本身从自身产生了超越**一切**个体意向的目的。① 尽管传感过程不

---

① 在这里，我不想描述"传感"在整个道德的历史形成、在心理变态性的群体运动的产生〔从 folie à aeux（感应性精神病）到整个民族的长期病态习俗和风尚的产生〕、在群体惊慌失措，尤其革命群体运动中的群体惊慌失措的产生等过程中所起的作用。关于这些问题，请参阅 G. Le Bon，《群体心理学》和《论革命精神》。另请参阅 Tarde，《限制法则》和 S. Freude，《群体心理学和自我分析》，1921。后者在书中 72～75 页写道：

精神分析研究有时也考察一些精神变态的疑难问题：它可以以另外一些案例向我们揭示我们的理智无法直接领悟的认同现象。我将详细讨论两个案例作为我们进一步思考的素材。

男子同性恋有一系列案例，其形成过程是：青年男子非同寻常地长久而牢固地在俄狄浦斯情结的意义上依附着母亲。在青春发育期过后，他终于迎来了将母亲换成另一个性对象的时代。这时，突然发生一个转折：青年不是离开母亲，而是与她认同，他变成了她并寻找着能够替代自己的自我、能够为他所爱戴和关照的对象，犹如他从母亲那里所曾体验和得到过的那样。这是一个频繁发生的过程，它在任何时候都能够得到证实；而且，它当然并非人们关于机体的本能和上述变化的动机的假设所能够概括的。在这种认同上，令人注目的是其丰富的内涵，它在极其重要的意义上，即在性的本质上，以在此以前的对象为范例改变着自我。在这个过程中，对象自己被放弃，究竟这种放弃是全部的还是停留于无意识之中，这里不作讨论。与被放弃的或已丧失的对象的认同，从而取代此一对象，即此一对象注入自我，这种现象对于我们已经屡见不鲜。这样一种过程有时可以在儿童身上直接观察到。不久前，在一家国际精神分析学杂志上发表了一篇关于这种观察的记载，其中说，一个孩子为失去一只小猫而悲伤不已，他径直宣称他自己就是那只小猫，于是他便爬行，不上餐桌进食等。（见 Markuszewcz，《论儿童的我向性思想》，Internationale Zeitschrift für Psychonalyse，Ⅳ，1920）。

对象的这种内向注入的另一个例子是对忧郁症的分析，造成这种忧郁情绪最明显的原因是在事实上或者感情上丧失了所爱戴的对象。这种情况的主要特征是对自我的残暴性的贬低，以及毫不留情的自我批评和尖刻的自我谴责。种种分析表明，从根本上看，这种评价和谴责是为对象而发，是自我对于此一对象的报复。我在另一个地方曾说过，对象的阴影遮蔽了自我。对象的内向注入在这里是非常清楚的。

仅是"不由自主的"，它也是"无意识的"（越是明显便越是如此），因为我们由此而陷入这种状态，却又不知道这是由此而发生的，但过程本身却又可能**有利于**自觉意愿的形成。比如，在寻求"排遣"时便会发生这种情形，因为我们并非出于"兴致"，而是"为了使自己得到排遣"而进入一个"欢乐的聚会"，或者参加一场喜庆活动的；我们**期待着**在这里受到传感，**期待着**聚会的欢乐将我们"裹挟而去"。显然，我们只是期待着受到传感，只是寻求**我们自己的**欢乐。正如有人所说的，我们"乐于在自己周围看到一张张欢乐的笑脸"，而并不愿意**共同欢乐**。另一方面，可能受到传感的意识也造成了对传感的特殊**恐惧**，诸如当某人避开伤心之地或者设法将悲伤**景象**排除于自己体验范围之外而避免看到这**景象**时，便会产生这种恐惧感。

这种感情感染与**同感**绝无任何关系，这应是极易于理解的，人们无须予以强调。然而，一些重要作者的错误却迫使我们对此不得不再加说明。例如，斯宾塞（在某些方面也包括达尔文）就同感的产生所作的整个详尽论述，几乎完全是重蹈**混淆**同感和感情传感的覆辙。他们总希望从群体风尚和高等动物的群体意识中推导出同感，从而造成了根本性的混淆。而且，这是他们一再重犯的错误。正是由于整个思维方向的错误，所以尼采——从反面来看——以同感的这种**错误**概念为前提得出的同感，尤其对同悲的**评价**完全错误，也就不足为怪了。在这里，我从他为反对同悲而作的冗长论述中援引一段话，以见其一斑："悲伤本身通过同悲而变得具有传感力，在某些情况下，可能因此而全部丧失生命和生命力量，这种损失与原因的量处于某种荒诞比例之中（如拿萨勒人之死）。""这种抑郁性和具有传感性的本能使以维护和提高生命价值为目的的本能互相交叉：它作为苦难的乘数和所有苦难的保存者，同样也是加速堕落、加速颓废的主要工具。"（《反基督》）显然，在这里以及在许多相关的地方，共同悲伤和感情传感被搞混了。悲伤本身恰恰**并非**因同悲而具有传感性。正好相反，凡是悲伤具有传感性的地方，同感便**完全被排除了**；因为在这种情况下，被施予我的悲伤不再是作为**另一个人的**悲伤，而是作为我的悲伤，即作为我极力试图以避开悲伤**景象**的方式消除的悲伤。即便在有悲伤传感的地方，对于他人悲伤本身的**同悲**恰恰有能力消除那种传感——这正如：以往充满悲伤的体验犹如压力一般仍然压在当前体验之上，而对以往体验的再感知性的体验则抵消着这种压力。① 而"苦难的乘数"之可能成为同悲，也只是当它与感情传感表现为同一的时候。因为只有感情传感——如我们已经看到的那样——才会在另一个人身上引起一种现实的悲伤，引起一种像具有传感性的感情那样的感情状态。而这样一种现实悲伤在有着**真实**同感的情况下，恰恰不会出现。

最终，只有极端的情况——所谓传感介于两可之间——才是自己的个体自我与他人的个体自我的真正的**一体**感（或者被置于一体）。一体感（Einsfühlung）是一种模棱两可的情况，在这里不仅他人的、有限的感觉过程被不自觉地当成自己的感觉过程，而且他人的自我恰恰（在其所有基本行为上）与自己的自我被认同为一体。这里的认同既是不自觉的，也是无意识的。李普斯错误地将审美的体验性感觉也看成是这种情况。在他看来，在杂技场中全神贯注地观看正在表演的演员的人，应与演员有一体感，他在内心作为演员自我也在共同完成着演员的动作。李普斯认为，在这里观看者的现实自我只是作为分离出来的自我存在着，而"体验自我"（Erlebnisich）则完全化为演员的自我了。李普斯的这种见解受到了斯泰因的有力批评（见上文所引论文）。我并非——斯泰因说——与演员"一体"，而只是"在他那里"。在这里，那些"共同完成的"动作意向和冲动是为幻想自我（Fictumich）所附带进行的，我仍然意识到了后者，它从现象上看有别于我的个体自我，只有注意力一直被吸引在幻想自我之上并通过后者被（被动地）吸引到了演员身上。

但是，也有**一些**情况是李普斯和斯泰因都未曾提及的。在这里，这类一体感无疑是完整的，它不仅是瞬间的真实"激情"，而且能够持续很长时间，甚至在整个一生的各个阶段反复出现。它表现为两种极端的类型：一为**自发型的**，一为**他发型的**。这就是说，一体感可能是沿着**这样一种**方向产生的，即外来自我完全为本己自我所吸收——前者被纳入后者之中，其存在和本质对于意识而言可以说全部被取代和被剥夺了；它也可能如此产生，即"自我"（从形式上看）

---

① "心理分析法"本身可能包含着的治疗力量，并不在于对受到压抑的东西恢复记忆，也不在于它的宣泄，而是在于这种再体验。

因另一个自我(从物质个体上看)而感到惊愕，为它所迷醉而不能自已，以至外来个体自我完全取代我的形式上的自我及**其**一切本质性的行为。于是，我不再在"我"之中，而是完全在"他"之中(在另一个人之中，始终经由他)生活。

我认为，这些因完全主动的传感欲求和因存在和本质直至个体自我中心都彻底受到传感而产生的一体感的理想类型是非常复杂的，这种理想类型是在各种不同的经验情况下实现的，在这里只能举其要者加以简洁说明。

最近莱维-布吕尔详细描述了处于最低阶段的原始民族的"原始"思维、观察、感觉之独特的、尚很少为人所深刻认识的认同现象。①属于此类现象者如将图腾下肢与图腾动物的每一下肢认同。据斯泰伦②报道说，波罗索人明确告诉人们，他们与红鹦鹉(Araras)是真正**同一**的，图腾的每一肢体与任何一只红鹦鹉也是同一的。图腾崇拜者的命运(生、死、病)与他的图腾动物不仅有神秘的因果联系，这种联系毋宁说是真正认同的后果。甚至与(客观上)没有生命的物质，如与某些石头[弗依(Foy)称之为人石]也存在着这种认同。人及其祖先之严格意义上的认同也属于此例。人不仅与他的祖先相似或者为他们所操纵和控制，他作为生于此时此地者**同时**也是他的祖先的一员。人的祖先的历史性认同阶段，存在于一切堪称"祖先崇拜"的东西之前。这种崇拜以及通过孝道、敬拜礼仪表现出来的与祖先的感情上的联系，是从子孙和祖先原始性一体感中所得到的第一次解放，这是以两种自我之个体差别意识为前提的。在我看来，这种通过自我与"首领"的认同(以及通过他所产生的群体各部分相互的认同)而使群体现象延伸到历史时代的范围之中的原始性一体感，曾经是在整个世界广为流传的转世说的出发点。这种学说只不过是此类认同现象的理性化而已。③

---

① 参阅 Levy-Brühl，《原始思维》，Wien 1921，S. 58。另请参阅 D. Westermann，《利比里亚克佩雷人的生死观》，Psycholog，Forschung，Ⅰ. Bd. 1-2 Heft，Berlim 1921。

② 斯泰伦(Karl von Steinen，1855—1929)，德国人种学家。

③ 参阅弗洛本纽斯(Frobenius)在他《文化魂》(*Paideuma*)一书中就这种认同在埃塞俄比亚人中的表现形式所举的生动例证，见该书 42～47 页。

他发型的真正"一体感"也存在于古希腊、罗马的宗教性的神秘仪式①中，在仪式进行的过程中，司祭通过制造迷狂般的激情达到与神灵的存在、生命和命运的真正同——他"变成"了神。在这里，一体感不仅指神（他在俄耳浦斯和狄奥尼索斯的神秘仪式中被表现为一只动物，如一头公牛，或者被表现为一个人）在其存在。本质和生命中的诸因素，而且也针对其各阶段被以迷狂般激情重新加以展示的生活命运的某种周期性。在许多民族中②，从这种神秘庆典的逐渐衰落的表演中产生出戏剧艺术。在后者，迷狂情绪的一体感蜕变为单纯象征性的体验。

真正的一体感也存在于施催眠术者和被施催眠术者的关系之中，即当两者的关系不单单是一种诱发起特殊意志和行为的暂时性关系，而且也是一种稳定的**持久性**关系时。在存在着这种持久性关系的情况之下，催眠术士的对象一直被"拖进"催眠术士的全部个体自我的行为之中，他表达后者的意愿，以后者的价值为价值，以至想其所想，爱其所爱，恨其所恨，而且，他深信，这个外来的自我及其所有的举止、行为和形式是他"本己的"自我。但是，在原始性一体感方面，我们所看到的是真正的**生存认同**（Daseiusidentität），而通过持续不断的催眠所造成的强烈感应作用不仅诱发出某些活动和行为，同时也接受了催眠术士的整个具体意念，在这种情况下我们看到的只是**所在认同**（Soseiusidentität），它与存在差别意识是并存的。催眠术所引起的睡眠状态③只是人为造成的心灵上的**原始状态**，从而给予感应作用（它无须是随意性的！）以新的土壤。据希尔德分析，正是种族史上"古老的"大脑部分（即分布于第三脑室周围的交感神经和副交感神经的中心部分）由于被施以催眠术而改变了自己的功能。几乎所有为儿童和原始人所独具的精神特点，基本上都可以人为地通过催眠术重新制造出来，如对感知和想象缺乏差异感、对以

---

①   参阅 Odo Casel，《神秘庆典礼仪》，Frcibuing 1922。该书从古希腊、罗马的神秘仪式中收集了大量此类认同的例子。另请参阅 E. Rhode 的经典性著作《论心灵》。

②   参阅弗洛本纽斯的类似论述。

③   参阅希尔德（Paul Schilder）在他备受推崇的论文《论催眠术的本质》（1922）中根据新的研究成果从解剖生理学方面所收集的例证。

吸引注意力的被动方式所呈现的东西迷狂般的依恋、对体验内容所表现出的强烈偏激情绪和本能局限性（希尔德甚至认为，在催眠状态中所实现的**一切**活动也可以因感情冲动而发生）、不善于区分自我和你的秉性，同时却易于与外来的自我产生一体感。当感官察觉能力屈从于催眠术士的意志时（因为正如李普斯所认为的那样，不仅对于——举例来说——一把椅子或者部分环境的存在的"深信不疑"，而且对于这把椅子的真实感知都是可以制造出来的），这些东西只有通过最终制约着**一切**（包括正常的）感知能力之本能意向的中介才会发生。然而，对于催眠状态更具有普遍意义的心理学的最终公式可以表述为：一切认识行为的精神中心在催眠状态下不再起作用，而生命自动系统却恰恰按照它最古老的功能和运动形式急速运转起来，被催眠者个体所具有的精神的行为中心的"地位"似乎为发挥着感应作用的催眠术士的精神的行为中心所**取代**，以至被催眠者的生命和本能中心跨进了催眠术士的控制、工具和活动领域：被催眠者的判断、意志、选择、爱与憎不再是"他自己的"，而是属于**催眠术士**的精神中心的东西，催眠术士宛如一个骑手，高居于被催眠者的本能自动装置之马上。毫无疑问，与催眠术士在精神上实现**所在**一体的程度基本上取决于催眠对象的性格，在这里所存在着的一体感和认同现象与所有其他现象有着深刻的亲缘关系。

　　弱者对于强者的肯定性自我屈从意愿带有自动（不自觉）产生的目的，即争取分享强者的过量权力。我们认为，这种意愿作为原始欲求本能先于为对抗（可怕的）强者而怀有的自我保存、自我防护目的。它只是为自我保存和自我防护意志所利用，也可以说，它服务于这种意志。足以证明这一点的是，上述屈从欲求完全违背其初衷，甚至可能导致相反的结果，这与所谓保存自我的欲求所达到的结果并无二致。叔本华曾描绘过一个英国军官在印度原始森林中的观察：一只白色的小松鼠被盘绕在树上的蛇的那双急欲捕食的贪婪目光惊呆了，以至它不是逃离，而是逐渐迎着蛇爬去，最后竟自动跳进蛇的口中。在这里究竟是一种（在蛇那方面当然是不自觉的）警觉的感应作用，还是与小松鼠本应处在警觉状态的更高一层的中枢因受到催眠而沉睡失灵相联系的感应作用，这倒是无关紧要的。在这里，小松鼠的自我保存欲求因它冲动般地参与完成以"消失于蛇口"为目的的蛇的食欲而被克服。小松鼠处在与蛇的**一体感**之中，因此自发地实现在身体上的"一体"，于是便消失于蛇的咽喉中了。

形形色色的**性受虐狂**正如与其相反的**性施虐狂**（在一个个体中，根据权力情况的不同，前者与后者经常有规律地交换角色）一样，只是性权力意志的双重形式；因为即便在一个性受虐狂者身上也并非纯然的被动性，而是怀着一体感参与对手的越常活动，这种参与就是一变而成为享受对象的**同感性权力分享**。成人的性受虐狂和性施虐狂在儿童身上也很普遍（以变化了的形式出现，如对动物，甚至对物体施暴，而且怀着一种对它们的身不由己的一体感、固执思想和无限倾心施暴），这两者只不过是原始发展阶段的印记（幼稚行为）。它们很容易成为他发性和自发性一体感的（另一个人进入我和我进入另一个人之中的一体感的）出发点。对于这两种现象，希尔德认为："两种对立的特征在一个人身上联系了起来，这看起来似乎不合乎逻辑，但这个现象却揭示出一条具有深远影响的普遍的心理学法则。关于这一点，人们可以简洁地描述如下：爱者使自己与被爱者认同，这就是说，他将另一个人的体验加诸自身，他感到这种体验是自己的并以行动和另一些特征表达这种认同。"[①]尽管我们可以不承认关于爱的这条"法则"，我们却不得不承认在性爱结合中存在着一种这样的倾向（这大概正是希尔德心目中所想到的东西）。

希尔德所探索的（在这一点上近似弗洛伊德）是从遗传发生学的角度将催眠状态本身与性爱交媾联系起来，这使人更易于理解这两种一体感现象。他进一步论证说：（a）促进催眠状态形成的种种手段（轻柔的抚摸、喋喋不休的对语、"令人着迷的"目光、间或发出的粗野吼叫）具有性爱价值。入睡前和苏醒后的"折射目光"所流露出的神情与得到性满足时的眼神完全一样。这时，类似性感的适意快感出现并附着于催眠术士身上；他经常产生一种幻觉：他在施催眠术过程中猥狎了被催眠者（参阅伏莱尔在其催眠术著作中所举的例证），这种幻觉的起因便在于此。（b）在催眠过程中功能有所改变的第三脑室周围组织同时也是性纽结。这个地方的障碍也会引起性功能障碍，

---

① 参阅前引希尔德著作，25 页。

如阳痿、月经失调、第二性征的改变。(c)动物催眠实验①令人产生一种假设：对人施行的催眠原本是性行为的辅助性生物功能；也就是说，让雌性有个准备，以便性行为顺利进行。(d)由于在每个人身上都沉睡着一种反向性欲倾向，因此男子对男子，女人对女人施行催眠都是无可非议的。如果希尔德令人感兴趣的假说经受得住进一步的批评，如果他最重要的举证，即发展史方面的举证能够为更多的事实所证明，那么他一直欠缺的用以解释性爱和催眠术这两种一体感现象的共同纽带便联系了起来。

此外，弗洛伊德所举诸案例可以被看成是真正的(病态)一体感。在第70页记载，一寄宿学校女生收到悄悄爱着她的男子的一封信，这激起了她的嫉妒心，她对这封信的反应是神经症发作。她的几个女友因受到心理感染也"接受了"这种发作。对此，弗洛伊德解释说："如果认为她们出于同感而染上这些症状，那是错误的。相反，同感产生于认同(一体感)，其证据是，这类感染或者模仿即便在两者之间事先存在着的同情少于寄宿校女友们所通常有的同情心的情况下也会产生。"弗洛伊德的第一个命题是正确的。但是我并不认为，这里会"产生"同感，因为同感恰恰是以在这里因一体感而被抵消的现象上自我疏远为前提的。②

在许多方面，儿童的**童稚般的**③与成人的差别不是程度上的，而是类型上的。这表现在具有类似于上述病态例证特征的那种一体感。所以，在儿童的"游戏"中以及在儿童作为戏院或者木偶演出的观众时，可能与成人的"游戏"或者——如人们通常所说——从审美的"体验性感觉"的类似情况便显著的不一样。在成人为体验性感觉者，在儿童则为一体感。在成人本来为"游戏"者，在儿童则是"当真

---

①　参阅伏莱尔所举圆蜘蛛的例子：公性用爪戳进雌性下体的某个地方使后者软瘫，从而听任性行为的发生。

②　弗洛伊德：《群体心理学和自我分析》(1912年维也纳)一书第七节(论认同)援引诸举证。

③　耶恩什(Erich Jaensch)及其门生就他所称的"遗觉"型想象作了考察。在这种类型的想象中，在"察觉"和"想象"之间存在着一种原初中间图像。从此一图像出发，成人的察觉和想象之各种行为和内容特点沿着两个各不相同的方向发展。

的事"，至少是眼前的"现实"（参阅弗洛本纽斯在上引著作第 59 页所举的用三枚石子做"小汉斯、格蕾特、巫婆"游戏的孩子的例子）。上文提到的弗洛伊德关于孩子和死去的小猫的例子更属于儿童心灵生活心理学范畴，与病态心理学关系不大。（个体）自我意识在童稚的心灵生活中是变化不定和缺乏关联性的，所以它不由自主地、童稚般地委身于外来的、在"遗觉"中想象出的生命，其激情大大超越成人。当一个小女孩抱着她的洋娃娃"扮演"妈妈时，这种"扮演"的游戏性质，即"仿佛"是妈妈的那副样子，大概只是对成年观众而言。孩子本身在游戏的瞬间觉得自己（以自己的母亲与她自己的关系为榜样）与"妈妈"（在这儿仍然是一种个别想象，而非一时的一般用语）完全是一体的，洋娃娃则与其自身一体。所以，儿童作为戏剧观众的反应与成人完全不同。

　　作为真实而又与自己的自我现实交替的一体感的例证，也许应观察一下奥斯特莱希所描述的意识分裂的几个特殊个案。[①] 他本人认为意识分裂是一体感所致；此外，也许是**某种**所谓"精神错乱"现象造成的，关于后者他于不久前发表过一篇极有价值的专论。这类一体感和认同使我们明确了下述事实：一体感和认同绝对不是通过模仿和参与完成个别表情、动作与行为**累积**而成的，而是以某种方式跳跃般地发生的，即已经存在的与外来人物的认同（如 Flournoy 所举的一个女士在一段时间内即玛丽·安托内特的例子）即便在外部环境变化着的情况下（如历史上也许根本不存在安托内特这个人）仍然会自动地在个别人身上造成同样的举止。

　　此外，作为真实的一体感者，还有那种既不属于强制接受自己的个体自我的自发类型，也并非让自己完全融于另一个自我的他发类型；我将这种一体感的特点称之为"互相交融现象"。它最基本的形式无疑表现在充满着爱的性交行为之中（与之相反的则是享乐性、实用性或者有既定目的的性行为）；在这里，双方迷狂般地排除开（本己个体自我存在所依附的[②]）精神人格存在，自认为回归于**一条生命激流**之中，这条生命激流不再分别包含任何一个个体自我，

---

① 　Tr. Oesterreich：《自我之现象学》和他的《论精神错乱》，Halle 1921。

② 　参阅拙著《伦理学中的形式主义与非形式的价值伦理学》，1—3. Aufl. S. 384ff.

同样也不是建筑在双方自我事实之上的"我们"意识。① 这个现象无疑已经成为借以解释酒神巴克斯式（bacchisch）放纵和奥秘的原始生命形而上学的主要基础。按照这种生命形而上学的说法，参与并了解此一奥秘者的所有个性在激情中完全消融，自认为回归到了**一条**"本性之本性"的本源之中。

但是，因消融而产生的一体感现象当然并不限于性爱领域。正如雷邦（Le Bon）所首先描述过的那样，这种现象也见诸无组织群体的心灵生活领域。在这里，一方面发生所有成员与自发地专断行事的首领的一体感（哪怕后者不可能、也不容许自己溶解于群体心灵之中）；另一方面，所有成员在同**一种**情绪和欲求激流之中也会（经由累积和返身传感的中介）互相融合，这股激流随之便以其固有节奏，从自身制约着所有部分的行为，任意驱赶着思想和行为，如暴风雨之扫枯叶。弗洛伊德将这种群体灵魂的形成（它在本质和运动形式上至少类似于下述六种意识：清醒阈下的梦幻意识、催眠状态下的意识、动物意识、原初民族意识、童稚意识——群体是一种"动物"，是一个"大孩子"——以及几种病态意识，尤其是歇斯底里状态的意识）与性爱融合的情况紧密联系起来，但在我看来，他的这种群体理论还缺少可以证明的**中间环节**。弗洛伊德为原初群体下定义说："它是一群将同一个对象（领袖、榜样或者从他们身上产生的"思想"）置于其自我理想的地位的个体，因此他们相互认同。"这里的凝聚力应是"欲求"（Libido），不过后者已经从性目标移开，被迫进入潜意识。这种假说——假设它真实无误——也许会用一种思想为我们说明一系列迄今仍令人困惑的现象（包括为弗洛伊德称为"由两个人组成的群体"的催眠术），但在我看来现在似乎远远没有成熟，弗洛伊德的性爱理论最基本的问题尚有待澄清。②

最后，本质一体感的典型例证使一批老一代作者（如冯·哈特曼、柏格森）发展出了爱的认同理论，即下述命题：对另一个人的爱

---

①　见瓦格纳（R. Wagner）在《特里斯坦》中以诗歌和音乐形式所作的描述；另外，参见霍普特曼（G. Hauptmann）的小说《索阿那的异教徒》。

②　关于这个问题，参阅上文引用的希尔德论催眠术本质的论文和该文关于弗洛伊德个体发生学的论述。

就是通过一体感将另一个人的自我纳入本已自我之中。这个理论最强有力的支柱便是**母亲和子女**之间的联系。在这一方面最典型的说法是：被爱者从身体空间上原本是施爱者的一"部分"，导致受孕的行为和忍让这两者之各种体验因素（繁衍后代的本能和欲求以及性欲）、胎儿的分娩（繁衍后代的本能和自我保存欲望连续性地过渡到早在产前便已开始的抚育后代的本能的萌动）、对由母体分离出的孩子本身的抚育（抚育后代的本能连续性地演变为偏重心灵方面的母爱），所有这一切似乎并非飞跃般地，而是连续性地出现的。我们姑且不去讨论一个不太清楚的问题，即正如为了消化（按照巴甫洛夫的说法）是否需要"食欲"及其补充物（特殊胃液）那样，为了有效的受孕是否**需要**心理因素（如自动的繁衍后代欲望的萌动）。仅就这些事实本身而言，它们绝不可以用来证明爱是利己主义，或者（说得更恰当一些）自我保存欲望通过将外来自我纳入本己自我从而达到超越本己自我的延伸。这些事实的含义恰恰相反，维护和抚育后代的本能在产前就已明显地与自我保存欲望区别开来了。对于其动机一直被认为与自我保存欲望有关的对堕胎的天然畏惧，足以清楚地证明这一点。在产前，即便对母亲本身而言，母亲和胎儿也是两个生命，其欲求冲动从现象上看也是有区别的。在这里，自我保存欲望及其萌动**绝对不是**"连续性地"过渡而成母爱。处在这种连续性的心灵关系中的，毋宁说是繁衍后代的本能和抚育后代的本能。在动物界，母亲为幼仔的出生和保存而"牺牲"自我保存的事见诸许多记述，这说明两种欲望的独立性和对抗性，这两者恰恰不是在分娩之后产生的，而是在此之前就已经存在，而且从现象上看也是被分别体验到的。没有什么如哈特曼所说的将孩子"纳入"**自己本身**（及其自我保存欲望）这层含义上的母亲与孩子的一体感，也许人们更有理由从（热切地）献身于孩子自我这个意义上提出，母亲与孩子经常存在着日益接近着的一体感。一个一心想成为母亲和期待着做母亲的少妇的精神恍惚状态，正是那种内在于机体之内的、成长着的胎儿给予她的激情。甚至保存和抚育后代的本能与我们有理由称之为**母爱**的东西之间的"连续性"程度也并非像人们所认为的那样高。我倒是认为，本能和爱在这里往往是对立的。孩子越小，越达不到独立的、有灵性的自我，本能的活动——作为女性繁衍后代欲求的继续——便越明显。正是在这一方面"最具有母性的"母亲们的无休无止的爱抚，往往妨害着孩子心灵上的独立自主发展；她们努力促进孩子机体的生长，其结果却阻碍着他精神上的成长。自然语言所称"猴子之爱"者，指的便是这种爱抚、监护和无目的温存。看起来母亲的这种纯然的——未加进任何爱的——本能仿佛要把孩子重新收回于提供保护的身体之内似的，难道不是么？真正的**母爱**在于消除这种倾向，目的是让孩子发展成独立生命，即让他慢慢从机体之暗室内走出来，逐渐升入意识之光之中。母爱——像一般的爱那样——在于从其归宿(terminus adquem)理解孩子，而不是像本能那样从起点(terminus ad quo)看待孩子。

关于母亲与欲求冲动的一体感、关于孩子变化着的要求和需要的讨论，只可以用来说明整个情况的**本能因素**。但是，为说明这些因素更重要的是，并非对于显示于表情现象中的变化着的需求和生命状态的经验式的理解以及再感知，促使母亲采取那些为抚育后代所固有的行动；在我看来，这些机体上的表征似乎只是为存在于母亲身上的生命节奏与孩子的生命节奏及表示其内涵的生命阶段之间更深一层的超验关系作出时限规定罢了。比如，在母亲的乳房胀满乳汁，从而急欲排出这种节奏和孩子身上再次出现饥饿感的节奏之间，的确存在着一种**互相适应**的情况——同样，在母亲哺乳和孩子吸吮的满足欲之间也是这种情况。哺乳和孩子饥饿这两种欲求的萌动是**一致**的，这种一致性才使母亲有可能根据孩子的节奏间隔掌握他的饥饿情况。在某些鲜为人知的方面，她怀有某种类似有机符号系统的东西以了解她的孩子的生命进程，这使她比另一个人更深刻地"知道"自己孩子的情况。如果说，母亲在孩子发出哪怕最细微的响声时便会醒过来(这在发生其他哪怕更为强烈的刺激时是绝不会出现的)，那么这响声的刺激几乎引不起对于孩子某种可以让人理解的表情的想象，它只是直接使一直活跃着的抚育后代的本能动作起来，这时才产生了感觉，这本来就应该作为理解的条件在此之前发生的。因此，母亲可以从感觉推断病患的结局，这往往使医生感到意外；因此，母爱是"不可取代的"——这不仅仅是由于强烈的切身利益的缘故，它为各个时代和所有民族保持着。母亲和孩子之间那种潜意识的**生命心理上的**一体性并未因机体分离而完全断裂，所以，它可以通过已知的进行生命表达的身体符号系统建立起来。

柏格森将法伯（Jules Fabre）在其《昆虫的记忆》一书——一个精确描述本能活动的最丰富的宝库——中所引证的膜翅目昆虫、蜘蛛、甲虫的活动与"同情"紧密联系了起来：它们蜇刺毛虫使之瘫痪（而不是使之死亡），以便将卵产在它身上。这种蜇刺进行得非常巧妙和准确——一般而言，完全符合神经组织解剖原理和"使之瘫痪而不致死"的目的，即便一位专门研究过毛虫神经组织的外科医生，也不会比一只黄蜂做得更好——而后者事先却毫无经验。人们无法将各个步骤之间这种十分明显的对象感性联系、蜇刺部位之选在神经中枢——使毛虫瘫痪而又不致死，和黄蜂产卵等现象解释成一种连锁反应，也没有理由认为这是遗传经验积累的结果。这便是柏格森的全部看法，德利什（H. Drisch）在论及真正的本能时，也持同样看法。在这里，前提无疑是黄蜂对于毛虫的生命过程占有某种原初"知识"（从一般"占有某种东西"之最广泛的意义上看）。接着，柏格森试图用下面一段话描述这种"占有"："如果认为，黄蜂深知其牺牲品毛虫的软弱，因而在两者之间存在着某种同情（从词源意义上看），那么情况就容易解释了。毛虫易受伤害，这一点是十分明显的，根本无须外部的感觉。所以，可以得出这样的结论：黄蜂和毛虫不是作为两个有机体而仅仅是作为两种活动而存在，是此一对彼一关系的具体形式。"①显然，在这里"同情"的意义完全有别于"同感"——因为这里的行为毋宁说是怀有敌意并利用外来者为**自己的**生命目标效力的，而并非"效力于外来者的"，也不是再感知和理解。这里所可能指的是黄蜂对于毛虫的生命过程和组织的一体感——一种对于发源于生命中心的、支配和主宰着黄蜂的神经组织及其躯体感觉的统一生命进程的一体感。我也觉得，在发生这类本能行为时，许多组织之间存在着协调各行为阶段的**明显的感觉纽结**；可以设想，在这类行为中存在着我们在人类领域描述为真正一体感的那种东西之变异形式。② 否则，我们便不得不对动物作类比性的"理解"了；进行这

---

① 柏格森：《创造进化论》，188 页。

② 明显的具体感觉组结总是要求某种造成感觉的行为，因为即便一种意识行为的开始，也是由其"意识内容"（"Noema"）的统一性规定的。

种"理解"时，不是从开化了的成人体验出发，而是从处于蒙昧状态的孩子的心理学事实、从群体心理学和人身上的高级中枢活动的病态缺失现象的事实出发。与 30 年前不同，当代科学告诉我们，上述事实与成人、文明人、健康人的心灵生活的差异是**本质性**、而非程度上的。①

让我们考虑一下另外的情况。感知行为在经由所有情态的感官功能完成的过程中，表现为统一和单一的行为，这正如它在内容上所表现的东西那样；后者并非可分为个别感知内容的**总和**，而是构成一个整体，在这个整体中，对象的现实、价值单位和形象作为"同一个东西"早已发生——即作为"结构形体"早已存在。情态各异的听觉、视觉、嗅觉、触觉、味觉诸现象的内容都归于这一形体之内。同样，统一和单一的生命欲求也是通过**一系列**分成不同等级的和互为依托的欲求冲动显示出来的，随着机体组织和起始位置的变化，这个系列的分类也越来越细。冲动只是客观上表现为**统一性**生命活动的诸部分行为之部分潜意识和部分有意识的联结纽带。既然我们知道，从已知生命的依托顺序的意义上看，感知价值是事先确定的——在人的高一层心理生活中，甚至在精神领域也是如此，那么，那种与异体生命(如上文所举的毛虫)之特别专门的生命欲求的一体感给予特别专门的生命欲求以**有生命力的构造形象**，给予它的不同冲动方向以某种生物学上的**价值内涵**——在感知**之前**，不依靠感知，难道这不可能吗？我觉得这并非"神秘莫测"的事，假如人们清楚地了解到德里什曾做过精彩描述的情况的话：凡是我们必须假定存在着机体之超反射性的反应的地方，我们便绝不会将个别与有组织的躯体相关的物理和化学刺激的**总和**理解为反应，认为这是确定无疑的问题，而只是把它看成个体性对象的**未经分割的整体**②，而且后者也无非是整个周围世界某一环境单一体中的一个环节。此一单一

——————————

① 参阅耶恩什在 1921 年于马尔堡举行的第七届实验心理学会议上所作的题为《论主观的直观图像》的报告第二章《遗觉和感知心理学研究与自然哲学问题的关系》，其中所作的详尽注释给人打开了重要的视野。

② 参阅 H. Driesch，《有机体的哲学》，Z. Aufl. s. 342；另请参阅本人在《伦理学中的形式主义与非形式的价值伦理学》一书中关于感觉概念的论述。

体有着它在感知和感觉之前便为每一种属所规定的**典型结构**。但是，即便外来多方面的生命欲望的一体感之促成、引发和引导同样也与**刺激**联系起来，这应是没有多大争议的，正如单一的感知那样不容争议，尽管这种单一的感知完全不同于与刺激总和相应的、可能存在而绝非现实的感觉总和，前者有着更深一层的含义。柏格森的学说并没有否认他所提出的"同情"之受刺激制约的性质。否则，他的意见便与黄蜂和毛虫之间存在着某种心灵感应的说法合流了——当然，这完全是另一个层次上的现象。不过，人们完全有权在研究"本能上的一体感"时讨论相对的心灵感应说，但只是在**下述意义上**：一体感比感知更深一层，而且——比如在科学上对蜇刺所应击中的神经中枢进行考察的时候——它并非必然地建立在对神经中枢感知的基础上。正如视觉与触觉相比，是相对的远距离官能那样；一体感能力与一般官能感知相比，是对异体和对远距离物体的领悟。①

　　本书最后将从认识论上说明，领悟任何一种生命——哪怕别于死的运动最简单的有机运动——所需要的最低限度的一般一体感是生命赖以存在的根本性条件，最简单的"再感知"，尤其最简单的同感以及超越此两者的精神上的"理解"都建立在外来现实的这种最原始的基础之上。这样一来，那种对于外来生命欲求的有活力的特殊形体之特殊一体感的能力也就不致令人感到多么奇怪了。

　　可以说，与许多动物相比，一般人的具有细微辨别力的一体感本能被重重雾障**遮蔽住了**，只能够笼统地针对异体生命的一般结构而已。然而，与高度文明的一般成人相比，在儿童、梦幻者、某种病人（神经机能病患者）身上，在催眠的状态下，在母亲本能和在原始人身上，却残存着更强的一体感能力。我们关于万有生命之发展为人以及人在其史前与有史以来之发展到当今文明的观念，在基本的一点上发生了深刻的变化：生命和人在这种"发展"中不仅"获得"而且也**"失去"**一些基本能力。如人因其理智的过度发展失去许多"本能"和动物尚具有的特殊的一体感能力。文明人几乎完全丧失了原始

---

　　①　我在《伦理学中的形式主义与非形式的价值伦理学》一书中曾从同一意义上指出，"食欲"和"厌恶"在对作为"食物"的物料的益处和害处具有现实经验**之前**，便表明了这些物料的生物学价值；从这层意义上说，它们是"远距离评价"。

人的一体感能力，而成年人则丧失了孩提时的一体感能力。此外，成年人还丧失了某些感性直观图像，这类图像在儿童身上介于感知和想象之间，由此似乎方才将感知和想象区分开来。① 看来，某些认识材料要么**只可能**在某个年龄时获得，要么便**永远不可能**获得了。"少小未学者，老大学不会"——不单单是从数量上看是真理，这还有另外一层含义。我在另外的地方提到②，文明人显著地丧失了宗教上的超验"感性"，因此必须"维护"和"信仰"人类幼年所"发现"和"观察"到（"原初"得到的）的东西。看来，对于特定对象的特定认识形式似乎**从本质法则上**便与**特定的**发展阶段——它是其他阶段所不可取代的——联系在一起。认识力的每一步"发展"**也**是它的一次"衰败"——只是形式有别而已。只有进步与维护的**整合**，更确切地说，只有恢复濒于消亡危险的东西并对每一个发展阶段——动物之发展成人、原始人之发展成为文明人、儿童之发展成为成人——之间特有的时间上的分工进行**整合**，才是堪称为**"理想"**的东西。女性——从本质内涵上看——保存着基于母亲本能之上的认识力，与这种本能一起产生的特殊一体感能力（它尽管因自己在现实中作为母亲而得到发展，但并不仅仅针对自己的孩子或者一般的"儿童"，它一旦得到发展便惠及整个世界）在男性身上却已退化，因此它无法为男性所取代。

这同样的道理也适于用来说明不同的大文化圈的人种基础。在这里不存在全然的"代表性"，即没有哪些人种可以代表"人类"认识之总体任务。只有对于人类的不可代表部分进行时间上的和同时的**世界性的**协调和补充才能使寓于人类——作为空间和时间上不可分割的种属整体——之中的**整个认识力量**发挥作用。这样便可以**消除**那种认为整个世界的发展一体地、"专制式地"集中于文明男人身上、集中于文明的欧洲男人身上的关于发展的纯然"踏板观念"。换言之，要消除如下观念中的文明男人，尤指文明的欧洲男人以外的人类并未为整个人类发展进程尽自己一分力量，而是踏上"发展列车"的踏板分享前者的发展成果。发展诸阶段绝不仅是"踏板"，而是也具有

---

① 参阅耶恩什新近发表的关于遗觉性想象类型的论文。

② 参阅拙著《论人身上的永恒》，707 页，1921。

本身价值和本质特点。发展并非全然的进步，它总是**伴随着**衰败。①
而"人"本身则是生物界的"第一公民"，他不只是这个世界的"君王和
主宰"。

只有植根于生命土壤之中的**一体感**②——在精神土壤之上的则
是对于其他世界观形式的**理解**艺术——方才有希望慢慢协调我们所
受到的——犹如马的眼睛受到所带眼罩的遮蔽那样的——特殊偏狭
和局限。不论眼罩从**生物学上看**多么有用，**认识者**之为认识者，却
必须超越它延伸开来，同时并意识到它的存在。

从我们提出的真正"一体感"的典型例证，可以完全清楚地看到，
一体感不仅跟所有对于人格行为的理解性再感觉和再实施，而且也
跟一切可以正确地称为"同感"的东西有着深刻的本质差别。两
者——再感觉和同感——完全排除一体感和认同。综观一体感的这
些典型例证，还使我们明确了第二个重要的情况，这就是：在人的
精神的和心理身体的本质统一体中，一体感可能发生的"地点"何
在。——这个"地点"必然在身体知觉和思维精神性的人格存在**之间**，
前者以独特的一体形式包括着所有感官感觉和局部感情感觉，后者
是处于中心地位的一切"最高级"意向行为之行为**中心**。我觉得可以
肯定的是：不论我们的精神位格中心③及其关联体，还是我们的身
体躯体和一切作为此一领域的变型以及进一步限定所产生的现象（如
感官感觉和感情感觉，亦即感性感觉），从本质法则上看都不容许发
生我们在上述典型例证中所指的一体感和认同：**每个人都单独具有**
他自己的身体知觉和他本质上属于个体性的精神位格中心。

如果说，前者是不容争议，而且也是没有争议的（每个人都有他
自己的，而且只能是**他自己的**感官感觉、快适和疼痛感，即感性感
觉），那么关于后者却是存在着可疑之点的。人们可能会向我们指

---

① 参阅笔者在《伦理学中的形式主义与非形式的价值伦理学》中关于斯宾塞错误方法
的论述，他衡量动物和植物的标准是它们对人类环境的适应价值。

② 于克斯居尔（Uexküll）指出，一体感总是完成于有机体的"内在世界和周围世界"
（从周围世界结构方面出发才可以打开内在世界）。而理解只涉及人的感知和意向"世界"。

③ 在拙著《伦理学中的形式主义与非形式的价值伦理学》中，我规定了它的性质及其
行为的自动规律性，见该书 401 页。

出，精神所特有的**神秘经历**——我指的是许多人所主张的精神性的
灵魂与上帝融合的经验，即所谓"神秘的合一"("unio mystica")——
在这里还未曾作为一体感和合一现象的例证提出来；人们会认为，
我们将一体感的这一最高形式"遗忘了"。对此，我们不得不以几位
精神神秘主义的优秀学者的话[①]给予回答：这里以言语所指的现
象——只要在我们身上所活动着的，确实**只是**精神性的位格中心，
只要"上帝"自身被设想为纯然的精神性实体——是不存在的。凡是
看起来似乎存在着现象的地方，那么呈现于(形式上的)自我的精神
之眼前面的既不是作为纯然精神性实体的上帝，也不是面对着上帝
的纯然精神性的位格中心。毋宁说，这是——正如一切古代神秘宗
教仪式所清楚表明的那样——一种神灵思想，它将"上帝"看成是世
界之万有生命，或者"认为"神是生命现象之所依附者。此外，这永
远不是我们所具有的、在其自身内部个体化了的精神性行为中心，
而是我们那个可以达到真正一体感和融合的机体自我中心。完全自
然主义泛神论的神秘主义主张真正等值的**此在**神化(即灵魂与神的融
合)，而不单单是(不等值的)本质和"形象"通过参与完成神的行为而
达到神化("我们在你之中生活、活动和存在"，或者如保罗所说：
"我活着，但并非我，而是基督活在我之中。")，这种连细节都可以
证明的神秘主义的特点是对神和对人的位格中心之双重错误的机体
化(即完的或部分的**非精神化**)。真正的神秘主义至少与上帝保持
着"**意向性生存距离**"作为最小距离，其最大结果则是达到不等值的
本质统一。

　　本书还将讨论形而上一元论方面对一体感现象所作的种种解释
(印度哲学、叔本华、黑格尔、哈特曼等)，这会使上述命题得到更
深一层的论证。

　　假定我们扬弃人经由自己身体躯体(Leibkörper)(及其具有本质
规定性的此时此地)而完成的个体化，假定我们设想，人的精神性自
我中心及其自觉此在的"形式"(即他们所思想、所愿望、所感觉的一
切"东西")所具有的思维内容联系体表现的一切本质差别也得到扬

---

① Zahn：《基督教神秘主义概论》，§29，Paderborn 1918。

弃，那么人的位格中心之个体差别仍然会**存在**——尽管在所有人身上表现着位格观念的认同。

一体感无一例外地存在于——这恰恰为上述所有根本不同的典型例证所具有的**共同特点**所证明——我们人类本质构成的**中间域**之内。为了跟位格性精神和身体躯体严格区别开来，我在其他地方将此一本质构成称作**机体知觉**（作为客观有机生命过程的上意识和下意识的意识联系体），更确切地说，作为其中心的是"机体中心"。这是生死欲求、热情、激情、向往和欲求（及其三个本质种属：作为食欲的饥渴欲、性爱的机体欲求及其所有从属形式和权力、统治、生长和影响欲求）的心灵区域和氛围，这种欲求能够在从属于它们的意识现象中产生一体感并达到真正认同。

这一论述对于所有一元论形而上学的爱和同情的理论（叔本华、德里什、柏格森以及在某种意义也包括贝歇尔）所作的重大澄清，将越来越使我们感受到。在这里，我们首先关注的是一切形而上学"理论"必须重视的现象学事实。当然，在我们看来，在极大程度上证实我们上述命题的是，一切真正的一体感在其产生的过程中有几个**共同之点**：（1）它永远不会"自动地"发生，不论是"任意地"，还是"联想性机械式地"。让我用我的术语表述：一体感是特有的"机体原因"所造成的结果，这种机体原因**特别**不同于认识论的思想动机和（形式上）机械的接触原因。自动主义、针对性和目标追踪（而非"目的性活动"）、推动力（vis a tergo）和整个过去之具体原因（有别于直接的、以同样形式重复并与本质同一的原因）是这种因果关系之基本形式的几个本质特点。（2）只有当人的意识的两个因本质需要而一直同时存在的领域在特殊内涵上完全或接近完全"空无"的时候，它方才出现：其一是人的"认识论上的"精神的（就其形式而言即位格的）与理性的领域，其二是人的身体躯体的感知与（感性的）感觉领域。让在这两个领域中起作用的"功能"和"行为"停止活动，才会使人产生一体感的——与其预期目的相应的——倾向和能力。

为达到一体感，人必须同时"英雄般地"超越他的身体躯体和一切对他重要的东西，必须同时"忘却"他的精神个性或者对它不予"注意"，这就是说，放弃他的精神尊严，听任其本能的"生命"行事。我们也可以说：他必须变得"小于"人这种具有理性和尊严的生命；他必须"大于"那种只在其身体状态之中活着和"存在着"的动物；当然，这种动物越是接近此一边沿类型，便离动物越远，而近似植物。

这就是说：动物朝着"人"的方向发展，它成为"群居动物"。而人愈是群体的一员，则越具有动物性；人之为人的程度是随着他精神上的个体化的发展而增加的。[①]

因此，每一向着绝对"群体"的倾向（作为边沿概念），表现在一个人身上，则同时是向着**英雄化和愚昧化**的倾向，即作为精神位格的人的愚昧化以及这种愚昧化所具有的个体性"榜样和理想"。另一方面，在对所有事物进行理解的过程中所存在着的一切实体性身体的自我相关性（自体性爱和自我个性评价，以及遵循着这种态度所产生的自我维护和自我促进倾向）也必然中止，人应该返归并泯灭于"群体"的原初感情和原初态度之中。人同时将"**超越**"他的身体状态**并**被剥夺其精神性生命的地位。跟享乐型的独立的性爱和对外来灵魂个性的精神上的肯定相反，真正的"爱的热情"（借用司汤达的"L' amour-'Passion"一词）所表现的不正是类似的东西吗？

如果说有什么事实能够证明以上所说的东西是真理的话，那么这就是所谓"世界大战"（1914—1918）的体验。战争状态——姑且不论战争是怎样和由于谁的"过错"引发的——使一切"生活共同体"，即一切在其不可割裂的生命进程中感到是"一体"的组织和个人，作为巨大的统一现实出现。[②] 它使个体生命**英雄化了**，同时却使所有精神个体堕入沉沉梦乡。它消除了人们对肉体自我状况的一切烦恼，同时却解除了精神人格并剥夺了它的权利！革命群体及其运动呈现出同样的总体迷狂状态；在这种状态之下，身体自我和精神自我同时沉沦，堕入**一场激越**的总体生命运动之中。

对于**一体感在人的身体中的唯一**可能"**地点**"所作的这一限定对我们具有重大意义，它有助于我们判断就同情事实所作的一系列形而上学分析。我在这里指的是所谓"一元论"的分析（黑格尔、谢林、

---

① 说明上述命题的经验性例证，首先是我们在正处于解体倾向之下的（历史上一直在某种程度上"有组织的"）群体的本质中所发现的那些一体感和认同现象。

② 参阅拙著：《战争精灵》，《民族现实》一节；另请参阅拙文：《战争的总体体验》，载《战争与建设》一书。

叔本华、哈特曼、帕格森、德里什、贝歇尔）。① 本文对这些分析既
不拟批驳，也不加以认可。然而，从已经发现的东西中可以断定，
它们只有在**机体**领域之内才是**有意义的**（这就是说在这样一个领域可
以推断，所有具有生命活力的东西都蕴含着一种超个体"生命"的形
而上的存在，在所有按照活力法则构成的东西之中都有一个原初隐
泰莱希②的形而上存在）；不过，它们绝不可能引发人们去设想：一
个一体的、同一的精神性世界理由作为认同依据活动于所有有限精
神之中（一般认识论）。

选自［德］马克斯·舍勒：《同情的本质和诸形式》，见刘小枫编：
《舍勒选集》，上海，上海三联书店，1999。 朱雁冰译。

---

① 参阅拙著：《战争精灵》，《民族现实》一节；另请参阅拙文：《战争的总体体验》，
载《战争与建设》一书，61 页以下。

② 原初隐泰莱希（Urentelechie），隐泰莱希（Entelechie）来自希腊文 ευιελελια，原义
为：一种其目的包涵于自身之中的东西，这是一种使有机体得以自我发展的附丽性形式原
则。亚里士多德认为，具有生命活力的实体的第一隐泰莱希是灵魂。后来，莱布尼茨称他
在《单子论》中提出，单子即为隐泰莱希；不过他将灵魂与隐泰莱希区分开来，他认为前者
可以清晰地感知并伴有记忆，而后者则只具有微知觉，舍勒在这里对这个词的用法似更接
近莱布尼茨。

《爱的秩序》（1938）（节选）

　　我身处于一广大得不可测量、充满着感性和灵性事物的世界，这些事物使我的心灵和激情不断动荡。我知道，一切透过我观察及思维所能认知的事物，以及所有我意志抉择、以行动作成的事情，都取决于我心灵的活动。因此，在我生命及行为中的每一良善或邪恶完全取决于在驱使我去爱、去恨以及倾慕或厌恶众多事物的感情中，到底有没有一客观的合意秩序，也取决于到底我能否将这爱恨的秩序深印在我心中的道德意向中。

　　不论我探究个人、历史时代、家庭、民族、国家或任一社会历史群体的内在本质，唯有当我把握其具体的价值评估、价值选取的系统，我才算深入地了解它。我称这一系统为这些主体的精神气质（或性格）。这精神气质的根本乃首先在于爱恨的秩序，这两种居主导地位的激情的建构形式，尤其是不受教养因素影响的建构形式。这系统恒常支配主体如何看他的世界和他的行为活动。

　　因此，爱的秩序这个概念具有双重含义：一种**规范性**含义和一种仅仅实际的和**描述性**的含义。所谓规范性的含义，并非指这秩序本身是规条的总和，否则，它可以是单由意志——不论是人或某个神的意志——来确立，而不可能用详引证据的形式来认知。但我们恰恰可以掌握这根据事物本身内在的价值而安立其配受爱慕的等级的知识。这知识正是伦理学的中心问题。然而，人所能达的最高境界乃在于其尽一切可能仿如上帝爱事物般地爱事物①，并且在爱的行动中体悟神与人的行动正好交汇在价值世界的同一点上。所以，只有当客观合意的爱的秩序已经得到认识，与人的**意愿**相关，并且由一种意愿提供给人，它才会成为规范。但是，爱的秩序这个概念在描述性的含义上也具有重要价值。因为，它在此是一种方法：［借此方法，我们可］②在人之具有重大道德意义的行为、表达现象、企求、伦常、习惯和精神活动这些起初令人迷惑的事实背后，发掘出追求一定目的的个体核心所具有的基本目的的最简单的**结构**——类似于德性的基本公式，主体正是按照它的规定在道德上生活和生存。换言之，我们在某人或某一群体身上认识到的一切道德上至关紧要东西必须——始终间接地——还原为其爱与恨的行动，和爱与恨的潜力的特种构造：还原为主宰它们并在一切感情冲动中表现出来的**爱的秩序**。

一、周遭，命运，"个体使命"和爱的秩序

谁把握了一个人的爱的秩序，谁就理解了这个人。他所把握的东西对于这个作为道德主体的人的意义，就好像结晶公式对于晶体的意义。他对这个人的透视达到了透视一个人所能达到的程度。在一切纷纭复杂的经验背后，他窥视到这个人在他**性情**以内延伸的简单而基本的线条。与认知和意愿相比较，性情更堪称作为精神生物的人的核心。它是一种在隐秘中滋润的泉源，孕育人身上涌现出来的一切的精神形态。犹有甚者，性情规定着这个人最基本的决定要素：在空间，他的道德处境，在时间，他的命运，即可能而且只能发生在他身上的一切东西的缩影。因为，若没有人的爱的秩序的共同作用，就不可能在任何既不依赖于人又作用于人的自然效应上打下诱发价值的烙印（依据该价值的种类和大小）。

在尚未物化即尚未定形为财富的最简单的**价值**和价值质（它们构成了人的爱的秩序的客观方面）的等级各异的秩序之中，人迈步走

---

① 但客观的爱的秩序之理念并不取决于上帝的存在之命题。

② 方括号中的字为中译文之晓畅而加。

来，就像在一间他始终随身搬运的房屋之中；不管他走得多快，他也不能走出这间房屋。他通过窗户感知世界和他自己——正如这些窗户按其位置、大小和色彩展现给他的，既不**更多**也**不会是别样**。因为每个人的周遭结构(Umweltstruktur)——最终按照其**价值**——**结构**在其总体内涵中被加以划分——并不发生变化和改变，即使人在这个空间不断变化。周遭结构只是随时以特定的个别事物重新充实自己，但这种充实也是按照周遭价值结构(die Milieuwertstruktur)预先规定的构成法则完成的。诸如实物(人历经它们度过自己的生命)和实际事物(即意愿和行动的逆触——人将自己的意愿付诸它们)之类，也始终经过了**人的**爱的秩序的特殊的选择机制，仿佛受过筛选。不是同一些事物和人，而是同一些"种类"——它们总之是**价值种类**——始终按照确定不移的取舍规律(一些比另一些更为优先)吸引或排斥人，无论人到达何处。不是人予以及不予关注和重视的**事物**，决定着这种吸引和排斥(二者被感触为出自事物而非出自自我——如像所谓主动的注意——的吸引和排斥，它们自身又按照被体验为认同之心的具有潜在影响的兴趣和爱之心态受到调整和限定)，毋宁说，这种吸引和排斥已经决定着**可能的**关注和重视之质料本身。实际的事物通常以超前于感觉单位的堪称先声的价值信号(它在此宣告"这里将有事变!")之号角——以一种出自事物而非在体验中出自我们的信号——在我们周遭的门槛边，报导自己的来临，并在以后的进程中，作为环节从世界的远方跨入门槛。当然存在下述情形：诸如我们**没有**追随事物的吸引，我们根本没有察觉到这种吸引的出发点，因为我们在该吸引的生效的阶段，故意抵制它，或如一种较强的吸引一开始就遏制了较弱的吸引，但恰恰在这些情形中，这种"申报"现象显露无遗。

　　可是，**人的爱的秩序**及其特殊的轮廓始终存在于这种吸引和排斥之中。正如周遭结构很少随各个实际周遭而改变，人的命运之结构也很少通过他为他的未来而操持、期求、筹办和完成新东西，或通过他所遇到的新东西发生变化：**命运与周遭**建立在人的爱的秩序的**同一些**因素之上，仅仅由于时间和空间维度才各不相同。它们在法则上的构成方式——对它的研究属于对"人"这种道德生物作深入研究的最重要的课题——随时随地遵循着爱的秩序。

关于爱的秩序之混乱的学说亦导致了对人之命运的某种理解，这种情形将在后面阐明。这里只须说明那唯一可称为命运的东西是什么。毫无疑问，我们不会以那些我们自知是出于自己的意欲而发生在我们身上的事情为命运；也不会称那些纯粹来自外面而临到我们身上的事情为命运，因为，我们觉得太偶然，因而不会归结为命运。命运临到我们，不是由我们的意欲而生，也不是我们可预测的；它不是一系列遵循因果律的事件和行动。然而，它仍是一个有连贯意义的统一体。在我们看来，这种统一体表现为人的特性，与作用于它的外部和内部事件**在个体身上的本质交联**。换言之：概观一个完整的生命，或一系列更加漫长的年轮和事件，虽然我们也许觉得这些事件的每一个别情况纯属偶然，但是，它们的联系——整体的每个部分在其出现之前，诚然不可预料——正好反映出我们也必须视之为有关个人之核心的同一个东西，这就是命运的**独特之处**。命运之特性，正是一种**世界与人的谐调**，它完全不依赖于意愿、意图、愿望，同时也不依赖于偶然的客观现实的事变，甚至不依赖于二者的结合和交替作用，它在生命过程的这种单义性中，向我们显露出来。只要命运在内容上肯定包含着"发生"在这个人身上的东西，即超出意志和意图之外的东西，那么，如果这种东西"发生"，它在内容上也肯定仅仅包含着恰恰只能发生在**这一个**道德主体上的东西。换言之，命运仅仅包含着这种东西：它存在于某些在性格学上受到严格限定的世界体验之可能性的活动空间中（即使在恒常的外部事件上，活动空间也在转换，由人到人，由民族到民族）。这种东西在实际的事变上，似乎充实着这些活动空间，它方可称之为一个人的"命运"。正是在这种更准确的词义上，一个人的实际的爱的秩序的构成方式——而且是按照将他幼年期最初的爱的价值客体，逐渐功能化的、完全特定的法则的构成方式——主宰着他的命运内涵的进程。

如何在明晰的规范的和纯粹描述的意义上理解爱的秩序，在获得上述澄清之后，现在还应当说明，应当如何理解给予的**合意的爱之秩序的无序（Unordnung）**，无序有哪些种类（如帕斯卡尔形象地所说的"心之骚乱"），以及应当如何思考这种从一种曾经有序的总体情状，过渡到一种无序的总体情状的过程，即如何思考爱的秩序之迷乱（Verwirrung）这个概念。我们终于可以提出下述问题：这些迷乱

的原动力具有何种性质，以及能以何种方式解答这些有待于描述的
迷乱之基本形式和种类，即如何能够（根据可能性）在主体上**重建**合
意的爱的秩序。最后，这个问题（它属于教育学和人之拯救的治疗技
术的领域，对此领域的特性认识尚浅，限定更不严格。）在其答案上，
必然首先取决于从明晰的普遍有效的爱之秩序和个体的拯救使命中，
同时产生的相关特殊主体的拯救理念，其次取决于已被认识的迷乱
之心理原动力。

　　我们并不打算将澄清概念的问题与这里的实际研究分开，不过
在开始之前，我们还要说明，"个体使命"在与周遭和命运的关系中
究竟意味着什么。

　　如像我们觉得一种合意和真实的爱之秩序的理念，是一个极其
客观的独立于人的王国（一切事物的有序的可爱性之王国）的理念，
即是某种只能被我们认识，而不能被我们"设立"、创构和制作的东
西。同样，一个精神的单个主体或集体主体的"个体使命"，虽然是
一种由于该主体的特殊价值内涵而针对该主体（并且只针对它）的东
西，但也是某种同样**客观**的东西；某种不能设立而只能**认识**的东西。
这种"使命"表达了在世界的拯救计划中恰恰属于这个主体的位置，
同时也以此表达了它的特殊使命和它的"天职"（在这个词的词源学的
古老意义上）。主体可能误会它的天职，也可能（自由地）放弃它；也
可能认识并实现它。如果我们试图以某种方式在道德上完整地评价
并衡量一个主体，我们就必须除普遍有效的标准之外，始终同时把
握属于他而不是属于我们或其他主体的个体使命的概念。当我们观
照个体使命的生命表现，将它的似乎在经验上实现该概念——但始
终只能局部实现——的最核心的思想意图，刻画成一幅总体图像时，
我已经在其他地方力图阐明，我们如何和通过什么途径才能理解该
概念。

　　恰恰在可思议的完善之情况下，德性宇宙的自我表现虽然在普
遍的客观的善的范围之内，但也在个体的**独特的**无穷无尽的价值构
成、个人构成和实物构成之中，同时还在一系列历史上独特的存
在——行为——作用要素之中，而每种要素均有自己的"日辰要求"
和"时辰要求"，这属于道德宇宙的本质。因此，对于人、民众、民
族和各种联盟，并非完整的尺度所具有的这种不相同性，相反或许

是相同性才是一种德性上不应存在的东西。总之，所有个体使命也只能在普遍有效的人之使命（确切地说是现性的精神本质之使命）的**范围之内**找到位置。个体使命大概只能被它为之存在的人认识，只能通过他获得实现，就此而言，个体使命也不是"主观的"。况且，他人对我的个体使命的认识比我自己更清楚，这十分可能；他人大力帮助我实现我的个体使命，这也是可能的。以共同生存、行动、信仰、希望、构造的形式存在和互为存在，维护自己的价值，换言之，在即便是个体使命的本质天性方面（每个人在他自己的特殊情况下已经认识到，这样一种天性人人有之），为了使每个人洞察并实现自己的个体使命而**共同负责**地存在，这本身就是每一有限的精神生物的普遍有效的使命的一个部分。因此，个体使命的概念并未排除在道德主体方面彼此**共同承担**功过，而是将其包含在自己之中。

正如一个人的任何实际生活可能偏离普遍有效的规范，它也可能随意大幅度地偏离他的个体使命，这一点无须说明。尽管周遭结构和命运本身完全不同于实际从外部触及他的作用物，他的个体使命与他的周遭结构和他的命运的关系可能部分**和谐**，部分**矛盾**（当然程度不一），这对于我们相当重要。所以，人的命运首先并非人的个体使命。正是这种揣测而非对命运事实本身的承认应当叫做**宿命论**。一旦人们曾经将命运物化，有如希腊人将其厄运物化，或者将命运与使命同时归结为上帝在世前的拣选（如奥古斯丁和卡尔文的恩宠拣选论），这种说法就可能成立。但是，周遭结构和命运（在上面确定的意义上）其实仍然是一种原则上可以理解的自然形成物，而并非纯粹是始终偶然真实和有效的东西。命运固然不能像一些极端的非决定论者（他们对命运的本质、对我们心中的自由与非自由的层次有着完全错误的认识）所推测的那样被自由选择，因为选择范围（或选择行动能够进行选择的区限）决定于命运，而不是命运决定于选择。可是，命运本身也从越来越多地为自己提供内涵，并重新赋予始终在时间上领先的内涵，从功能的人和民众之生命中**生发出来**；个人的生命大多由命运构成，民族的生命则无一例外地由命运构成。以上所述同样适合于周遭结构。

即使命运像周遭结构一样不是自由选择的，人依然能够以截然不同的方式对它持**个体自由**的态度。他可以完全屈服于它，根本不将它认识为命运(像鱼缸里的鱼)；他也可以通过认识它而超然于它。他可以继续委身于它或挺身与它抗争。是的，个体原则上可以像下面将要阐述的那样，抛弃或者改变他的周遭结构(不仅是它的始终偶然的内涵)和他的命运，而不管它们怎样完善。诚然，个体可以做上述一切，但是个体可以如此，乃有别于受到他的周遭结构和他的命运的限制并无法脱离其活动空间的自由选择行动，个体只能通过与他赖以作出所谓"自由选择"的这些行动有着本质差异的行动和行为方式。更为重要的是：他绝不可能独自完成上述一切，而是必须依靠那些处于他的命运和他的周遭结构之外的本质的帮助，这种帮助在此绝对必要。因此，作为整体的人类以及个人和集体只能通过上帝完成上述一切，只要他们也面临着必须广泛抵制人的普遍有效的使命之命运。

命运与周遭结构一样是从人身上具有的心理活力的主体之演变中生发出来——是从有一定目标效应的自发的但在外力帮助下可以扭转的主体之演变中，而不是从主动的有自由意识的判断、选择和取舍之行动中生发出来。与此相反，**个体使命**乃是一种以**个体性**为形式的自在的**无时间的价值本质**。它不是靠人身上的精神构成或设立的，而只是为精神所认识，其整个丰富性仿佛只是逐渐在生命和行动的自我经验中披露出来，这样，它也仅仅为我们身上的精神人格性而存在。

故个体使命乃是见识之事务(Sache der Einsicht)，而命运只是某种有待于觉察的东西：一种本身为**价值盲**的实事。

但必须领先于对个体使命的认识的又正是某一爱的变种：即与一切所谓的自爱(Eigenliebe)有着根本区别的**纯粹的自我之爱**(Selbstlebe)，或对自身的拯救之爱。在自爱之中，我们只是从我们"自己的"眼光出发看待一切和我们自己，同时将一切给予物和我们自己统统与我们感性的感觉状态联系起来，乃至我们不能分别而清楚地意识到这种作为关涉的关涉(Bezuhg)。于是，我们可能迷失在这里，并且使我们自己的最高的精神潜能、禀赋、力量甚至我们的使命之最高主体本身成为我们的肉体及其状态的奴隶。我们"并未发挥我们的才智"，而是将它虚掷了。我们在自爱之中察获的一切，自然也包括我们自己，均为一系列五光十色的假象所蒙蔽，由它们编织而成，难免模糊、空洞、虚荣、傲慢。纯粹的自我之爱则截然不同。在此，我们的慧眼及其意向光束已投向一个超世的精神中心。我们"仿佛"通过上帝的眼睛看待自己，这首先意味着完全对象性地看；其次，将自己完全看作整个宇宙的环节。我们也许仍然爱自己，但始终只将自己作为我们在一种无所不见的目光下仿佛是的这种人，而且只限于这种程度和范围，仿佛我们能够在这种目光下生存。我们憎恶我们身上的其余一切。当我们的精神透入这幅关于我们的神性的图像之时（这幅图像在我们眼前就变得越显耀）。或另一方面，当我们在上帝的持靠之外，竟从我们身上和心中找到偏离这种图像的东西时，我们的憎恶均会越强烈。自我校正、自我教育、懊悔和禁欲这些自我塑造的錾锤将击中我们身上僭越那个形象的任何部分，而该形象是我们这幅在上帝面前和之中找到的那幅图像传递给我们的。

诚然，这幅图像与各异的质料的**给予性方式**，与个体使命（它只能借助于苏格拉底所理解的自我认识的行动逐渐向我们显露出来）的独特内涵的给予性方式本是己物。关于个体使命，没有任何肯定而明确的图像，更没有可以表述的法则。只是在一再重复的感觉中：我们何地何时与之**偏离**，我们何时何地在歌德所指的意义上追随着"错误的趋势"，并且仿佛在这些与某一整体、某一个人的形象事后连接的感觉点的轮廓之内，我们的使命之图像才显示出来。但正是这个事实（它对于该图像的表述与表达自然是一种缺陷）澄清了该图像对我们的非常有效的驱动力。不言而喻，这种东西（它始终是现时的，暗中影响着我们，始终引导着我们，从不强迫我们）不能被感知为意识的特殊内容（它始终只是在我们心中消失并浮现的"事情"）；在我们心中言说并指引方向的永恒的智慧并非喧嚣的祈使的智慧，而是一种完全寂静的仅仅儆戒的智慧——但越是反其道而行之，它的声音就越洪亮。所以，对我们的自我使命的自我认识似乎以所谓否定神学的方法进行——对此方法的正确理解是：否定不应当规定或者甚至在意义上阐明所寻找的对象是什么，而只应当通过逐渐的剥离使对象显露无遗。正是基于这种理由，这在技法上与其是一种肯定的造形，毋宁是一种对（仿佛始终被促成的）"错误趋势"的排斥、抑制、"救治"（或者针对我们的在经验上可观照的自我身上那一切与被感觉到的使命图像之隐蔽点或被感觉到的矛盾点相违背的东西），而后者促成了最大限度地实际达到使命。关于这种技法容后详述。

命运和周遭与个体使命之间的悲剧性的**矛盾**关系以及主体对此的清楚意识均属可能，这一事实表明前二者与后者差异极大。因为，不是在某个人、某个民族等仅仅偶然的现实与使命相悖之时，而是在使命与命运本身相互冲突和斗争之时，以及在今后的生活可能性的已经自我形成的活动空间似乎拒绝接受已被认识的使命之时，那种矛盾才成为在卓越的词义上**悲剧性的**。当我们发现，人们和民族受其命运本身的驱使违其使命而行之，当我们发现，人们不仅不"切合"其偶然的暂时的周遭内涵，而且已经不切合那种周遭**结构**——这将在原则上迫使他们选择更新的结构类似的周遭——那种悲剧性的关系就已经产生了。这些不和谐能够在何种程度上获得解答，是有待于我们讨论的问题，它将与专门决定命运的强力在我们心中解体这个令人感兴趣的题目同时提出。

但我们首先要更准确地探讨合意的爱之秩序的形式，以及人的精神怎样掌握爱之秩序，或怎样发现自己与它相关的方式。因为，只有在我们对此形成了特殊而清晰的理念之后，才可能按照一定的基本模式整顿爱的秩序之迷乱，并且解释其起源，这正是这篇论文的主题。

二、爱的秩序之形式

我们已在别处①深入地讨论过爱的本质（在纯形式的词义上）。我们当时未曾考虑心理上和机体上的特点和伴随现象，无论这些特点和伴随现象赞赏抑或贬低爱（爱之载体是人）。于是，我们仍然停留在下述本质规定上：爱是倾向或随倾向而来的行为，此行为试图将每个事物引入自己特有的价值完美之方向，并在没有阻碍时完成这一行为。换言之，正是这种世界之中和世界之上的营造行为和**构建**行为（die erbauende und aufbauende Aktion）被我们规定为爱的本质。"谁悄悄环顾四周，看爱情怎样营造"（歌德）。人的爱情只是一

———————————

①　指作者《同情的本质和形式》一书的第二部分。

个特殊的变种，只是这种在万物内部和身上起作用的无所不在的力量的一个部分。我们一直感觉爱是事物朝着那原型（即那由爱在上帝之中设置的原型）的方向生成、生长和涌升的原动力。所以，为爱所创造的事物的这种内在的价值生长的每个阶段也始终是在世界通向上帝的路上的一个中途站——尽管它还如此遥远。每种爱都是一种尚未完成的、常常休眠或思恋着的、仿佛在其路途上稍事小憩的对上帝的爱。当人爱一个事物，一种价值，如像认识之价值，当人爱这种或那种构造物的本性，当人爱朋友或其他什么人，这始终意味着，他应当在他的位格中心里步出作为肉体单位的自己，他应当通过位格中心并在此中心中共同行为，肯定在陌生的对象中那趋于独特的完美之趋势，并且参与它，促进它，祝福它。

因此，我们始终感觉爱同时是原——行为，通过它，一个在者离开自己（但仍然是这个有限的在者），以便作为意向性之在者（ens intentionale）分有并参与另一在者之在，使二者不会以任何方式成为彼此分离的实在部分。我们所谓之"认识"，始终以爱之原——行为（即这种存在关联）为前提：在者离开自身及其状态和已有的"意识内容"**超越**它们，从而根据可能性进入一种与世界的体验交触。我们所谓之"实在"和真实，首先以某一主体的正在实现的意愿之行为为前提，但这种意愿行为恰是一种先于意愿而出现并赋予意愿以方向和内涵的爱。所以，**爱始终是激发认识和意愿的催醒女**，是精神和理性之母。可是，这一个[爱]①，它参与万物，若无它的意愿则没有任何实在的能够是实在的，一切事物通过这爱以某种方式（在精神上）相互分有，相互团聚；这一个[爱]，它曾经创造万物，万物则在适合于及指定给它们的界限之内共同趋向它，升向它；因这一个[爱]无所不爱，故也无所不知和无所不愿，这一个[爱]即是**上帝**——即作为一个宇宙和整体的世界之诸位格的中心。一切事物的目的和本质理念已经永恒地在此心中预先被爱和被思恋。

因此，爱的秩序是一种上帝秩序，而后者则是世界秩序之核心。人置身于这种世界秩序之中。他作为上帝最称职和最自由的仆人置

---

① 原文为"Dieses Eine"，专指一种特殊的爱，即作者下文所称之上帝——上帝即爱。

身其中，只有以这种身份，人才可以同时称作创造之主。人属于爱之秩序，爱之秩序是人之本己的一部分，在此只须考虑爱的秩序的**这个**部分。

在人是思之在者或意愿之在者之前，他就已是爱之在者。人的爱之丰盈、层级、差异和力量限定了他的可能的精神和他与宇宙的可能的交织度的丰盈、作用方式和力量。在一切现存的可爱性之中——其本质性先验地限定了人的理解力所能及的实际物——只有一部分在本质上为人所触及。这个部分取决于人在任何事物上毕竟能够把握的**价值质**和**价值形式**。不是人能认识的事物及其特性决定并限制着人的价值存在世界，毋宁说恰恰是人的**价值本质世界**限定并决定着他能认识的存在，将它像一座孤岛一样托出存在之海洋。对人而言，所谓事物的"本质"的"核心"始终在他的情性赖以维系之处。凡是远离人的情性的东西，人始终觉得"似是而非"和"不在其位"。人的实际的**伦理**，即他的价值取舍之法则决定着他的世界观和他对世界的认识与思考的结构和内涵，同时决定着他对事物的献身意志或主宰意志。这一点适用于个体和种族、民族、文化圈，适用于民众和家庭，也适用于党派、阶级、阶层、等级。在对人普遍有效的价值秩序之内，已经为那种个别的人性形式指定了明确的价值质范围，而这些范围必须和谐一致，结成整体，才能在建构一种共同的世界文化时呈现出人之情性的整个高度和广度。

以上帝的博爱为观察的出发点，那些可爱性固然为这种博爱的行动所影响和创造；但人的爱并不影响和创造它们。人之爱只须承认它们的**具体要求**，服从**可爱性**之自在而且"为了"人而自在的依赖于人的**特殊**本质为序的**等级划分**。仅仅因此才存在着一种被定性为对和错的爱，因为，人的实际倾慕和爱的行动可能与可爱性和等级秩序**一致**，也可能与它**抵牾**。我们也可以说：人的实际倾慕和爱的行动能感受并知道自己与爱——在上帝创造世界的理念及其内涵之前，上帝已经以这种爱爱着它们，上帝每时每刻都以这种爱维系着它们——认同或分离和对立。一旦人在其实际的爱或在其爱的行动的营造秩序中，在取舍中推翻这种自在的秩序，他就会同时颠覆神性的意向于自身的世界秩序——事实正是这样。而一旦人将它颠覆，人的世界作为可能的认识对象和意志场、行动场、作用场也就必然随之崩溃。

讨论可爱性之王国的等级划分的内涵，已经超出本文的范围。这里只须简要说明这个王国的**形式**和**内涵**。

这个王国从基本原子和沙粒到上帝是**一个**王国。这种"统一"并不意味着封闭。我们已经意识到，在赋予我们的这个王国的有限部分中，没有任何一个部分能够穷尽它的繁多和广延。只要我们有过**一次**这样的经验，在同一或另一对象上，一种可爱性怎样伴随另一种可爱性出现，或者一种更高的可爱性怎样超过另一种可爱性，我们觉得后者迄今为止在某种特定的价值领域中本是"最高的"，我们就获悉了跨进或深入这个王国的实质，并由此认识到这个王国不可能有一种特定界限。只有这样才可以理解，对于某一爱的冲动，通过在一个适合于它的对象上完成它而获得的任何一种满足，永远不可能是一种最终的满足，这属于它的本质。正如某些思维程序可以依据自己的法则制造自己的对象，所以对其应用不可能设立任何界限，这属于其本质（例如从 n 到 $n+1$ 之推论），就在可爱物中自我完成的爱的行动而言，它可以从价值到价值和从高度到更高的高度向前伸展，这也属于它的本质。"我们的心太寥廓了"（帕斯卡尔）。尽管我们的实际的爱的能力已受到诸多限制，尽管我们知道这一点，但我们同时准确地知道和感受到，这种限制既不是在可爱的有限的对象中，也不是在真正的爱的行动的本质中，而只可能在我们的机制及其产生和**触发**爱的行动的条件中。因为这种触发通过一个有刺激性的对象受到我们肉体的欲求生命及其占有的约束。然而，受到约束的并不是我们在此所理解的那种值得爱的东西本身，也不是可爱性之王国的**形式和结构**，我们觉得这种值得爱的东西是该王国的组成部分。

爱在爱之时始终爱得并看得更远一些，而不仅限于它所把握和占有的东西。触发爱的本能冲动可能偃息，但爱本身不会偃息。这种"心灵的升华"——它是爱的本质——可能在价值领域的不同高度取根本不同的形式。在同样的乃至渐衰的本能冲动中，纯粹的好色之徒在其宠爱对象上的享乐满足日益迅速地衰减，这就驱使他从一个对象到另一个对象，而且变换越来越频繁。因为，这种水使人越饮越渴。与此相反，精神对象（无论是事物，还是被爱的个体）的求爱者获得的满足(根据其本性)日益迅速地增长，也日益深刻地充实着人，这就在同样的或衰减的以及从本原上引向精神对象的本能冲动中仿佛始终给人以新的允诺；这种满足使爱的运动视野始终略为超出现存的范围。在**个体之爱**(Personliebe)的最高境界，这种运动恰恰因此使个体的发展沿着**他所特有的**理想性方向和完美方向原则上趋于无限。

但是，在这两种情况下——单纯的享乐满足和最高的个体之爱(出现于后者和前者的正是同一个**本质无限的过程**，它无一例外地抗拒着最终性，尽管出于相反的理由)，前者出于下降的满足，而后者出于上升的满足。当爱者意识到：没有或仅仅部分满足爱的理想图像(它是爱者取之于爱然后再呈送于爱的)，爱者就会感到揪心，没有任何一种揪心令人如此痛楚，如此触及个体的核心，使其循一种预期的完美之方向不断前进。在灵魂的核心立刻产生了一种与这幅图像融为一体的强烈冲动；"且让我显现，直到我形成"。作为这种过程的本质无限性的表达，在单纯的享乐满足是**加速变换**对象，在最高的个体之爱则是**益发深入**"这一位"上帝之增长着的丰盈。如果这种无限性在前者被感受为日益增长的不安、无措、仓促和由此带来的折磨(即一种追求模式)，常新的厌弃在此便衍生出常新的茫然四顾的转向，那么在后者，在对象中从价值到价值的福乐般的前行运动则伴随着增长着的宁静和充实，它以那种肯定的追求形式获得成功，因为已被感受到的价值的常新吸引力使人不断放弃已经给予的东西。常新的希望和预感伴随着这一进程。所以，存在着一种正值的和一种负值的**爱之无限性**，这种爱被我们体验为潜能；因此，也存在着一种正值的和一种负值的追求之无限性，这种追求建立在爱的行动上。追求本身也包含着巨大的区别：如叔本华的匆匆趋于大限的孕生折磨的"意志"与莱布尼茨、歌德——浮士德和费希特所持的幸福的指向上帝的"永恒的追求"。

此一本质无限的爱(无论它如何每每被其载体的种种机制所中断、约束和分化)为着自身的满足祈求一种**无限的善**。换言之，**上帝理念**这一对象(就善和无限的存在形式这两个称谓的这种形式的方面出发)已经鉴于一切爱的这种本质特征为爱的秩序的思想奠定了基础。Inquietum cor nostrum donec requiescat in te(直至在你之中，我们不安的灵魂才得安宁）。上帝，只有上帝才可能是可爱性之王国这座阶梯形和金字塔形建筑的尖顶——大全的本源和终极。

故无论何时，只要作为个体或群体的人以为在某一**有限的**善上绝对最终地实现并满足了他的爱的冲动，那就是虚妄，那就是他的精神——德性的展开陷于阻滞，那就是受到本能冲动的束缚，或者确切地说，那就是将本能冲动触发爱和确定爱之对象的作用颠倒为一种束缚和阻滞的作用。我们想用"迷恋"（Vergaffung）这个古老的词语来表现破坏并扰乱爱的秩序的这种最普遍的形式——其他较为特殊的迷乱形式在某种意义上均可归之于它。"迷恋"这个词既极其形象地表明，人已经远离他的主导性的位格中心，被卷入某种有限的善，同时亦表明这种行为的虚妄性。我们将在下述范围讨论**绝对的迷恋**：人发现他的实际的价值意识的**绝对位置**（它始终必然存在于每个人身上，因此不一定通过判断或任何一种反省为人所意识）已经被某种**有限的**善或某种物的价值所占据；同时，我们将这样一种被虚妄绝对化的善称之为一种（形式化的）**偶像**。（偶像化过程，以及捣毁偶像和破除迷恋的救治过程容后讨论。）与此相反，我们将联系下述问题讨论**相对的迷恋**：人依据他已有的、他的爱及其方式和种类的实际结构进行价值取舍，从而违反了爱的价值的客观等级秩序。

但是，迷恋和（随之而来的）爱的秩序的迷乱，不能理解为主体（借助其规定主体本质的爱的潜能）可能达到的价值王国的个别部分和范围所受到的单纯的实际限制；更不能理解为充当主体可能达到的价值领域的例证的具体实物所受到的（无论多大的）单纯限制。因为，价值世界和爱的世界所受到的任何单纯限制（诚然，它在从昆虫到上帝这些有价值感的存在的等级制度中依次递减），对于有限的存在是自然而然的，而仅仅对于上帝本身不存在。确实，仅仅在无限众多的**千差万别的**生灵个体中，在贯穿不同的甚至**不等值的**个别个体、群体个体、家庭、民众、民族和文化圈的人之生灵之内，精神中的可爱性之王国的可塑性（以及作为可爱性之载体的事物和事件的可知性和可塑性）才同属于实质的价值王国之**本质**；正如这种描述的时间流程之形式，在伦理本身的一次性历史中，也属于这种本质。由此而得出结论：只有个体生灵和人类以同时的（共生的）和渐进的（历史的）、按照爱的秩序整顿的价值领域之**互爱**为形式作出的补充才能够实现个体之独一无二的**总体使命**——"人类"。如果将爱非本质性地限制为主体在本质上可能达到的东西的一个**部分**，只有这才是迷乱，而此迷乱的最终根源归咎于多种迷恋之一。就此而言，自然也存在着一种人之心灵的**负罪的**爱之虚空，它所负之罪既是个别的，也是遗传的和共同的，既是悲剧性的和命中注定的，也是"自由"选择的（在这个词的普通意义上）。爱之王国所受到的本质性的限制无损于爱自身具有的本质无限性。因为，正是在对无限界但"虚空的"可爱性领域的或多或少被意识到的感觉之中——仿佛在已经给予主体的或作为毕竟可企及的东西给予的可爱性后面，这种本质无限性才为人所体验。相反，只有当人们**欠缺**这个虚空的领域，欠缺对希望、预感和信仰之"前瞻"，以及对**形而上之爱的景观**的体验，才会有**迷恋**；反之则意味着**破除**迷恋的开端，因为人们对虚空的意识逐渐加深。

因此，我们所谈论的爱的王国之统一位于另一区域。它客观地存在于该王国（按照越来越高的和越来越低的可爱性这两种方向）的梯形建筑的法则性的统一之中；它存在于该王国（按照本质价值）**严格受法则性支配的梯形建筑**之中，而此建筑在这种无限的过程的每一阶段保持恒定。在人的人格方面，它存在于爱的行动和潜能所具有的对价值和功绩**作出明智取舍的法则性**之中，通过取舍，爱的行动指向这些价值和功绩赖以出现在我们性情之中的事物。

我们称之为"情性"或形象地称之为人的"心灵"的东西，并非一团杂乱而盲目的、仅仅按照某些因果律与其他所谓的心理事件相互联系和相互替换的情感状态。它本身就是一切可能的可爱性之宇宙的一个**井然有序的翻版**——因此是一个**价值世界之微型宇宙**。Le coeur a ses raisons（心有其理）。

整个框架均已确立，它们将赋予哲学一项使命，"将知性的要求与心灵和情性的要求结合为一种统一的世界观"，不然就是试图以物质世界幻觉论将宗教完全建立在"心灵愿望""假设""依赖感"或诸如此类的心态之中。这些无论其形式多精妙仍为物质世界幻觉论之观念方式，坚决而中肯地驳斥了一切勇敢的思想家和一切地地道道的唯理论者。"让心灵和情性见鬼去吧，"他们说，"那里没有真实和真理！"但这难道是帕斯卡尔所要表达的意思吗？不，他的意思恰恰相反。

心灵在它**自己的**领域拥有一种严格的逻辑类推法——但并非因袭知性的逻辑。正如古人的未成文律法（nomos agraphos）学说所教导的那样，律法铭记在心灵之中，它们切合作为价值世界的世界赖以营造的蓝图。心灵能够盲目**而**明智地去**爱**和去恨——一如我们能够盲目而明智地判断。

在知性对同一实事有所言说之后，"心灵"仍然有着自己的根据：这些"根据"并非根据，即并非客观规定和真正的"必然性"，而仅仅是所谓的根据，即动因和愿望！帕斯卡尔所表达的重点就在于它的理，心灵有着它自己的根据："自己的"，知性对其一无所知，也永远无法知道；心灵有自己的"**根据**"，即对事实的切合实情的明晰的认识，而一切知性对这些事实都是盲目的——一如瞎子之于色彩、聋子之于音韵。

帕斯卡尔那句话表达了一种意义极其深刻的认识（如今它才重新非常缓慢地摆脱了重重误解）：存在着一种 ordre du coeur（心之秩序）、logique du coeur（心的逻辑）、mathématique de coeur（心之数学），它像演绎逻辑的定律和推论一样严格、客观、绝对和无懈可击。"心灵"这一形象的表达所刻划的东西，它并非——如像以市侩为一派，以浪漫主义者为另一派所以为的——混乱状态和不清醒不确定的激情之所在，而是永不枯竭的力量源泉，这些力量遵循（或不遵循）因果律驱使人忽而向东，忽而向西。它并非暗中受人的自我制约的状态的实事性，而是包容着一切精心策划的行动和作用，它们本身具有一种不依赖人的心理学机制的严格而**自主的法则性**，此者严密而精确地运行着，在其作用之中，我们发现了一个非常**客观的事实区域**，这个区域是现存一切可能的事实区域中最客观和最基本的；即使扬弃了理智之人，它仍继续存在于大全中，就像 $2 \times 2 = 4$ 这个定律的真理——甚至比这个定律的有效性更不为人左右！

如果不仅某些个人而且时代都荒疏了上述这一点，他们将整个情感生命视为人的暗哑的**主观的**事实性，没有奠定在客观必然性基础之上的作用，没有意义和定向，那么，这并非自然造化的结果，而是人和时代的过错：**普遍草率地对待感情事物**和爱与恨的事物，对事物和生命的一切深度缺乏认真的态度，反而对那些可以通过我们的智力在技术上掌握的事物过分认真，孜孜以求，实在荒唐可笑。你们也许曾仰天叹息：哦，那些光亮不过是我们的感觉状态，跟腹痛和疲倦是一回事？你们是否认为，对你们而言，在这些事实中从不存在那种了不起的秩序，它不过是天文学家臆想的产物？你们何曾探寻过它？谁告诉你们，在你们只看见一团混乱状态的地方，并不存在一种最初隐蔽的但可以发现的事实之秩序：L'ordre ducoeur(心之秩序)？它是一个世界，像那个数学天文学的世界一样宏大、壮观、丰富、和谐，清晰得令人眩目——仅仅向极个别有灵性的人敞开；而它的裨益不过仅仅略逊于天体世界而已！

现代人不在情感生命和爱与恨的领域之内，寻求**明证性**和**合规律性**(它们有别于某些状态感觉与客观印象的因果联系)，并且否认情感具有任何**把握对象**的关系，这自然有其普遍的原因：丧失了良知和细腻。现代人总是乐于在排除良知和细腻的情形下去探讨一切不会成为合**理智**的决断的问题。在此，现代人认为任何区别都"模糊不清"，或仅仅"在主观上"有效。如在审美事物中，只要与"趣味"相关，只要以某种方式与价值判断发生联系，只要涉及"直觉""良知"和不是建立在理智之上的明证性(A 与 B 是正确的、好的、美的，C 与 D 是错误的、坏的、丑的)，人们均视之为"主观"，视为根本没有任何更严格的联系的东西。退回到这些精神力量上去是"不科学的"，就此而言，即使在现代科学的拜物教徒看来也欠缺"客观性"。在艺术和审美的范围之内，通常占统治地位的观点恰恰是(尽管一些美学家持有异议)：究竟什么是美和丑，什么在艺术上有价值和无价值，这取决于各人的"趣味"。法学家和国民经济学家试图避免"价值判断"，因为价值判断就其本性而言是不科学的。在道德范围内"良心中立"成为指导原则，然而，不仅任何积极的确信自身价值的时代对此不以为然，而且正如孔德(A. Comte)不无道理地指出的那样，这个原则的基本观念不过是使道德判断听命于纯粹的专断：一种纯粹否定的消解性的批判原则，而一切客观的道德价值都在这种原则中被断然否定了。假若有人在某一科学中坚持观点中立，人们会作何看法？对于良心中立，是否在数学、物理学、天文学甚至生物学和历史学中存在着一种类推法？这种类推法是否意味着(如像通常的理解)干脆放弃任何一种切实有效的道德判断？

　　现代人认为，尽管他全心全意地寻找某种牢固、确定、有约束力的东西，但这种东西根本不存在。在中世纪，人们还知道**心灵之文化**，它是独立的，根本不取决于理智之文化。而在近代，对此最基本的前提已告阙如。现代人不再将整个情感生命视为一种富有意义的符号语，（对象的关联在这种语言中方才渐露端倪，而这些关联在与我们的交互关系中**主宰着我们生命的意义和意味**。）而是将其视为完全盲目的事件，它们像随意的自然演变一样在我们身上进行；现代人也许必须在技术上引导它们，以便兴利除弊，但是，当现代人考虑到它们的"旨意"何在，它们要告诉我们什么，它们对我们的忠告和禁戒是什么，它们的目的何在，它们预示着什么，此时，现代人被教导不必听命于它们！然而对某一风景之美、对某一艺术品、或者对与我们相处的个体之个性的一种感受告诉我们什么，对此存在着一种**谛听**；我所指的是在谛听中跟随这种感受，在它似乎终止的时候平静地接受它，即对我们面临的东西保持敏锐的听觉，严格地检察我们所获悉的东西是否一清二楚，确定无疑；这是另一种批判的文化，它针对此间"纯真"或"不纯真"的东西，针对仅仅属于**纯感受**范围的东西，而且仅仅针对愿望、指向一定目标的意志或反思和判断失之交臂的东西。现代人恰恰在本质上丧失了这一切。对于他本来能够在此谛听的东西，他一开始就缺乏信赖和真诚。

　　单单这种态度就造成了一个后果：情感生命的整个王国被仅限于供**心理学**研究。而心理学所占有的对象存在于内心感知的定向之中，这种定向始终指向**自我**。由此，我们在情感存在上只能找到稳定而静止的自我**状态**。一切**感受行为和感受作用从不存在于**这种观察方向之中。我举例说明我的观点：如果一个个体面对一处美丽的风景或一幅画面，这时他窥视他的自我，看它怎样被该对象触动和感化，他窥视他面对这幅画面所产生的情感；或者，如果一个恋人不是在爱情中把握其对象，并完全投身于这种趋于被爱的对象的运动，而是窥视着他心中由被爱的对象引起的那一切感觉状态、情感和渴望等；或者，如果一个祈祷者从那种专注于上帝的状态（它将一切零散的思想、情感、手势和跪拜统摄为统一的意向，并且将这种喃喃祷告、这些感受和思想化为一个整体）转向这些情感**本身**，那么，他的行为方式就始终等同于我们以"内心感知"这一术词所表明的方式。内心感知仿佛始终回答着这个问题：当我感受到一个美的对象，当我爱和祈祷等等之时，在我的意识之中发生着什么事情？只要某个这样的发现物总之还与外界对象具有一种关系，这种关系就始终是通过两种各异的把握行为来建立的，亦即对自我身上那些状态和事件**和**对有关的外界对象，是通过一种判断的甚至推论的思维行为来确立的，它建立在两种感知行为之上，其中一种即内心感知行为，我在其中获得了譬如对美的画面的兴趣，另一种为外在感知行为。而且这始终是某种方式的因果**关系**——诸如美的画面或被爱的对象（无论是现实的或是想象的）对我的心理状态的影响。

一些哲学家们现已明白，**精神**要求不同于上述观察的另一种观察。可是，正如传统的唯理论（它渗入我们的血液，远远超出我们已知的深度）之所为，进行这另一种观察只是为了**思**。逻辑学研究的是：总之能够在对象的相互替换中（包括对象之间的关系）起作用的规则；思维行为——由此发掘出对象及其关系——必须在此接受一种考察，它不是将思维行为理解为内心感知的对象，而是在思维活动活跃进行之时把握思维行为，从而使我们注意到思维行为的**意向**和意指何在。然而，一旦在通过思维行为掌握的实事和实事关联中的差异让位于这种差异，我们在此就不得不排除考虑思维行为与具有个性的思考者的具体联系，而只盯住思维行为的**本质性**之差异。逻辑学自身的任务在观念对象的关联、命题、由推论得出的命题关系和演绎理论这一切的结构之中，或者确切地说，在这些逻辑的实事关联赖以获得把握的行为之中。

然而，如果仅仅在思维上进行这种观察，并将精神的整个剩余部分托付给**心理学**，这真是一种无与伦比的专断。它的前提是：一切**直接**涉及对象的关系，只归于**思维**行为，与对象相关的任何其他关系则通过**直观**及其模式、通过**欲求**、感受、爱憎、首先是通过一种思维行为的中介作用得到实现，这种思维行为使产生于内心感知中的内容（在情感领域则使情感状态）与对象发生关系。可是，个体其实以**整个丰富的精神**首先生存在**事物**中和**世界**上，个体在一切（包括非逻辑的）行动方式中获得经验，这些经验与对行为其间发生在个体心中的事件的经验毫不相关。只有那些在与世界和个体天性的抵牾进行道德较量时发掘的经验，在个体进行宗教活动时（信仰、祈

祷、崇拜、爱)取得的经验，在艺术熏陶和审美享受的意识中为我们
所占有的经验，才直接授予我们[生活世界的]内容及其关联，而这
些关联对于纯思维的态度来说**根本不存在**，尽管个体完全能够使自
己已经淡漠的东西重新成为思的对象；同样，这些关联也绝不可能
在我们心中即在内心感知的方向上被发现。如果一种哲学误解并先
验地否定对超验的要求(这也是一切非逻辑行动的要求)，或者除思
维行为之外，它只承认那些直观的认识行为具有这种要求，后者仅
在理论和科学的领域为我们的思提供材料，那么，它就注定对整个
实事联系的王国一无所知，而进入该王国与符合理智的精神行为并
没有什么本质联系。这种哲学好比一个人，他虽然双目健全却视而
不见，只想用耳朵或鼻子去感受色彩！

当然，心灵的秩序并不包含个体能够爱和恨的一切实际的可爱
物和实际的厌恶物的顺序排列。毋宁说，在价值世界和可爱物世
界(Güterwelt)以及与之相关的爱的行为之中同样存在着下述根本区
别：**偶然的**因而**可变的**层级划分和优先与**必然的**或恒定的层级划分
和优先之规律性不可同日而语。**本质的和恒定的层级秩序法则和优
先法则**仅仅存在于与由它们的偶然而实际的载体付诸的价值质和它
们的形式范围的关系之中；与此相反，偶然而可变的层级划分和优
先法则是依由主体到主体、由时代到时代、由团体到团体随意发生
变化的这些价值质的组合(它们在实际的可爱物中接受了这些法则)，
这种价值质的组合会依一个人或一个团体在实际的可爱物系统中的
此在或非此在而发生变化，会依相关人士的感受性，依在现存事物
的实际此在上的分布方式，以及依能否成为意志标准和意志目标而
有所不同。这种变化不再是明晰的；只有基于归纳法的描述和因果
解释能够以始终粗略和假定的方式趋近它。这个世界的奇迹也就在
这里：通过对这个实际和实在的世界的形成物的**本质认识**和本质结
构的认识，个体不仅能够把握这个实在世界的法相，而且能够把握
任何**可能的**世界的本质法相，即把握我们生命中受限制的机体之外
从而超越我们的真实之本质法相。在此，我们也能够在性情以及可
爱物的领域透过性情的偶然的实际运动和我们的偶然而实际的为我
们所熟悉的可爱物王国，窥见一种永恒的构造法则和构造框架，它
们共同包容了一切可能的性情和一切可能的可爱物世界；这些构造

法则和框架也仅仅有时在我们这个可爱物世界中得到反映和表现，但并非在归纳抽象和演绎推论的意义上，或者在自在地有效或自在地归纳出的普遍定律中以纯粹演绎的某种方式从我们这个世界推断得出。换言之，我们在心理物理学的生命单位"人"的诸体验上找到了一种精神的理念，这种精神本身并不包含受人的机体的任何限制；我们在实际的可爱物上找到了价值层级关系，它们的有效性并不取决于这些实际的可爱物的特殊性、构成实际可爱物的材料以及其形成与消失所依据的因果律。

　　介于本质与偶然、恒定与可变、在个体的实际可能的经验之外起作用的东西，与限制在这种经验范围之内的东西之间的这种重要区别，同**个别与一般**(后者即所谓自然法则)这种截然不同的对立(例如单个的与普遍的事实判断和关系判断)**毫不相关**。譬如，一切自然法则同样属于"偶然真理"的领域，从而仅仅具有可能的确定性。与此不同，一种明证的本质认识，则很可能根据对象的存在范围及价值范围，而被一个独一无二的个体的此在或价值存在所获取。因此，我们也可以设想，可爱性之层级阶梯在其普遍有效的持存中，以及在其持存中的普遍有效的范围之内，被个别个体或团体所分有，即每一对象——假设已经摆脱其偶然性并按照其本质——在这种等级阶梯中均占有一个完全特定的**独一无二**的位置，性情趋于该对象的那种具有完全特定的细微差别的运动，则与这种位置切合。如果我们"切中"位置，我们就会**正确而有秩序地爱；如果位置错乱，如果呈阶梯形的层级秩序在激情和欲望冲动的影响之下被推翻，我们的爱就会错误而无序**。

　　这种"正确"依据于各种不同的标准。我在此仅举几例。我们的性情将处于一种**形而上的迷乱**之中，如果性情非常爱一种对象，而这对象从属于那些以某种方式和在某种程度上为**价值相对的**对象，换言之，人们将本来只应当指向**绝对**价值之对象的爱，指向了相对价值的对象，在此情形中，人使其精神的位格核心，与这个相对价值的对象在价值上认同，以至于他与这个相对价值的对象基本上处于信仰关系和崇拜关系之中，并将它错误地神化或确切地说偶像化了。另一个例子是，在价值相对性的某一特定层级上(它已经被正确地感受和判断)，一种较高价值的对象，也可能被置于另一种较低价值的对象之后。虽然一种对象可能被以正确的爱的方式所爱，但是，精神的慧眼不一定或不一定完全认清其爱的价值从零值到最高值的分量。于是，爱就没有**切中**对象——这些切中层级（Adäquationsstufen）可以依盲目的爱，到完全切中的爱或明察秋毫的爱而层层递升。

　　然而，**恨**或情感的价值否定（因此也是此在否定），这种与爱对立的行为，仅仅是以某种方式**错误地**或**迷乱地爱**的结果，这个结论始终成立：无论恨的动机或诉求恨的无价值行为多么复杂多样，**一种规律性却贯穿一切仇恨**。这规律即为：**任何恨的行为皆以一种爱的行为为基础**，没有后者前者就失去了意义。我们也可以说：由于爱与恨毕竟共同占有对作为价值载体的对象强烈感兴趣之要素，故与无差异区①相反，任何感兴趣（只要不存在属于对感兴趣的某种错误的层级划分的特殊的反对理由）都**原本是肯定**的感兴趣或爱。

　　爱优先于恨这条定理，和否定这两种情感的基本行为具有同等本源性，过去常常被**错误地解释**，更常常被错误地论证，这是事实。例如，该定理不能引申为：我们现在憎恨的每一事物我们先前必定爱过，即恨始终是被翻转的爱。在对他人的爱中，我们固然常常观察到这种情形，但与此相反的情形同样常见：一个事物一存在就引起憎恨，一个人一出现就受到憎恨。下述法则倒可能存在：特殊种类的肯定的价值行为（某个特定的人对此充当着一种与此对应的非价值行为即一种反价值的载体），想必已经构成一种爱的行动的内涵，如果相关恨的行为现在可能的话。就此而言，［法国神学家］博叙埃（J.-B. Bossuet）在关于爱的著名篇章中所阐述的定理不无道理："人们对某一实事感觉到的恨只是出于人们对另一实事怀有的爱；我恨疾病，只是因为我爱健康。"②因此，产生恨的前提始终是对一种价值行为是否发生的**失望**，人们曾经意向性地（因此还不是以期待行动的形式）在精神上承担这种价值行为。

　　在此，不仅一种非价值行为的此在，而且一种肯定的价值行为的欠缺或匮乏都可能是这种恨的动机。故这条定理不是说，非价值

---

　　①　无差异区（Indifferenz zone）只是一种观念断面，它永远不会被我们变换的性情行为完全达到。

　　②　参阅博叙埃《论对上帝和自我的认识》，第一章。

行为并不是肯定的行为，如像(肯定的)价值行为，而只是这种行为的匮乏。这种说法完全是一种**形而上的乐观主义**的专断，它类似于下述断言：任何价值行为只以非价值行为的此在之终止为前提——一种同样专断的**形而上的乐观主义观点**。假如对一件(肯定的)坏事获得的任何认识也必定引起憎恨(事实绝非如此)，那只会产生矛盾。因为坏事也可能被澄清，甚至可能被爱，只要它譬如作为较低层级的坏事——不仅偶然而且必然地——构成一件较高层级的好事或一件符合道义的好事产生的条件。

所以，虽然恨与爱是对立的情感行为方式——这就排除了在**一项行动的同一价值取向中爱憎同一事物**，但它们并非同等本源的行为方式。**我们的心灵以爱为第一规定**，而不是以恨：恨只是对一种总之错误的爱的反应。有句话人们常讲，似乎成了格言，但是没有道理：谁不能恨，也就不能爱。反过来讲方才言之有理：谁不能爱，也就不能恨。因此，**怨恨之爱**(Ressentimentliebe)的含义是，一切如此被"爱"的东西只是作为另一种曾经被恨的东西的对立面被爱。这种怨恨之爱之所以产生的规律也仅仅涉及一种假爱(scheinlibe)的形成，而不是涉及一种真爱的形成。就连**怨恨之人**本来也爱他在自己的情状中所恨的事物——只是由于不曾占有它们或无力获取它们，恨才发泄到这些事物上。

同时不能得出下述结论：在恨者之罪的意义上，恨就个体而言必然有罪。爱的秩序的迷乱(A 因此而恨)不一定由 A 造成和引起。它也可能由 B、C、D 引起，或者由 A 所属的团体引起。由于在同样情况下爱在本质上必然规定着回报的爱和共同的爱，恨必然规定着回报的恨和共同的恨，于是，恨就可能因为爱的秩序的迷乱(它似乎通过长度不受限制的因果方式的中间环节充当中介而远离 A)在整个人类集体的任何一个位置找到自己的起点。换言之，并非任何恨都是因为"迷乱"而受恨者规定。我们的定理不过说明，如果世界上存在着恨，就必然存在着爱的秩序的迷乱。

故无论何时何地，恨只是**我们的心灵和性情对破坏爱的秩序的反抗**——不管是个体心灵的一种轻微的恨的冲动，还是恨作为群众现象以暴力革命的形式席卷全球，并将矛头指向统治阶层。人不会无缘无故地恨，假如他不曾发现(这也是公众的看法)，一种无价值的载体占据或觊觎按照客观秩序（它向事物指定其可爱性的秩序）本该属于**价值**的载体的位置，或假如他不曾发现，一种层级较低的善占据一种层级较高的善的位置（或者相反）。

我们已经在别处①探讨过爱和恨的行为与认识行为以及与奋求领域和意志领域的行为的关系，并且确定了爱恨行为对后两者在两方面的优先性。在爱与恨这两种行为中同一的"感兴趣"（它也最终引导并制约着那些尚为价值盲目的注意力之行为）已经向我们证明爱和恨是任何认识行为产生的基本条件，无论在形象领域，或是在思维领域，而且只要感兴趣本身本来是爱多于恨，我们就可以说**爱优先于认识**。在此，欲求着和厌恶着的亦是本来的意志行为，始终证明自己奠基于认识（观念和判断）行为，但与此同时，我们觉得认识行为本身又取决于感兴趣的行为，以及爱或恨的行为（在属于这些行动的价值——方向之中），而且不依赖任何区分这些行为的认识。在这两种情况下，均不应考虑认识行为和欲求行为的本性，以及属于它们的各异的规律性，更不应将它们把握为从爱与恨的行为中合成或以某种方式推导得出。它们仅仅标志着在出自个体性及其潜能之整体的行为的本源中的一种**奠基秩序**。

但是，除了这些精神——心灵的行为之基本层级以外，还有不带价值意向的**状态性情感**系列，以及合成的**情绪**和**激情**。关于它们与爱和恨的关系还需要略加阐述。

状态性（价值盲目的）情感（情感事件中最单纯的事件）在自己出现和消失时，既依附于爱与恨的行为，通常也依附于奋求和意愿行为，但并不直接依附于观念及其对象。它们始终表明，在爱与恨的行为中所意向的价值质和非价值质，与通过奋求及其种类（仅仅在内心或现实地）实现这些价值之间，分别存在着何种关系。例如，我们根本不为满足一种欲求和厌恶而欣喜（或在满足出现时），而只有当"为某物而奋求"是为某种被爱的东西而奋求，或厌恶某物是厌恶我们所恨的某物，我们才为这种满足而欣喜（或在这种满足时）。为某种被恨的东西而奋求所得到的满足，也可能与极度的反感和悲哀相

---

① 指《爱与认识》一文。

联系，正如一种奋求没有得到满足也可能带来快感，如果为之奋求的东西曾经是一种被恨的东西。所以，状态性情感是**我们的爱和恨的世界**与我们的**欲求**和意志行动的过程和成果**是否和谐**的标志。

因此，爱与恨根本不可能归结到与被设想和被思考的客体相对应的状态性情感过程上，尽管人们过去常常如此尝试。毋宁说，这些过程本身完全取决于具有既定方向、目标和价值的爱与恨，以及存在于这种爱与恨之中的客观世界。因为某个被爱的事物存在或当下存在，或按照其天性通过我们的意愿和行动为我们所占有，或者某个被恨的事物不再存在，或远离我们，或通过我们的意愿和行动被毁弃——我们就因此和为此而欢欣。这一点既适合于有序的爱，也适合于无序和迷乱的爱。状态性情感首先只是我们在对事物的爱与恨中获得的世界经验的反映。其次，它们是我们愿欲和行动着的生命的成功或失败的被动可变的现象，我们又以我们指向世界的爱与恨的方向为基础在世界上完成这种生命——诚然，我们的肉体和我们的可以内在地感知的心理的内部世界在此也可以一同称作这个世界。这里，首先正是在爱或恨的方向中，以实际欲求之和谐和冲突构成了状态性情感的最直接的源泉。状态性情感固然不"在"欲求行为的相互变换的关系上，但却建立在欲求行为[而不是观念，如赫尔巴特(Herbart)的完全错误的说法]的这些关系上，而且始终在目的论上涉及被爱和被恨的东西。无论如何，这里既谈不上爱与恨的行为"取决于"状态性情感，也谈不上这些行为种类"取决于"欲求行为和意志行为。爱与恨**比后二者**更为本源，尽管爱与恨的行为对有欲求的生命的支配比状态性情感的支配更为直接——后者已经是我们的欲求经验的被动变量。

因此，状态性情感生命并不取决于被设想、感知、思考的客观内容。根据这同一些内容——它们被设想(取这个词的最广义)——被 A 追求或厌恶的情况，根据这种欲求或厌恶与其爱和恨的方向和谐或不和谐的情况，这些内容将如其关系一样唤醒截然不同的情感状态，同时并不排除如下可能，譬如一种(人的)同等形式的愉悦(如对黄金分律)又返溯于对该客体的同等形式的爱上。状态情感(它们是无客体的，或在不同程度上客体未定和客体模糊)的毋庸置疑的存在，常见的自我询问(问一种现存的情感状态究竟能够与什么和与哪种事件相关），以及已经由纳洛夫斯基（Nahlowsky）提出的、新近为"情感感觉"（尤其为痛苦）重新获得证明的事实（即完全独立于感觉基础和感知基础的、常常在一般同时给予的感觉出现之前已经给予的、又常常在其消失之后继续存在的情感现象之事实），它们都统统表明情感事实在很大程度上独立于观念的存在和活动。

情感状态之存在，只要没有任何欲求或抵抗（其满足或不满足或可由它们表现）发生在它们之前，它们就直接由客体引起和体验，这只是对著名的情感意志论的一种有力驳斥。这种驳斥对我们无效，因为即使在这种情况下也存在着爱与恨和始终存在于它们之中的兴趣，即一般的把握价值的注意力。兴趣始终一同规定着客体的观念事实，相反，由客体引起的快感或反感取决于这种兴趣的质和这种兴趣的爱或恨的本性。故在这些情况下，情感状态虽然并不取决于欲求和抵抗，但根据下述定理，则很可能取决于爱与恨的冲动：被爱的东西带给我们快感，被恨的东西带给我们反感；一旦我们的爱与恨先行变化，状态性情感的质也将一同变化。于是，对痛苦的爱甚至扬弃了在对痛苦的情感感觉上一切超过感觉度的东西，一切超过痛苦的煎熬、折磨、灼然和钻心的东西（即扬弃了痛苦的本来的"痛苦"），并将这一切转化为可以接受的。

状态情感以爱和恨为条件，故状态情感具有制约关系。有鉴于此，状态情感或者是被感知、设想和思考的对象与人的现存的爱和恨的方向之关系的标志，或者是在内在和外在地实现观念对象或感知对象上的、在爱与恨之中被给予的价值之时，分别这样或那样取得的成功和失败的关系之标志。只有从状态情感的这种制约关系出发，这些状态的无比丰富的多样性，才能在不同的个体、民众、种族所处的同样的环境条件下得到充分理解。在某个体验着的主体身上的兴趣之层级划分，和爱与恨的方向之实际建构，恰恰一开始就划定了主体可能具有的状态情感的活动空间。这些活动空间也随它们一同变换。

不仅状态性情感，而且**情绪**（Affekte）和**激情**（Passiones）均受爱与恨的支配，后者本身不能归入前者。在此，我将"情绪"理解为本质上属感官和机体生命的强烈状态性情感的急速宣泄，这些宣泄以不同类型合成，成为类型化的表达现象，并且伴随着在表达中强烈的逐渐上升的本能冲动和机体感觉。同时，情绪对于引起情绪的对象表现出一种独特的价值盲目性，而且不具备自己特有的与对象的意向关系。与此相反，"激情"则完全不同。它们首先指的是，某人的不由自主的(处于选择意愿范围之下的)欲求和抵牾持续地固持于某些作用、活动和行为领域，这些领域以某种特殊的价值质范畴为明显标志，而此人主要通过该范畴观察世界。情绪是急速的和本质上**被动的**，激情则是持续的潜能，就其本性而言是**主动的**和攻击性的。情绪在本质上是**盲目的**，它是状态，而激情尽管片面和孤立，它却是**价值明确的**，它是本能生命沿这种具有特定价值的方向的强烈而持续的运动。没有伟大的激情则伟大无从谈起，而任何伟大肯定不带有情绪。情绪作为一个过程，主要属于肉身——自我的范围，相反，激情的出发点在更深层的"灵魂"之机体生命中心。

就这篇论文的目的而言，情绪居次要地位，激情即具有极其重大的意义。故这里仅就后者加以讨论。

"若你们取走爱，激情将不复存在；若你们培植爱，一切激情都将复活。"博叙埃如是说①。

三、爱的种类及其实现的要求

为了阐明在人的实际存在和实际行为中爱的秩序的迷乱，理解其原因和解决方法，我们还必须更严格地考察人的性情与客观的爱的秩序的特殊相关方式。

这里首先必须避免三种基本的和主要的**错误**，它们使这个问题长期陷于混乱。一是可以(在最广义上)称之为柏拉图式的爱的观点：关于爱之对象的**天生的理念**学说。二是**经验论**的观点，按照这种观点，爱与恨之方向的一切特殊建构，以及"正常"人的同样建构，首先是通过其周遭的实际经验、尤其是通过其周遭对人的快感和反感之影响的实际经验产生的。三是一种新近兴起的学说：爱与恨的一切种类无非是一种唯一的本源地决然对人实行统治的性力(Libido)的

---

① 手稿在此中断。

转换。何为力比多，对于这种**爱之一元论**的学说无关紧要，因为这种一元论恰恰在这一点上是错的。不管人们（一种一元论的爱之形而上学中）将这种爱之力视为上帝之爱，并将对有限对象的爱的诸种类视为上帝之爱之受人的本能限制，而这些限制只是在某些时候特定形成的①，或者相反，将力比多解释为这样一种力，力比多通过种种阻塞和抑制"升华"并净化为爱的更高级更具精神性的形式。凡此种种都否认**爱之本源有不同的本质种类**。即使这些种类在人身上和人的发展中先后形成更尖锐的相互区别，也许还会在特定的时间变为现实（由于某些诱因），但它们绝不会孤立地出现。

第一种观点，即关于爱之对象的**天生的理念**学说，今天几乎无须再辩驳，而是需要加以维护和挽救——对这种学说本身包含着的与真理要素接近的内涵，对于我们所爱和所恨的事物，我们并不具有任何天生的、有意识或无意识的理念：既不具有例如天生的上帝之理念，也不具有一种人的类型之理念——这种人的类型的载体向我们输入特殊的爱，也不具有一种实事的天生的理念——这种实事向我们输入倾慕和厌恶、恐惧和希望、信赖和怀疑。甚至动物和人所具有的种种被称之为"本能的"强烈倾慕和厌恶，譬如人对黑暗、特定气味和丑陋的东西的厌恶，对种族的好感和恶感，鸡对苍鹰的恐惧等，它们绝不是植根于这些事物的天生的**理念**，尽管它们无疑是天生的（eingeboren）。被爱与被恨的东西的一切客观观念均出自或附着于对对象的经验，这些对象经验或通过感官、或通过传承和传统、或以其他可证明的途径为我们所接受。如果我们由此具有我们所爱和所恨的东西的一般理念，则这些理念只是事后通过比较和反思形成的，例如关于尤其为我们所爱的自然事物和自然现象的理念，或者关于尤其令我们喜爱或厌恶的种属的理念。

因此，在关于天生的受理念这种学说的无数理解中，人们选择何种理解实属无关紧要：不管人们认为天生的爱理念在灵魂的前存在中已经获得，或是人们任其通过上帝的馈赠已经本源地赋予灵魂，或是人们（纯自然主义地）猜测，在诱发的吸引力的影响之下构成天

---

① 斯宾诺莎的亚宇宙论（Akosmismus）与这种观点非常接近；请参照他在《知性改进论》的导言中的阐述。

生的爱理念的物质条件已经以遗传方式转入生物机体内。

第一种理解太不可思议，因而无须辩驳。此外，它恰恰在关键的一点上受到经验论(即前面叙述的关于人与爱的秩序相关存在的第二种学说)的误导，因为经验论也想将本源的自发的爱与恨的方向归结为对更早的经验印象的复制。

第二种理解在宗教上大概不无亵渎之意，因为人们不可能将通常价值低下而且笨拙乏味的事物——人的心灵拴系在它们上面——按照其理念归之于上帝：一切智慧与善的精神中心。

对天生的爱理念这种学说的第三种自然主义的理解倒有权要求检验。强调某些爱与恨的方向之遗传性——它不可置疑——与这种学说并**不相悖**。关于动物和人的本能的遗传性的整个事实材料，和各个种类之间的无疑的遗传的相互倾慕和厌恶足以证明这种学说。在性选择方面，对特定类型的偏爱常常贯穿由世代或家族和种族组成的规模更大的环节。在个别情况下，要想在此分辨出什么可归之于传统，什么可归之于遗传，这或许颇为困难，但在任何情况下都存在着倘无遗传之假定则不可理解的事实。一种与祖先信仰和祖先崇拜紧密联系的古代日本的观念表明：青年人的以爱为前提的性选择，甚至完全取决于恋人的祖先的倾慕和厌恶。渴求和反感、愿望和惋惜。哪里有外在和内在特性的个别特征(一种步态、一个微笑、一道目光、一种个性流露，它们曾为祖先所爱、所趋慕、所渴望)，汇集在某一个体身上，哪里就会燃起异性的个体对他(她)的爱，而这种爱的程度取决于这些特征的分量，以及那种渴望是否强烈和清晰。在这种学说中缺乏根本的个性，并因此缺乏真正的个体的爱，就是非常典型的日本人的思维方式。这种缺乏个性以及像镶马赛克一样用一定数目的个别特征来拼凑一个人[的爱之行为]，与欠缺基督教式的和浪漫主义的更高的灵魂之爱密切相关。尽管如此，在此学说中只有一点是错误的：这些条件的**专一性**(Ausschliesslichkeit)。

性爱的某些选择空间是先天遗传的这一点倒是对的。在儿童将来的性选择中，所谓在女孩方面是父亲结构的复制，在男孩方面是母亲结构的复制(心理分析学家非常强调这一点)，这不必追溯到相关者在幼年期的性爱经验。我倒觉得这说明，在遗传上继承母亲一方或父亲一方的偏爱类型由在儿童身上同性的"复制"导致的结果。

尤其当一种偏爱类型贯穿若干世代，并在通常不同的童年经验中反复出现，这种"复制"之解释就更显得必要。男孩在类似于母亲的女人身上选择或找到满足，是因为曾经引导过父亲的同样的性爱方向一般也引导着他们。假若我们将来占有比迄今为止更多更好的关于遗传事实的精选经验，我们大概也能证明我们目前只能在特殊情况下预感到的情形：甚至**性爱命运的完全特定的模式**，和女性与男性个体的相互协调，也在性爱冲动的以遗传方式自我延续的活动周期的形式中，跨越世代的距离再度出现——在个体身上仿佛只是寻找着实现它们的无关紧要的材料。在此，这出戏(或者它的结构和内在编排)正一如既往地摆在人们**面前**，他们不仅必须表演它，而且必须以他们生命的血液创作它。①

选自［德］马克斯·舍勒：《爱的秩序》，北京，
生活·读书·新知三联书店，1995。 林克等译，刘小枫编校。

———————————

①　手稿在此中断。

[德]哈特曼(Nicola Hartmann, 1882—1950)

《伦理学》(1932)(节选)

《伦理学》（1932）（节选）

一、道德意识中的多样性和统一性

1. 道德命令的历史多样性

伦理学的一般任务一经确立，较特殊的问题就产生了：它应当针对何种道德？进而是否存在某种统一的道德？我们是否应该将自己时代和国家的统一道德视为出发点？或者说，我们是否要回溯得更久远一些，去领会那些将我们与其他民族或时代连结起来的基督教国家的道德？如果人们同意这种定向的基本主张，就无法戛然止步于任何历史经验主义的界限。除"爱你的邻人"的道德之外，人们很可能还会去审视"以眼还眼"的道德。但是，现象领域会因此变得无界限可言。斯宾诺莎、康德和尼采的伦理学，希腊古典伦理学，哲人的斯多葛主义理想和伊壁鸠鲁主义理想，柏罗丁主义者和教会神父的超验道德，还有印度和中国的道德，所有这些主张——无论它们离我们远近如何，也无论它们在我们时代的生活中是否还有生命力——都宣称自己是真正伦理上的人性善，主张成为伦理分析的主题。

为了保证客观性，这个问题的广阔外延被证明是正当的，不可能对其进行任意地限定，也无须考虑单个人自身的条件和有限性。

哲学伦理学的任务不能由某种从其多样性中进行的。多少带有机会主义性质的选择构成。但是，它也不能将自己消损于复合整体中各个部分的单纯并列之中。然而，这些"道德"的相互矛盾造成伦理学无法进行简单而全面的综合考量。因此，伦理学在本质上必须是统一的——从较之其他哲学规则的统一性更加令人信服的意义上来说，它也必须是统一的。在纯理论中，分裂的产生仅仅是由于缺少洞见和理解，但是在各种主张和命令中，这些分裂部分之间存在着内在冲突，包括相互抵消的情形。

伦理学的统一是一项基本要求，它着力强调绝对凌驾于道德多元性之上，同时也是一项凌驾于所有观点冲突之上的要求，该要求显而易见是先验的和无条件的，不容有任何怀疑。其绝对单一性——有意识地与现象自身所呈现出来的多元性相比照——仅仅出现在调查研究的开端处。因此，问题是：哲学伦理学如何才能超越各种分歧和矛盾？它怎样才能获得一种本质上对立的综合？伦理学中的统一如何可能？

2. 流行的道德与纯粹的伦理学

在这里，对统一性——直接对应于多样性——的寻求是一个被大大简化了的过程。多样性肯定不能建立在统一性之外，而应该被接纳到统一性之中，或者在统一性内部占有前支配性地位。

在某些限制条件下，我们可以支持对真理统一性进行类比。每一个时代都有它所谓的"流行的真理"。亚里士多德的物理学为人们所接受，而伽利略的物理学却"作为真理而被忽略"。但是，所有"流行的真理"必须与真正的"真理"相区别，同样地，也必须与由某一既定时代自身的每种科学建立起来的理想要求——这种要求只能被部分地满足，但是哲学为其寻找了标准——相区别。依此类推，每个时代或民族也会有自己的"流行的道德"——类比于"实证科学"，人们也有理由将其称为"实证道德"，它始终是一个公认的格准系统，人们服从于该格准系统，并将其看成是绝对的。

从历史上来看，有多种道德，例如，勇敢、服从、自尊，还有谦卑、力量、美貌、意志力、赤胆忠心、同情心。但是，同样地，伦理学应当通过对善的普遍而理想的质询与各种实证道德相区别，因为伦理学在每种特殊道德中是不言而喻的，并且被预先假定。伦理学的任务是，从一般意义上揭示出什么是善，它寻求的是在实证道德中所缺乏的善的标准。

行文至此，事实立刻变得昭然若揭了：流行的道德与伦理学之间的关系——尽管存在着诸多分歧——从一开始就有一种内在联系，一种从属关系，甚至是理想的依赖关系。流行的道德毫无例外都具备成为绝对道德的倾向。诚然，通常情况下，只要对某一流行的道德的绝对性信仰没有泯灭，该道德就能够被人们接受。

在这一点上，流行的道德与所有其他的思想流派是相同的。所有实证知识都有成为绝对知识的倾向，每种实在法也有成为"正当的"（理想的）法的倾向。全部实证领域已经内涵着某种理念，这是"接受"本身得以实现的内在条件——比如说，诉诸某一理想是实证性能够被接受的内在条件。但是，由于道德理念一般而言就是具体的伦理学本质，因此人们可以说，每种流行的道德都有成为纯粹伦理学的倾向。确实，流行的道德确信自己是纯粹伦理学——只要它是这样认为的，就能广泛盛行。

但是，如果每种道德中都包含纯粹伦理学的理念，人们会认为，其中有可能以某种方式包含着可探求的伦理统一性。不过，如此一来，统一性就只能在流行的道德自身中被找到，既不在流行的道德之外，也不与之相对。当然，这仿佛是在说，一构成部分不能在其他构成部分中被找到。原因是，统一性在不断变化的道德命令中并不是一个可感知的变化因素，它更有可能像是一些条件或初步假设（也许是已被证明了的）——仅就主题依赖于事实状态下（而不是在意识状态下）的条件或假设而言。

通过单纯地对所有道德命令——这些道德命令要么是流行的，要么曾经是流行的——的相似性进行反思，也同样有穿透各种理论并最终达到伦理统一性的可能。

如果我们假设，可探询的统一性在本质上是某种单一的东西，就像是一个观点。不仅如此，我们还能够从整体上对其进行理解，或者至少可以将其看作一种用少数几个特征就能完全描述清楚的东西。那么，上述的反思方式毫无疑问将会获得成功。然而，这是非常可疑的。确实，一种广泛传播的偏见——它比"善本质是单一的"

更有影响力——浅显易懂，容易被接受，也完全是合理的。但是，道德命令的多样性和对立性的事实恰恰早就应该对这一观点提出质疑。如果人们深入探究价值领域，那么该假设将会随着每一步探究的进展而变得越来越可疑。这并不是说好像人们必须就此放弃对某种统一性的探求，而是说，统一性依然是内涵广泛的，甚至于它在本质上仍是一种构成关系，即，它以多种连接方式相互关联。但是，对这样一些统一性的把握确实存在问题：人们是否能够直接把握它们，也就是说，把它们当作各种统一性来把握；并且，人们是否因此就能够认识到这些统一性整体所呈现出来的独特性质（即使是当人们从内容上来把握这些统一性时）还是个问题。

这种进程的一般结局——它始于多样性——是倒过来的：人们总是只能成功地掌握多样性，最终却发现，自己还是不得不到别处去寻找统一性。但是，如果人们在别处找到了统一性，那么多样性确实应该归属于该统一性的名下。这就是古老的柏拉图名言：统一性必须是预先设定的和先天的。但是，随即会产生这样的危险：我们也有可能找到一种与既定多样性实际相反的先天理解。

是故，问题就可以被概括如下：在各种流行道德自身的多样性中，是否存在一种对构成纯粹伦理学统一性的东西的先天理解？

3. 多样性的更深层维度

但问题还不仅仅如此。实证道德的多样性无法完全涵盖道德意识的多样性。也就是说，前者在这里只不过是组织——这个组织甚至是一个以经验主义的方式选择出来的，并从表面上得以呈现的组织——中的一个维度。那么，在现实情况下，不仅不同时代和民族的观点产生差异（更不用说来源于这些时代和民族的各个哲学体系之间的观点差异），而且，在这些体系和道德内部，也能够将各种清晰可辨的伦理学倾向区分开来。这些倾向，一部分再现于各种各样的体系之中，另一部分仅仅是个别观点的特征，但它们总是以某种相互混杂的方式出现。对这些倾向的划分（人们只能在模糊的概念中通过暗示来重现这种划分）超越了其他界线，也就是说，它是直线式的分类。

因此，共同体（国家）的道德与个人的道德之间存在着原则区别。

同样地，男人的道德与女人和儿童的道德之间也存在原则区别(例如，古代的道德几乎为男人所独有)。在权利、正义的道德与爱情的道德之间也是同样的情形。此外，类似对比也通过另一维度展现出如下情形：

(1)劳动和生产的道德←→节俭和知足的道德；

(2)奋斗、竞争和武力炫耀的道德←→和平、和解和宽容的道德；

(3)最高或最隐秘的需要←→日常简朴的要求(与我们自己自然反感的倾向和需要相反)；

(4)权威，以及对公认的、广泛接受之标准的服从←→寻找、关注新标准的责任，以及为之奋斗的责任(在这里，深入探索、理解和改革等行为都被认为是责任，而且，人们会假设这些责任是已被发现的东西，并将之假定为在其人生中出现的理想责任)；

(5)当前的道德，以及人们本身所处的当下环境中的道德←→未来的、遥远的或理想的道德(当前的、真实的人和关系都从属于或献身于这样的道德)；

(6)一般行为的道德，以及积极生活的道德←→价值评价的道德，以及价值享受的道德。

很容易再增加一系列这样相互对比的道德倾向。两类倾向中的每一种都是合理的，它们都来自于条件本身的充分性，是互不相同却又不可避免的两个方向，人们生活的普遍任务被引向这两个不同的方向。这些方向表明了观点或各个哲学目的的自主性，它们同样不能被随意地操纵、互换，或者被降低到一种静止不动的水平。

4. 统一性的寻求与价值探究

显然，伦理学不应采取排他的或冷漠的态度对待这些方向中的任务一个方向。排他的态度会使该伦理学变得特殊化或片面化，它应当独立创建自身——不是高于当前的各种道德类型之上，而是与它们并驾齐驱。然而，伦理学的理念天生就是凌驾于这些道德类型之上的，伦理学是它们的统一。

但是，不同类型的主张如何才能统一起来呢？在这里，人们再也无法求助于这样的事实，即：多样性是某种经验主义的因而是偶然性的东西。还有一种说法也是不真实的：不完善性仅仅存在于对统一性的思考与意识之中，而统一性自身却不言自明地内在于实在之中。这一点已经不再构成问题，因为这些特殊类型绝不是通过经验主义的方式被感知的。从问题的实质来看，显而易见，每种类型——禀赋着独特的"类"——完全都是先天存在的。因此，统一性就只能是一种超拔于特殊主张之上的、综合的统一性。道德中的每个方向都意味着对其生活之最高目的的追求。但是在这些目的中，每个目的都要求将自身置于一个更高级的层面，它忽视了其他方向（这些方向就其本身而言都同样合理）也有类似的要求，否认自己与其他方向之间的并列关系。不仅如此，它进一步走向了惟我独尊的独裁者形象，显然有想要推翻所有其他方向的意图，有时甚至是想要消灭它们。那么，如何才能将单一而普遍的目的加诸于多样性之上呢？

然而，正是这种针对各个目的的主张恰好证明了产生普遍的、目的之统一性的必要。成为统一恰恰是奋斗的本质。但是，在奋斗中各个目的总是有着不同的指向。比方说，一个人在空间上无法同时走两条路，他不得不选择其中的一条。因此，从精神和道德的层面来看，他不可能同时奋斗在两个方向上，更不用说有两个以上的方向。他只能选择一个。"兼有多个最高目的"中会把他撕成碎片，导致他失去自身的统一性，造成分裂和不一致，并且变得犹豫不决。同时，这也会使他丧失能力，并且麻痹于奋斗本身。目的统一是道德生活的基本要求。因此，所有能够被追求的目的，以及所有实际的标准、命令和道德类型，都必须是排他的和专制的。这是因为，如果它们不是这样的，那么就必定会被它们自身所击败。这些假定也许是一种合理的限制，但并不专断，更像是一种不可避免的后果。

出于同样的原因，在伦理学问题的较高层面上，占统治地位的目的统一也是一种不可避免的结果。与其说这是一种无条件的要求，毋宁说，它是理论领域中各种原则的统一，这种原则的统一仅仅是推理和理解的最高假定。而目的的统一则是生活和行为的基本条件，没有它，人们在生活中将寸步难行。

事实上，我们并不因此就拥有了某种目的的统一。它是未知的。

如果人们坚持不懈地对统一性进行追求，一定会非常清楚这一点，即：至高无上的洞见本身依然是不存在的。并且，由于我们将多样性当作一种客观现象来看待，所以唯一可能的解决问题的方式就是，以这种现象为我们的出发点。那么必定会产生如下问题：在各种价值(标准)当中是否存在着连接、比照或牵制的关系？各种道德命令真的是完全相异的吗？或者说，能否指出其中存在着一个对另一个的衔接、附属、条件限定和依赖？即使没有对统一性的要求，其中是否至少存在着一种道德诉求的秩序以及等级原则。但是，这样的问题一旦被运用于对目的统一性的提问中，这也就相当于在问：是否存在一个目的系统？进而言之，"价值只能出现在所有目的之后"——因为对人来说，只有当某物是有价值的，它才能被转化为目的——的说法引出了更普遍、更客观、前景更广阔的问题：是否存在一个价值系统？

这一提问限定了我们所面临的问题的界限。秩序或秩序原则，以及体系可能就是人们所要探寻的统一性。统一性只能是系统的统一，因为它不应排除任何东西。并且，它必须是单一的、且不专断。对于系统来讲，该问题是一个典型的问题。

这样一来，我们可想而知，对价值的探究——即使是在探究开始之前——将是一件非常艰难的任务。

二、善与恶的知识

1. 命令、目的与价值

在本节中，伦理学开始从事它真正的任务——价值学说(价值学)，从内容上来看，价值学构成了伦理学的基础。奋斗和行为的目的、道德诉求及其"应然"的特征，以及命令和标准——所有这些都具备价值基础——也就是一种在"存在"类型和模式中的独特结构。显然，人们绝不会把任何自己并不认为是"有价值的"东西当作目的来追求，也永远不会接受它——无论把它作为律令还是要求，也无论作为命令还是应然的东西。不管怎样，人们必须认为一个东西是有价值的，当且仅当人们是这么认为的，这个东西才能够在道德生活中成为一种决定性的力量。

起初，对于我们正在寻找的东西，我们都会借此赋予它一个新的名称，而这个名称是不是比其他名称更好，一时还无法看清楚。价值的一般本质——正好与目的或命令的一般本质一样——确实是统一的。但是，我们在此并不需要关心这种本质的统一性，而是需要寻找内容的统一性。然而，从内容的角度来看，价值领域表现出与命令或目的领域十分相似的令人困惑的多样性——甚至可以说，前者的多样性更加宽泛，原因是：显然有一些价值从来就没有作为针对意愿的律令（或作为奋斗的目的）出现——无论是因为它们已经被实现，还是因为根据其内容来看它们并不适于成为人们努力的对象。因此，在价值领域中，我们总会面临同样的问题：秩序、系统、统一性依然有待于发现。

但是，单单就统一性问题而言，这种具体多样性范围被拓宽的事实具有一定的重要性。如果人们只知道多样性中个别的、离散的要素，那么，正如不充分的观点所表现出来的情形那样，想找到它们的内在协调关系，希望就十分渺茫。观念的立足点越高，能够察觉到的元素的范围越大，那么就会有更大的可能获得对全部内容的整体观察。在所有研究领域中，情况都是如此，价值领域当然也不例外。诚然，某一价值总是且必须有一个（无论如何都会有一个）命令或目的与之相对应，但是某一命令或目的并不与每种价值一一对应。在此，随之会产生这样的问题：我们应当做什么？而另一个基本问题①也会出现：生活中什么是有价值的？我们可以与之发生关联的东西是什么？——这个问题是前两个问题的深化，通过它，对价值领域的观察视野被扩大了。

在这个基本问题背后还存在着一系列自身不断发生剧烈变化的问题——这些问题之间的关系是相互协调、相互并列的关系，即：什么是善和恶？什么是美德？什么是"诸美德"？什么是幸福？什么是生活的善、心灵的善、人类社会的善？在这种扩大了的多样性中，我们将会发现秩序和原则，不过，这必须以多样性自身的倾向性为

---

① 请参考本书《导论》。

条件。在对每一个察觉到的价值进行探究和并作出更贴切的定义之前，任何对统一性的追求都是不成熟的。因此，立刻摆在我们眼前的问题是：了解各个分离的内容，并赋予它们以清晰的理解。在"对所要求的统一性进行思考"——我们的第二部分探究内容将致力解决这个问题——之前，以及在这种思考之外，伦理学必须首先承诺这个问题。

2. 智慧之树的神话

但是，我们依然对这个问题很没有把握。诚然，到目前为止，哲学伦理学几乎毫无例外地持有相反的看法，即：哲学伦理学相信，自己不仅已经解决了这个问题，而且也解决了统一性问题，或者毋宁说，它发现这个问题早已经被解决了。即使是最对立的一些思想流派也在这一点上众口一词：宣称它们自己已经知道了什么是善和恶。善代表了一般道德价值的绝对统一性——也就是对绝对统一性的解释，人们只要获得了统一性的名义，就很乐意接受这种解释。并且，人们既没有对价值的多方面进行考察，也没有发现，所有这些思想倾向实际上意味着，根本不同的被称为善的事物之间相互否定了对方的真理性。

因此，这种信仰是徒劳无益的——这是我们最近的发现之一。我们应该感谢尼采率先针对这个问题做出清楚的声明。在该声明中，有两点不得不引起人们的注意：第一，价值有很多，它们的领域是多样性的；第二，我们既不知道多样性整体，也不知道其统一性。这两个问题中的任何一个都尚未被揭示出来，并且二者都是伦理学的任务。这就意味着——如果用传统的概念来表达——我们还不知道什么是善和恶。

在这个转折点上，向伦理学展开的这种新前景很难一下子为人们完全接受。我们在思想上和情感上都墨守传统。智慧之树的神话是问题的要点(围绕这一点形成了传统的西方基督教伦理)："如果有一天你吃了它(智慧之树上的果实)，那你就能够睁开眼睛，并且像上帝一样，知道善与恶。"这是伊甸园里毒蛇的预言。虽然亚当和夏娃由于无知和侥幸心理而被欺骗，人类仍相信这是真的。直到今天，人类依然认为自己知道什么是善和恶。这种信仰如此坚定，以至于即使是最具批判力的思想也成了这一"伟大"骗局的受害者。所有思想家的思想深度都直接指向为他们自以为理解了的善的本质寻找理论根据。为了这个目的，他们不止一个人建立起了道德意识的形上学。但是，却没有一个人对善本身提出质疑。由于他们认为自己知道什么是善，因此从来没有想到自己有可能无法回答这样的问题。

毒蛇的预言是最大的骗局，罪恶没有使人类睁开眼睛，也没有使人类变成上帝。直到今天人类还是不知道什么是善和恶。确切地说，人类只是些微知道一些——只不过是些碎片。所有深奥的解释都是徒劳的和不成熟的，这些解释被浪费在了自以为是地确信对道德知识的把握上。因此，道德形上学缺少了立论的根据——这种根据就是价值现象学，或者我们可以称之为道德的价值学。道德价值学应该是伦理学关注的首要内容，它实际上存在于我们与每种形上学理论之间。价值领域包含着善与恶的秘密。我们只有知道了整体，才能知道部分；只有知道了价值领域的多样性和丰富性，才能品尝到真正的智慧之树上的果实。

3. 尼采的发现与发现者的错误

人们对自身无知的认识总是认识的开始。即使是对善与恶的认识也无法摆脱这种与其他所有认识类似的开端而另觅他途。

尼采的作品将我们引向了这一点。在这里，尼采超越并独立于所有在历史进程中被原封不动接受下来的观念之外，开始关注——也是第一次充分地意识到——善与恶的内容。

这是一项冒险的事业，因为它侵犯了以往被认为是神圣的东西。然而，这位"胆大妄为"的冒险者反过来却由于维护冒险事业本身而遭受惩罚。他被这种冒险事业裹挟着，越过了真实的目标，投入到摧毁性的批判主义之中，甚至被拖进一种对展现在他眼前的、新的、未知的事物所持有的矫情自欺的固执之中。他的视线刚刚被解放出来便落在了价值领域上，并且在浅尝了最初的胜利之后，陷入对胜利的谵妄狂喜之中：他认为自己已经掌握了整个宇宙。实际上，这位发现者没有想到，他所涉足的是一个需要对之展开全新思考的领域——这一领域至今尚未被人们彻底考察过。

但是，他的错误是自然的。他所谓的"非道德主义"，对"超人"

的幻想，以及怀着对美的渴望的"强力意志"（不幸的是，他的强力道德理论很快地演变成了一种时尚哲学，从而遮蔽了他那划时代的发现所具有的重大意义），所有这些都不应该再继续误导进行严肃思考的学生们了。也许所有的人对他被误解的不幸都负有一些责任，但是，当错误由于被误解的不幸命运而变得雪上加霜并且已经成为历史事实时，最初对之做出错误解释的人也难辞其咎。从某一思想中汲取有价值的东西，胜过揪住它的缺点吹毛求疵。现在时机已经成熟，我们必须获得正在向我们展开的价值领域的正确认识。

发现者很难完全理解他所发现的东西。在这一点上，尼采并不比哥伦布知道得更多。而继承者虽然继承了这个领域，但当他们想要完全拥有它时，却发现自己并不了解所继承下来的东西。

在此，尼采所犯的最严重的错误——尽管人们通常认为，事情只有到后来才能被确切地判定为对或错——可以被精确地追溯到他的学说（在尼采所处的时代，他的学说赢得了最广泛的关注）之一，即：他的"重估一切价值"的学说。这其中隐含着价值相对主义的思想。如果价值允许被重估，那么它们就有可能被贬低，人们既可以塑造也可以摧毁这些价值。因此，价值判断完全取决于人类对之采取何种行动，它们可以被人任意地宰制，就像人的思想和幻想。如果真是这样的话，那么尼采伟大发现的意义在一开始就已经被抹杀了，而从这个起点出发的探索也就不可能导向一个未知的、等待揭示的新领域，因而也没有什么东西需要进一步发现或寻找，历史的禁锢就这样被完全解除了，人们可以自由地设计和发明。但是，如果这就是解放的意义，那么我们就会问：为什么被长期抑制的创造力源泉没有在这个时候立刻喷涌而出，并且显露勃勃生机？而这又会不会是因为人类本身缺乏创造精神呢？

事实证明恰恰相反。实际上人类并不缺乏创造，只不过被创造出来的东西对人类不起作用。它并不拥有能确保自己获得人类情感的影响力，也没有力量促使人类对之产生有差别的价值意识，无法为人的内在本质提供新的方向。原因是，价值意识——不管它还可能是别的什么——首先是对价值的感觉，是对价值量的最初的、最直接的鉴别能力。经过证明可知，对价值的感觉不允许被某个创造出来的东西所改变，也就是说，它本质上是一种不通融的、不容破坏的、独一无二的实体，是只针对自身的规则，是一种与众不同的价值倾向。

所以，关键问题是，这个独特的实体是什么。根据这个实体具备抗变性的事实，我们很容易证明，它以这样或那样的方式存在于与价值自身之本质的紧密联系之中。但是，除了能证明这一点以外，上述现象——完全不同于那些头脑发热的情感贩子所想象出来的东西——只能表明：价值重估与价值相对主义的观念都是错误的。的确，在这里为创造和发明打开了一个无限广阔的领域，但是在这个领域里，我们找不到真正的道德价值。而真正的道德价值应该能够使有识别能力的感觉确信无疑，也能够激励生活，它们来自于另一个不同的源头。到底会出现什么样的源头，这还是个谜。但是有一件事情肯定不会被忽略，这就是，必定存在着一个领域，它不同于被创造事物的领域，那就是独特的价值领域。我们的任务正是要发现它的存在。

三、发现价值的途径

1. 习惯的革命和价值感觉的狭义化

接下来的问题是：如何发现道德价值？这也就近乎相当于探询道德的内容——关于历史上各种道德命令和标准的出现或消失的情况。这个问题的范围被简单地进一步拓宽了。并且，我们从中看到的不只是方法问题。它与知识的类型无关，却与现象领域有关，因为在现象领域里，我们会接触到价值。因此，绝少有人会提及价值感的先验论的介入。继而问题的关键就在于：这种先验论是如何进入现象世界的？而它又是如何证明自己在生活中的真实性的？

在任何情况下，人们都会怀着确定无疑的感觉说，哲学伦理学发现价值。但是这种发现只有在极少的情况下才是一种原初的发现。而在通常情况下，它只不过是对预先存在于（或者已经活跃于）道德意识中的东西的发现，即，一种"随后"的获得——无论是作为一种已被接受下来的、流行的道德的命令，还是作为一种对真实环境中价值感觉的无意识观察。实际上，人类并没有通过有意识的探寻，来把握他们存在于自己心中的无数价值，也没有清楚地洞悉这些价值的结构。然而，这种把握和洞悉都是可能的。不过，只有哲学能够成功地做到这两个方面。准确地来说，在上述解释中，对价值的把握和洞悉都只是第二手发现。

那么，如果人们问，最初的发现是如何发生的？那就必须深入到道德生活的更深层面进行考察。在这种发现中，道德意识自始至终作用于整个显现自身的过程。生活中任何新的冲突都会向人类提出新的问题，也会引导人类认识新的价值。最初的价值意识，随着道德生活的加强，随着不断增加的复杂性和激烈性，随着价值内容的多样性和实际的价值高度，不断地增长变化。继而我们会看到，整个人类都在不断地致力于最初的价值发现，但却没有把它当作一件可以穷尽的任务来看待：由于自身历史存在的有限性，每个共同体，每个时代，每个种族，都各自完成自己分内的发现任务。同样地，在更小的范围里，单个人寓于有限的道德视阈之中，他所能做的也很有限。

结果是：在绝对意义上，人类的价值意识一般不会停止。同样，无论在这里，还是在世界的其他任何地方，万事万物都处在不断的变化之中。在平静的表面下，一场坚定不移的习惯的革命正在酝酿之中。鉴于此，已被接受的概念也很有可能演变为错误的概念，这些概念存在的时间过长，已超过了价值视阈——它持续的时间非常短暂——的实际界限。它们的真实性被掏空，完全由另一种材料填充，也不再是价值感觉本身，而只是附着在表面，貌合神离。某一代人赋予被认识的价值一个名称，而当这个名称传到下一代人那里时，他们肯定无法再给出完全相同的意思。"词语"行动缓慢，"概念"有些粗糙，并且总是跌跌撞撞地落在后面。而人类对价值的"洞察"却不可思议地敏捷快速，并且有高度的辨别力。"思想"根本就不知道自己下一步该干什么——确切地说，思想总是亦步亦趋地跟随着笼罩在价值多样性理想层面周围的光环的每个细微移动，但是，它总是缓慢地、远远地、断断续续地、生拉硬拽地跟随着，同时又越过了那些被更精准地区分开来的因素。这样导致的后果是：在所有的时代，那些非常有识别能力的思想总是会遭遇没有名称的价值体——亚里士多德将它们称为"匿名的德性"。

因而，对新的伦理学价值体系的详尽阐释将持续不断地进行下去。这不是对价值的重估，而是对生活的价值重估。在习惯的革命中，价值本身并不发生变迁——它们的本质是超越世俗、超越历史的。但是关于价值的意识却发生着变化：它从整个领域中暂时割出一小圈看得见的事物。而这个小圈所表示的区域则徘徊于价值的理想层面上。任何价值结构，进入这个看得见的区域，又从这个区域中消失，这对评价意识来说意味着对生活的价值重估。原因是，对评价意识来说，在给定的一段时期内，"真"总是被限定在已认识到的价值所构成的范围内。

这样一来，行为、性格、关系，以及那些已经过去了的曾经是善的东西，所有这些在今天都有可能变成坏的。"真"和价值都不会变，唯一发生变化的是价值的分类——通常被认为是"真"的标准。

伦理学革命的过程实际上就是一个独特的发现过程，一个除蔽的过程，以及价值被揭示的过程。从另一个方面来看，伦理学革命的过程也是一个价值流失、被忽略和消逝的过程。整个变化现象展示出一种价值意识的"狭义化"。有充分的证据表明，狭义化并不是一种硬性的概括，也就是说，价值意识也能够在价值内容中增加或消失。但是，这同样也有缺点，因为，随着量的增大，价值感的强度和反应速度都会降低。另外，价值感的强度和反应也体现了习惯的一个方面，也就是说，习惯赋予价值感以敏锐的特性、投入的热情和创造的能力。

2. 理念的倡导者与普通大众

道德生活的内在核心和习惯的自我发展，二者都与最初的价值发现同一。

然而，隐藏在表面下的永久的革命总是与统一性相距甚远。在一些特定的历史时期内，革命往往导致千钧一发的转折点，引起激烈的爆发，并且像旋涡一样攥住情感不放，裹挟着它一起投入到革命的行动之中。价值发现——它给予原始基督教最深邃的力量——就是这样一种转折点，即，它发现了"爱你的邻人"所具有的独特的、重大的道德意义。

中心价值，或者一组价值，进入伦理意识，并且迅速地改变了世界和生活的观念。古老传统的对立面点燃了冲突的战火，这不只是智力的对抗。新近被唤醒的习惯的热情挑战旧有的习惯的热情，而这正是为了保护自己免受伤害。被长期认可的事物所具有的惯性往往在冲击瞬间变成一种障碍。原因是，在旧有的习惯中，真正被认识到的价值都是活生生的，而价值牺牲却永远伴随着转折发生的紧要关头。伦理学革命的过程本身就蕴含着某种本质上与之对立的东西。在对旧事物的批判过程中，以及在对神圣事物的反抗过程中，新思想不断地产生、成熟和壮大。为了获得胜利，它必须去摧毁，甚至是在它从中汲取现有规则，并在其上创建自身的地方，也必须这么做。它诞生于冲突的症候，并且这种冲突会一直延续下去，直至它获得胜利或走向屈服。

另一方面，在伦理学革命中，个人实际扮演的角色十分不同。普通人在整个进程中只是一个逐渐消失的因素。但是，价值意识的整体在人们的习惯中重新巩固，也在他们首先找到的形式和表达中重新沉淀下来。接下来，人们以此为开端，作用于更广阔的领域。这一现象在发生剧变的历史时刻得到清晰的展现。

在这里，伟大的伦理领袖的地位被凸显出来：精神上的英雄、先知、宗教创始人——理念倡导者。他们推动着整个历史的进程，也发动了大众的革命。很自然地，我们会认为，这些领袖就是新的价值形式的"发明者"，价值本身的诞生就发生在理念倡导者的头脑里。但这是非常错误的认识。倡导者本人并没有发明什么东西，他只是发现者。甚至他的发现也是有前提条件的。他只能发现某种已经隐匿在大众价值情感中的东西，并努力将它们表达出来。他们通过阅读人类的心灵，发现人们新近体会到的价值，并将这些价值收集起来，移到意识的阳光底下，接着把它们提高到自己的辩护立场，并应用于演讲。

只有当时机已经成熟，只有当现存的人类习惯已经羽翼丰满，只有到了不得不通过道德需要和道德诉求来发表意见的时刻，新事物才能有效地发挥作用。因此，理念倡导者本人只不过是二手的发现者。在他之前，现存的价值感，晦暗不清的、尚未成熟的意识，永恒的寻求和探索，都不断向前发展着。而且，倡导者发现的东西也总是只有在这样的发展深度上才能焕发出生命和能量。

　　这是他之所以能够得到普通大众响应的秘密，这也构成了理念的力量。这种力量不是像波浪那样，在前进的过程中逐渐变弱，而是像野火一样，被一个小火星点燃，就会急速蔓延，并在前进的过程中越来越壮大。力量并不在于小火星本身，而在于散布在周围的易燃物。理念在被有意识的思考发现之前就已经存在了，它的生命只是在等待思想为其提供形式，就像液态的晶体等待结晶一样。同样，感知在这里也是塞行于后，然而它唤醒了沉睡中的理念的生命，并且使其呈现出可见的结构。

　　但即使是这样，沉睡中的生命既不是完全没有意识，也不是完全有意识。当它在倡导者理念的召唤下走入光明时，不仅它的内容好像突然一下子就在那儿了——像是成熟了的水果，而且每个人似乎早已经知道它，认识它，并且相信自己内心中最隐秘的本质已经在它那里被表达出来了。这就是在更大范围里的、真正的柏拉图主义思想。但是，理念倡导者只是普通大众思想的助产士，在对新理念的习惯产生的关键时刻，促使新理念——它在诞生之前就已经是活生生的——的诞生。

　　每个时代内部都孕育着理念的种子。新的价值意识总是处在成熟的过程中。但是诞生的基础并不总是为理念倡导者准备好了，并且，当某一理念的基础准备就绪时，倡导者也并不总是在旁边。我们今天可能正处在某些尚看不清楚的价值新生的症候之中，这些价值完全不同于目前已被接受的或被传授的价值。从道德上说，没有哪个时代能够完全理解自己。

　　当然，相反的现象也会出现：理念倡导者没有被人们理解，或者他提出观点的时机不利，或者由于自己所说的真理逐渐被孤立而最终归于销声匿迹。他没有反驳，承认我们所说的一切。他无法证明规律，他的思想既缺乏生命力也缺乏影响力。但是，这只是针对他而言是这样的，并不是指普通大众。人类的心灵并没有对之做出回应，因为理念并不是从人类的心灵中生发出来的。也许将来某一天时机会成熟，但是启示者本人恐怕等不到新理念诞生的那一天。那些思想超前于自己所寄身时代的人，早在时机来临之前就已逝去。

　　没有什么东西比普通大众与理念倡导者之间的关系更有利于对价值本质的关注。当预言者被孤立，或者没有人对他做出回应时，我们就很有理由这样问：他所宣传的不就是纯粹的想法或独个儿的幻想吗？但是，当火星发展成熊熊烈焰时，当理念唤醒了无数人并回到他们中间时，当理念通过预言者的言论被解放出来时，我们就不能问上面那样的问题了。而与之相反的问题却不得不问：为什么那些出于同样的需要的人，只是心中怀着同样的向往，秘密地、下意识地抓住同样的理念——这些理念在他们心中似乎已经被预示并等待释放？为什么普通大众的思潮没有被分割成像他们的脑袋那么多的理念呢？如果回答说，时间、斗争、伦理学境遇等社会形式全都是一样的，这肯定不充分。那么为什么人们不各走各的路呢？为什么人们在解决同一意识问题时不去寻找不同的解决办法呢？是什么迫使所有人继续追问下去并且一致转向同一价值？

答案只有一个：所有人——由于有着相同的需要和向往——必须将他们的目光落在同一价值上，由于考虑到既定环境的限制，他们无法自由地依据自己的意愿去想象不同的善与恶的标准。他们面对的与问题符合的标准只有一个，也只有这个标准使回答能够被理解。这也是寻求决定的法庭，没有人能取代它。

但是，这就意味着，在他们心中，价值事实上已经是某种存在，独立于所有的想象和渴望。也就是说，对这些价值的意识并不决定价值，而是价值决定价值意识。

3. 向后看的伦理学与向前看的伦理学

对价值的哲学展望服从于人们评价意识的源头活水。甚至比那些理念倡导者的展望对人们评价意识的依赖更大，因为，倡导者很少是哲学家。而对于苏格拉底、费希特、尼采而言，我们会发现，在他们那里，这两种展望实际上已合二为一。但是，在一个广阔的视阈里，这些人就不具有典型性了。中世纪和当代的改革家，毕达哥拉斯或恩培多克勒，都有可能成为更好的例证。但是，在这些人的价值意识里，哲学因素并不是最突出的要素。柏拉图全心全意地确信，整个世界正在呼吁哲学家成为道德领袖。但是，除他本人所产生的历史影响之外，也只有孤独的乌托邦思想家们才承认他的观点。

实际上，哲学伦理学几乎无一例外地采取了另一条理论路线。

它认为，哲学伦理学领域里的所有价值都是由他人发现的，这些人努力使价值清晰地呈现出来，促使它们进入人们的意识，并确立这些价值。因此，哲学伦理学所坚持的原则是："人们已经知道它了"。对这一原则的承认以及确立价值的任务当然不容轻视，尤其是在对已发现价值的整体的接受程度被扩大的地方，以及没有狭隘而任意的选择行为发生的地方，更是如此。为了确立价值，需要一条更加迂回的路线，也需要求助于形而上学，使关于世界的实践观点与理论观点紧密地结合在一起。经过深思熟虑，模糊不清的东西以及纯粹的感情事件都被提高到了科学层面。这样一来，伦理学就很自然地趋向理论的境界和价值系统。

但是，一旦后者被看作一项任务，其他倾向就非常有必要介入。伦理学解释中必须增加对价值的质询、观察的探究。对此我们不能因为前景的渺茫而止步不前，挫折感通常全都来自于哲学的经验——人们几乎没有认真地探究过价值问题。只有当我们认识到，并非所有价值都是已知的或相同的，我们尚不知道什么是善与恶，伦理学才有可能心满意足地回顾那些早已被人们了解的东西。伦理学无法逃脱这一新的任务，也无法抵抗自身所承受的压力。因此，为了理解人类是否已经成熟，伦理学必须探究更多的价值。向前看的、建构性的、探究性的、评价考量的伦理倾向，将与那种向后看的和纯沉思性的伦理倾向不可避免地相互颉颃。

只有在前一种伦理倾向（人们对它期待已久）中，伦理学才能变成真正规范性的——也只有在此意义上，伦理学才能成为规范的科学。正是在这一意义上，伦理学才得以回返她自身的原则，成为人类的引领者。在这样的伦理学中，柏拉图的理想不会死亡，通过理论的洞见，通过哲学的觉解从精神上来规导和塑造人类的理想便可实现。原则上，伦理学也不像那些想要实现该理念洞见的、草率而熟知的企图那样，具有乌托邦的性质。原因是，伦理学所涉及的问题并不是单凭个人的智力所能解决的，这只是一种假定，也是乌托邦的失误所在。伦理学的问题应该是一项普遍探究工作，它关注的不只是我们的时代本身，而是一个广泛的、缓慢前进的、科学的连续统一体。单个的探究者的工作对伦理学的贡献只是其中微不足道的一部分。

然而，转折点的关捩已然通过，一种新的开端已经呈现。

4. 原则的理论探究和伦理学探究

"价值如何才能被发现?"的问题在另一种更新了的意义上提了出来，它关注次级的和反思的发现。怎样才能挖掘出尚未被清楚洞悉的宝藏(而这些宝藏总是无处不在，不断成熟)? 人们的思想如何识别和把握这些宝藏才能使它们现身于光天化日之下?

科学的理解胜过情感的接触。那么，在承认了"在我们时代的情感中，已经有一系列的价值在无意识的情况下为人们轻易获得"之后，我们的问题是：如何才能将这种对价值的情感拥有转化为对价值的科学拥有? 如何才能获得对价值的精确表述、更贴切的形容和界定、理性的判断，以及合乎逻辑的解释?

价值探究即原则探究。因此价值探究必定带有原则探究的特征。作为整体，原则只依靠自身，但是别的东西却依靠这些原则。一旦这些原则被给定，我们就很清楚如何根据原则进行演绎推理。但是，当原则没有被明确地给出时，如何才能到达这些原则呢? 没有什么东西能超越于原则之上，并且，只有那些根据原则推导出来的东西才能被统摄于原则之下。但是，如果假定这一依赖关系是既定事实，那么，在某事物(它依赖于某一原则)的结构中，该事物所依赖的原则——作为一种假设——是能够被认识的。法则总是预先就在那儿的，它们只在依赖这些法则的具体事实中起作用。也就是说，只有获得了对法则的认识，法则对相关事实的作用才能发挥出来，否则就永远谈不上法则是否起作用。关于法则的知识和关于范畴的认识都不是先在的。对预先存在的东西的认识永远都不是第一手的认识。那种想要使理论知识游离于这一规律之外的企图是根本错误的。在经验之前——也就是指在具体的知识(知识不是直接地凭空获得的，而是通过迂回的、后验①的途径获得的)之前，根本不存在所谓的"纯粹的方法论思考"。

因此，认识过程得以实现的条件是：事实的根据，或一部分给定的、可分析的现象，或某种对事实的陈述。理论哲学就不会有这

---

① 参见《认识的形上学概要》，251～253 页，1925。

种缺乏事实的尴尬。在存在的范畴里，在能被经验感受到的事物之中，在经验本身——无论是天然朴素的，还是科学的——的现象里，理论哲学都能够把握自身。在这里，分析活动开始了，内在固有的法则从材料中被抽取出来，并且被提升，或者——如果人们更愿意把它表达得清楚些——可以将其反过来进行推断。在这一过程中，推断只是为了在事实（这个事实与推断之间有着确定的关系）的基础上弄清楚未知的相互关系。当然，无论怎样，关系自身都必须是能够被认识的。至于给这种认识以什么名义，则无关紧要。

当原则没有被给出时，伦理学也会陷入相同的情形。也就是说，伦理学也必须首先揭示出原则本身。换言之，它必须首先从具体的现象领域里走出来，然后才能看见这些原则。在意愿、决心和行动中，在性格倾向中，在对待生活的态度中，以及在平静的参与中，原则被填入大量的这类调节因素。无疑，它们都有被认识的可能。但是，这些现象在经过一番描述之后，仍旧无法弄清楚自己是什么——现象对现象自身所知甚少，知识的原则也是如此。在这里，人们已经知道的东西依然是：实例、境遇和奋斗的特殊目的。在激烈的淘汰赛中，当一个人主动放弃采取不公平的手段击败对手时，或者相反，当他没有后退，把握住这种不公平性所带来的优势时，他肯定需要知道的是：自己采取某一行动时，是出于一种正义感，还是出于对邻人的爱，或是出于个人的同情心。他甚至无法确信自己是否在行"善"。模糊的价值感并没有明确地区分出原则，它只是大致上限定了行为的具体情形。在"这个行为是'善'"的知识中，既不包含"这里所说的'善'由什么构成"的知识，也不包含"什么是善"的知识。原则仅仅是在行为者心中呈现并促使他下决心，但是他完全不知道关于原则的知识。

人们很可能因此确信，伦理学原则的发现进程与理论原则的发现进程可以进行严格类比。与理论经验相对应的是伦理学经验——当然，后者更接近生活，并且，相比于现象而言，它更少被误解的可能。因为原则本身具备另一种不同的本质。价值不是存在的法则，它们没有必要对现实做出限制。因此人们永远——至少从经验本身来看——无法知道，在人的某一既定行为中，价值是否已被实现。不过，为了判断特殊的情形到底具备积极的价值还是消极的价值，他更愿意去掌握善与恶的知识。通常情况下，这种知识可以作为衡量经验的尺度。在上面所举的例子中，这种知识已经被预设了，即：它并不是从行为中产生，而在行为者心中，它先在于行为。并且，在道德评价中，在对它理所当然的认可中（而它的根据也许潜藏在人的道德意识里），这种知识也都是先在的。是故，它纯粹是先天的知识。仅以这种知识为根据，我就能举出某个曾经经历过的实例，并证明在这个实例中，道德原则已经被先天决定了。如果不是这样，那么我就无法从个别情形的经验中发现原则。我也应该能够在经验中找到自己的定位，具备通过分析从经验中发现原则的能力，是故，经验已经精确地预设了原则知识本身。这是因为，经验肯定经过了原则的挑选。

显然，这就把整个情形颠倒过来了。在这里产生了一个难以克服的困难，它无法面对理论原则的探究，看上去就像一个不可避免的恶性循环。

5. 范畴与价值，法则与命令

如果用一般术语来表达，伦理学原则不是范畴。范畴是实现无条件强制的统一，是其所有范围内的东西都不可避免地处于它约束之下的形式。普遍地讲，范畴在一定现实层面上以特殊形式表现为自然法则。这对于范畴来说，绝无例外。进而言之，哪怕出现一个例外，那也只能证明法则已不存在。范畴的合法性是坚不可摧的。存在的自然法则与具体存在之间绝不会有任何矛盾。"事例"完全依赖于法则，它们以盲目服从的方式"追随"着法则。在每一个"事例"中都充斥着各种法则。这也就是为什么每个事例都能清晰地向探究者显示出某一法则的原因——如果探究者有经验，他就知道怎样把这个法则孤立出来看。每一个事例——只要它完全敞开以供人们观察——都是所有事例的代表，也是其所属范畴的代表。

说到价值，那就是另一回事了。当然，它们能够被实现，并且有可能在很大程度上得到实现。但是，它们也有可能得不到实现。"事实应该与价值相对应"并不是作为原则存在于价值的本质中。在这里，显著的背离甚至异常激烈的对抗都有可能产生。也就是说，"事实应该与价值相对应"不是从作为原则的价值中抽取出来的。原因是，前者的本质不同于存在主义法则的本质，即：它不是强制性的，并不支配存在。价值不依赖于现实中价值被满足的程度，而是超拔于现实，仅表明一种"要求"、一种"应然"、一种"非必然的需要"或"非真实的强制"。在该理念中，价值所是的东西在于它超越真实"存在"与"非存在"的权利。对善的要求是不会受该权利有没有实现或者该权利能不能实现的影响的。实存中的例外、背离和反抗等因素并没有取消人们对善的要求。

价值并不是通过"价值包含于或不包含于真实之中"的事实才被认定的。即使是在给定事例与价值相互冲突——甚至是所有现实的事例与价值相互冲突——的地方，价值也依然能够生存。事例本身并不揭示价值。这是因为，只要人们没有事先从其他一些来源了解价值，该价值——无论事例是否认同它——对人们来说依然是可疑的。

如果我们将问题限定在更窄的、伦理学意义上更积极的"应然"问题上，上述差异就变得更显著了。在这种情况下，道德原则尤其是指那些没有实现或尚未完全实现的价值。它们代表命令，总是表示"非存在"，因而可以确切地表达为积极的"应然"。在生活中，道德善绝不单单是真实的，一个人也绝不单纯是他应该是的那样。那么，被命令的东西——如同上面所说的例子那样——怎样才能从他真实的行为、决定和品性中显现出来呢（换句话说，被命令的东西能否像行为、决定和品性那样可以被我们经验到）？在命令和人的实际行为之间挺立着人的自由决定，自由决定打开"支持"或"反抗"的大门。确切地说，一旦他采取行动进行反抗，命令就会出现在与之对立的立场上，大声在威胁着、谴责着他。无法履行的价值不是一种自然的威压，而是加在人身上的必要条件和必然要求，就像表达它的命令一样。不过，这并不意味着命令对他是一个消极的负担，相反，它将他转变成了一个道德实体。如果我们假设，这种命令对他来说只是个自然法则，那么他就只需要盲目地服从这个自然法则，就像石头服从地心引力的规律一样。如果是这样，那他会成为纯粹的自然实体，从构造上来看，就像一块石头。命令与法则之间的差别——也就是他不可避免地要服从的自然统一性总是与他能够僭越的各种命令相互伴随这一事实——是他人性的先决必要条件。

6. 伦理现实性与原初价值意识的事实

伦理价值不是在人的行为中被发现的。相反，为了辨别行为是符合还是亵渎伦理价值，人们必须事先了解关于这些伦理价值的知识。在这一点上，伦理学研究绝不能指望通过纯粹分析使道德原则变得一目了然。这就是伦理学的根本难题所在。价值的发现必须采取另一条路线，仅是各种实例的现实性无法成为我们的向导。

如果我们尽力来刻画这种境况，那么探究伦理原则的道路就会被完全切断。而在没有任何进一步的反思之前，人们感到自己无法勉强达到伦理原则。即使人类行为的事实不能揭示出这种伦理原则，我们所能调动的也不单单是这些事实，还有与这些事实相伴随的评价意识。这种评价意识不是对原则的意识，也不是对价值的纯粹把握，而是一种价值感，是一种更清楚或更模糊的对实际行为之有无价值的了解。

这种认识(即评价意识)在对事实的评价中已被预设，但这并不意味着一种恶性循环。原因是，我们寻找的是其理想个体性中的价值结构，但这只有在预先假设了这种对理想个体性的意识是未分化的，并且常常是模糊不清的，以及预设了意识到实例中大体上含有某种价值的基础上，才能进行。因此，这种依附性的模糊意识——它不可避免地要成为哪怕是哲学探究者的指南——同样属于事实的领域。但是，该意识的伦理表象不同于本体论意义上的实在。二者同样都是真实的，不过，后者包含了一种更本质性的要素。在这里，问题发生了转变。这两种真实共同拥有着根本的和本体论的实在结构。行为与品性对于真正的人来说是真实的，正如质量和运动对于真正的物体来说是真实的一样。但是，除此以外，对于人来说还有一些其他的真实，它们并不是根据存在的法则构建起来的，而是伴随着人的价值情感，包括拒绝与接受，谴责与辩护。

伦理实在要比理论实在更加丰富，因为伦理学包括了道德意识的实在。这样，问题便转向了建立于经验可能性之上的道德意识。道德意识不包括人的决定和品性(它们既可能是好的，也可能是坏的——也就是说，它们可以径直走向道德意识的反面)，但道德意识包括独特的价值感——这种价值感能够将价值中的好与坏区分开来，并构成它们的伦理标准。

从这个意义上来说，道德意识的确永远也不会是完全的，而且也许永远无法避免在运用它的过程中，也就是在实际的、对行为和品性的评价中犯错误。但是，它仍然是纯粹的价值意识，并足以对之进行现象分析，这种分析是为了发现现象的价值结构，并从概念上对之进行甄定。

因此，如果我们将这里所说的道德意识——在人类生活中，它是毋庸置疑的事实——与客观的真实联系起来，那么我们就不能再容忍下述做法，即：伦理原则的探究没有任何实际的经验材料作为其依据。相反，存在着这样的事实：我们绝对不能依据某一虚假的真实来寻求伦理原则。具体来说，无论在人的实际行为中，还是在人类社会的实际变迁和历史现象中，都无法找到这样的伦理原则，它仅只存在于善与恶本身的原初意识里——只要这样的东西曾经是显见的。这就是原初的伦理学现象，即：伦理学的"事实"。

当然，它是一种完全不同于理论材料的事实。它是真实的，能够被人们经验到。不过，就其本质而言，它又不是经验主义的，因为即使是原初的价值意识也是一种先验意识。是故，我们在此有一定的权利将它称作"先验的事实"。这种说法的自相矛盾仅仅只是表面上的。从这个意义上来说，所有先天的洞见实际上都可以被称作事实。即使是在理论领域，先验知识的理论也是植根于现实之中的。如果后者不存在，就不会有先验知识的问题。在伦理学领域里，这一理论环境早在很久以前就由康德建立并加以阐明。将"道德律令"描述为"理性事实"的，正是康德本人。实际上，这种康德哲学的"理性事实"恰恰就是我们所说的"原初价值意识的事实"，也就是价值感。从这个方面来看，伦理学事实要比那些被理解为仅仅是存在的东西更加丰富。

从上述结论出发，这一事实也不受"背离价值原则"困难的影响。原初的、情感的价值意识——在它根本存在的地方，并且只要它呈现出来——无法依照个人的喜好去赞同或不赞同某一原则，就像行为和品性的情形那样。为了与伦理学原则相协调，伦理学事实必须是它在意识中的表达，除此以外什么都不是。这也是原则规定意识（并且原则在规定意识的过程中得以呈现）的方式。

并不是每个人都能意识到所有的道德价值，就像并不是每个人都能洞悉所有的数学命题一样。但是，无论什么人，一旦他拥有了某种真正的价值意识，这一价值意识在他的心理就是对价值本身的直接证明。换言之，价值本身能够通过它在意识中的到场而被人们看清楚。因此，我们没有必要对这一事实进行更多的探索，因为事实本身直接揭示了原则。

7. 幻觉与虚假之道德意识的可能性

人们有可能产生这样的怀疑：对于这种从伦理学事实中抽取出来的判断，如何才能保证人们对它的信心？严格地说，这一事实根本不是普遍的，因为人们会在自己的价值感中发生变化。不仅如此，为了将这一事实与其他类似的但不可理解的事实区分开来，难道我们不需要把价值感本身的事实当作另一个标准吗？

这些疑虑暴露出一定的、对面临着道德意识现象的知识的不安全感。必须承认，在一些特殊的限制性条件下，这种不安全感是无可非议的。但是，这里的问题并不是这种不安全感是否是普遍合理的，而是它是否是根本的和不可避免的。只有当它绝对不可避免时，只有当人类的判断在它面前显得完全无助时，情况才会变得严重。但是，如果只是平庸的人由于缺乏敏锐的感觉而造成不安全感，或者只是由于道德上缺乏经验和目光短浅，甚或是没有哲学素养而造成不安全感，那么，这种不安全感就是微不足道的。而在其他部分，尤其是在那些纯粹先天判断被接受进来的部分，同样的不安全感正好发生了。但是，就不安全感本身而言，总是有可能培养人们对某一现象的理解力的，而这种培养正是伦理学家的任务。从这个方面来看，此种情形(即接受纯粹先天判断的情形)在伦理学领域里绝不会比在别的原则范围里更不适宜。上面所说的这类现象——原初价值意识是它的证明——是不会弄错的，也就是说，如果一旦它的意义已经被人们所掌握，就不会弄错。它包括这样一些表现：赞成或不赞成、谴责、自我责备、良心、责任感、罪恶感和同情心。当然，人们还可能歪曲这些现象。但是，通常情况下，这些表现是真实的，而且是基于某种真实的价值感而发现的。即使是在歪曲的情形下，依然隐藏着真实事物的内核。最后，除此之外，发现弄虚作假的行径是伦理学家的事。不过，即使是在这里，人们的洞察力也应该变得敏锐些，否则就会陷入相反的情形，比如说，对艺术品做出错误的判断，或者对审美上不合适的部分矫揉造作，不懂装懂。

判断真实与虚假的标准就是原初价值意识本身。即使是哲学家也会在他的探究中带有这种价值意识。它不仅包含在他的研究工作中，而且它也存在于道德意识（它在道德意识中找到自己的定位）的现象中。这样，误导别人的可能性就不像它第一眼看上去那么大了。在对整个过程的判断中，人们不应该忘记，价值的知识——即使是第二手的，例如哲学知识——绝不是单单从事实中衍生出来的，但它也绝不是"后验"的知识。对价值的洞见，是并且依然保持了先验的洞见，无论它拥有价值感的最初形式，还是经过深入思考和辨别后所产生的形式。

穿过道德意识之事实的迂回路径，仅仅意味着对人们自身价值理解——这种价值理解是对不会不落入其观察范围之内的事物之理解——的一种引领或引导。在场的对象，发现的场合和动机，都不是发现本身，而仅仅是发现的主题。即使是洞见经由道德意识现象的途径被向上引导到了价值的结构，它也必定依然将这些价值直接地或面对面地看作价值本身。价值评价的洞见并不信任或信仰"事实"分析所提供的东西，而分析只是把它引向另一个更深刻的现象，而这一现象本身是独立的，并且是独立地被察觉到的。价值的内在现象不再是一种实际的现象，也不再会消失在一些伦理实在的领域。并且，这一新的、具有不同构成的和理想的现象只能因其自身而被人们觉识为理想的现象。

在这里出现了一种知识类型，它具备它自身的法则和直接性，成为一种先验的直觉，它既独立于实际现象的后验性之外，又作为后验现象的一部分而发挥其指南作用。在这里，后验的价值感——正如人们具备了理论原则的知识一样——仅仅是一条通向先验的价值洞见的迂回之路。

选译自［德］N. 哈特曼：《伦理学》，科伊特英译本，《道德现象学》，第一卷，第二部分，第四、五、六章，伦敦，麦克米伦出版公司，1932，同时参考了该英译本交易出版社 2002 年新版。牛冬梅译，万俊人校。